Knaur

Über die Autoren:

Meike Winnemuth (geboren 1960 in Neumünster/Schleswig-Holstein) und Peter Praschl (geboren 1959 in Linz/Oberösterreich) arbeiten seit sechs Jahren an Strategien zur Lösung des Nord-Süd-Konfliktes und des Geschlechterkampfes. Ihre Forschungsergebnisse erscheinen in Kolumnenform unter dem Titel »Doppelpack« in der Zeitschrift AMICA.

MEIKE WINNEMUTH
PETER PRASCHL

Auf und davon

EIN ROMAN ZU ZWEIT

Knaur

Besuchen Sie uns im Internet:
www.droemer-weltbild.de

Vollständige Taschenbuchausgabe Juli 2000
Droemersche Verlagsanstalt Th. Knaur Nachf., München

Umschlaggestaltung: Agentur Zero, München
Umschlagabbildung: Mariola Gröner
Satz: Brigitte Apel, Hannover
Umbruch: Ventura Publisher im Verlag
Druck und Bindung: Elsnerdruck Berlin
Printed in Germany
ISBN 3-426-61715-3

2 4 5 3

INHALT

Ähnlichkeiten mit real existierenden Personen sind der pure Zufall. Wenn manche Figuren dieses Buches dieselben Namen tragen wie Menschen, die Sie aus Funk und Fernsehen kennen, liegt das möglicherweise daran, daß sich die Autoren noch nicht einmal auf Namen für ihre eigenen Kinder einigen könnten. Oder daß sie Jürgen Drews und Frau Ankowitsch aus tiefstem Herzen verehren. Oder für die Verfilmung gerne George Clooney statt Matthieu Carrière hätten. Oder ihrem Buch gerne den Hinweis voranstellen wollten, daß seine Handlung frei zusammengesponnen ist.

AM ENDE DER WELT

1

Der erste Satz ist immer der schlimmste. Immer. Ich bin eigentlich nicht auf den Mund gefallen, aber bei ersten Sätzen bin ich hoffnungslos. Meine Witze ernten betretenes Schweigen; was ich für charmant halte, finden andere schleimig; wenn ich selbstsicher wirken will, kriegen sie das Zittern. Ich habe mich fast daran gewöhnt, stundenlange Sanierungsgespräche zu führen, um den ersten Eindruck – meine Freunde nennen es meinen »ersten Einbruch« – mühsam zu beheben. Aber eben nur fast.
Die ganze Taxifahrt zum Flughafen habe ich also darüber nachgegrübelt, was ich zu dem Mann sage, mit dem ich die nächsten vier Wochen verbringen soll. Und von dem ich gerade mal den Namen weiß (Stefan), das Alter (zu jung) und daß er jonglieren kann. Was ich im übrigen schon immer gehaßt habe, ebenso wie Pantomimen, Clowns und den ganzen anderen Roncalli-Mumpitz. Was sagt man zu so einem? »Ich schlafe übrigens immer rechts« oder »Hoffentlich hast du keine blaue Zahnbürste, das würde nur zu Verwechslungen führen« oder »Wenn du in den nächsten Wochen auch nur ein einziges Mal jonglierst, mache ich dich kalt«? Oh, Mann.

Das Taxi wird langsamer. »Da drüben, junge Frau?« Der Bürgersteig vor Halle A ist in grelles Scheinwerferlicht getaucht. Der Taxifahrer dreht sich stirnrunzelnd um. »Ich fahre lieber ein Stück weiter. Da stehen lauter Fernsehfritzen rum.«

Ich seufze. »Ist schon in Ordnung. Lassen Sie mich hier raus.«
Ich habe mir so was schon gedacht. Während ich meinen alten Tumi aus dem Kofferraum wuchte – der Taxifahrer hat immerhin in einem Anfall von Galanterie den Deckel geöffnet –, habe ich schon die ersten Mikrofone unter der Nase.
»Wie fühlen Sie sich, Frau Burghardt?«
»Na, aufgeregt?«
Nee, die Ruhe in Person, ihr Idioten. Eilig drängeln sich zwei Männer mit PMS-Logo auf der Krawatte zu mir durch. »Sorry, Leute, die Frau gehört uns. Wartet bitte bis zur Pressekonferenz. Hallo, Frau Burghardt. Wir kümmern uns um Ihr Gepäck.«
Entschuldigung mal – »die Frau gehört uns«? Auf dem Weg durch die Abflughalle wird mir immer flauer. Worauf lasse ich mich hier eigentlich ein? Blöderweise habe ich nun mal den Vertrag unterschrieben, den sie mir nach der Show unter die Nase geschoben haben. Ich muß besoffen gewesen sein. Um ehrlich zu sein: Ich war besoffen. Nach dem Streß der Sendung hatte das eine Glas Champagner reingeknallt wie sonst nur eine Magnum auf nüchternen Magen. Und das will bei mir was heißen.
Jetzt ist sowieso alles zu spät: Wir haben die VIP-Lounge erreicht, die mit *Tour d'Amour*-Postern dekoriert und lauter munteren Fernsehmenschen gefüllt ist.
»Wir haben Glück«, sagt einer der Krawattenmänner, »die Maschine aus Wien war ausnahmsweise pünktlich. Herr Ross ist schon da.«
Tatsächlich, da steht er am Büfett, der junge Herr, und krü-

melt sich mit Taco-Chips voll. Ich hätte ihn fast nicht wiedererkannt. Während der Sendung sah er so gekämmt aus. Schwiegersohnig, wie meine Mutter hinterher in bewährter Verkennung der Lage am Telefon sagte. Heute dagegen wirkt er wie rückwärts durch den Busch gezogen: verpennt, zerknautscht, mit wirrem Blick hinter der Kassenbrille. Und dann diese Drahthaarterrierfrisur. Dieser neongelbe Globetrotter-Rucksack. Diese Bundeswehrhose mit den prallen Taschen am Schenkel. Was hat er da bloß drin? Survivalnahrung? Bärenfalle? Luftmatratze? Und wieso transportiert die Jugend von heute ihre Habe so gern in den Kniekehlen? Oha, jetzt hat er mich gesehen, winkt, macht sich auf den Weg. Der erste Satz, der erste Satz ...
»Frau Burghardt? Huhu, Frau Burghardt!« Herrje, die Tanja. *Die* Tanja! Sie allerdings sieht genauso aus wie in der Sendung: quietschbuntes Kostümchen und dieses gefönte Grinsen, das zur Zeit von allen Fernsehzeitschriften springt, mit Schlagzeilen wie »Fräulein Wunder«, »Die Quotenqueen« oder, ganz apart, »Königin der Herzen«. Für dieses Cover hat sich Tanja extra mit Diana-Frisur und Krönchen fotografieren lassen. Geschmackvoll.
Ihre Sendung, keine Frage, ist ein Hit. Fast hätte ich gesagt, unsere Sendung. Niemand hätte *Tour d'Amour*, der bestimmt hundertsten Singleshow im Fernsehen, auch nur die geringste Chance gegeben, wenn nicht die Premiere so spektakulär in die Hose gegangen wäre. Bis heute frage ich mich, ob die Nummer geplant war oder nicht: Tanja hatte als PR-Gag ihren Ex-Mann, den Schlagersänger, eingeladen – die Ehe hatte vier Wochen gedauert, die Scheidungsverhandlung vier Monate –, und die Redaktion war auf die

Idee gekommen, daß die beiden eines der vorgesehenen Spiele demonstrieren sollten, passenderweise das mit den überdimensionalen Boxhandschuhen.
War schon ein Anblick, als Tanja nach einem kleinen Schlagabtausch auf die Bretter ging und einfach nicht wieder aufstand. Das Publikum hatte erst noch brav diesem netten Gag applaudiert, und als klar wurde, daß es Tanja ernsthaft erwischt hatte – sie war aber auch ein bißchen zu unverschämt in ihren Abfindungsforderungen gewesen –, klatschten einige Scherzkekse in der letzten Reihe noch viel lauter.
Ich habe keine Ahnung, was mich geritten hat, als ich mir in der allgemeinen Verwirrung Tanjas Mikrofon schnappte. »Meine Damen und Herren, Tanja wird es in wenigen Minuten besser gehen. Erleben Sie bis dahin die erste Singleshow, in der die Singles die Show machen. Äh …«, ich guckte mich zu den anderen Kandidaten um, »kann einer von euch irgendwas, von dem wir wissen sollten? Ich habe leider nur ein paar unsendbare Witze auf Lager.« Zwei Schrecksekunden, dann meldete sich ausgerechnet Stefan.
»Reicht Jonglieren?«
»Das werden wir sehen, ob's reicht. Leg los.«
Schnell hatte er sich von den Zuschauern in der ersten Reihe eine Zigarettenpackung, ein Portemonnaie und ein Brillenetui organisiert und legte los, während ich die Nummer recht und schlecht kommentierte. Nach drei endlosen Minuten hatte die Regie es geschafft, die Boygroup, die eigentlich den Höhepunkt der Show bilden sollte, ins Studio zu schaffen, wie mir eine Assistentin mit einem großen Pappschild signalisierte. Die Frau zerrte ich samt Schild

auch noch schnell vor die Kamera, wir drei verbeugten uns, der Saal tobte, das Playback der Boys setzte ein, und wir verschwanden hinter den Kulissen, wo wir von johlenden Bühnenarbeitern umringt wurden. Daß Stefan und ich am Ende gewannen, war nur noch reine Formsache. Vermutlich führt speziell für solche Fälle eine Spezialleitung vom Regieraum zum TED-Computer: Nichts verdirbt die Zuschauerlaune so gründlich wie die falschen Sieger.

Von Tanja kam am Morgen danach ein riesiger Blumenstrauß ins Hotel. Nobel angesichts der Kritiken, die allesamt »das schöne Showkonzept« lobten, die Moderatorin zum angemessenen Zeitpunkt zusammenzuschlagen, und dasselbe auch für Ilona Christen, Arabella Kiesbauer und Linda de Mol forderten – »dann klappt's auch mit der Quote«. Mittags hatte ich siebzehn Telefoninterviews hinter mir, und ein Page brachte gerade drei Faxe mit Talkshow-Einladungen, als das Telefon schon wieder klingelte.

»Glückwunsch, du Schnepfe. Die Kiste Champagner ist unterwegs. Da hätte ich auch selbst drauf kommen können, daß diese dämlichen Singleshows jede nehmen, die nur halbwegs verzweifelt genug aussieht.«

»Ich liebe dich auch, Süße«, flötete ich, »schön, daß du es dir nicht zu Herzen nimmst.«

Karen hatte übelste Laune, das konnte ich hören. Um vier lächerliche Tage hatte ich sie geschlagen: Am Mittwoch sollte ihr Statisten-Auftritt in *Verbotene Liebe* ausgestrahlt werden. Aber wenn es darum geht, eine unserer legendären Wetten zu gewinnen (diesmal: Wer schafft es als erste ins Fernsehen?), werde ich zum hochorganisierten Maniac. Bei jedem Sender, bei jeder einzelnen Produktionsfirma habe ich mich beworben und je nach Anforderungsprofil als paarungswillig (Singleshow), nobelpreiswürdig (Quiz) oder lesbische Domina (Nachmittagstalk) ausgegeben. Karen hingegen hatte einfach nur eine ihrer Liebschaften wiederbelebt – sie war mal mit einem Soap-Drehbuchschreiber ausgegangen – und dann tapfer die Zähne zusammengebissen, als der Regisseur von *Verbotene Liebe* sie ausgerechnet als Postbotin castete. Nach dem Dreh kam sie allerdings zu mir auf einen dreifachen Glenlivet und eine Runde Jammern: »Sag mir die Wahrheit, Bebe. Ist es meine Frisur? Die Klamotte? Habe ich diesen Postbotinnen-Zug um den Mund?«

»Was lachen Sie denn so, Frau Burghardt?« Hoppla, die Tanja. Wie lange redet die wohl schon auf mich ein?

»Entschuldigung, ich mußte gerade an was denken.«

»Haben Sie überhaupt zugehört? Wir müssen noch schnell einen Aufsager für unser Klatschmagazin *Exquisit* drehen, Sie kennen das ja inzwischen.« Und ob. Ergeben stelle ich mich neben sie.

»Jasmin? Halbtotal?« fragt Tanja in Richtung Kamera.

»Nee. Wir fangen groß mit dir an und ziehen dann auf. Aber vorher: Haben Sie nicht was Lebhafteres für oben als diesen schwarzen Pulli, Frau Burghardt? Der kommt einfach nicht so.« Das mit Jasmin und mir wird nicht gutgehen, das ahne ich schon jetzt. In den letzten Wochen war sie fünfmal mit ihrem Kamerateam bei mir, hat mich bei der Arbeit filmen lassen, bei meinem Lieblings-Thai, auf dem Sofa und beim Einkaufen. Mein Büro war ihr zu unordentlich (»Muß das sein mit diesen ganzen Stoffproben? Die flimmern so in der Kamera«), meine Wohnung nicht

bunt genug (»Haben Sie nicht wenigstens ein paar nette Sofakissen?«) und das Thai-Restaurant nicht pittoresk genug (»Resopal? Hier essen Sie?«). Immer wenn ich sie daran erinnerte, daß ich mein Leben nun mal nicht auf Bildschirmkompatibilität hin geplant hatte, maulte sie nur: »Okay, okay. Aber es kommt einfach nicht so gut.«
Tanja hat inzwischen mit ihrem Text begonnen. »Das kann man wohl sagen, Frauke«, sagt sie lachend in die Kamera. (Aha. Hier wird später mit der passenden Frage der Exquisit-Moderatorin eine Live-Schaltung getürkt.) »Neben mir steht Bettina Burghardt, die eine Hälfte des Siegerpaars aus der ersten *Tour d'Amour* – und die Frau, die mir sozusagen das Leben gerettet hat.« Hier lächelt Tanja zartbitter. »Heute wird es ernst, Bettina. Euer aufregender Trip rund um die Welt beginnt: Nervenkitzel in Neuseeland, Romantik in der Südsee, Shopping in New York und zum Schluß ein streng geheimes Überraschungsziel. Das ist der ultimative Beziehungs-Check: Danach wißt ihr definitiv, ob ihr füreinander geschaffen seid. Bis zum Happy-End erwartet euch ein absoluter Traumurlaub, und das Beste: Sie, liebe Zuschauer, gehen mit auf die Reise und können dieses spannende Experiment hautnah miterleben. Ein PMS-Team bleibt den beiden Glückspilzen immer auf den Fersen und wird regelmäßig von ihren neuesten Abenteuern berichten. Und, Bettina, wie fühlst du dich heute?«
An die Duzerei vor der Kamera habe ich mich inzwischen gewöhnt, und an meine Rolle in diesem Spiel auch. »Phantastisch, Tanja. Ich bin sehr gespannt, was passieren wird. Wer weiß, vielleicht wird es ja eine Fahrt ins Glück …«
Gott, wenn die wüßten. Nichts liegt mir ferner als eine Be-

ziehung, erst recht nicht mit einem Hobby-Jongleur und garantiert nicht vor laufender Kamera. Wird bitter für die Fernseh-Hansel, wenn sie merken, daß ihre schöne Liebesgeschichte einfach nicht passieren will. Aber wenn sie schon so blöd sind, uns eine Weltumrundung mit allen Schikanen zu zahlen, kann ich ja zumindest ein bißchen guten Willen simulieren.

»Wunderbar, Bettina. Und hier ist auch schon dein Reisepartner Stefan ... Stefan? Wo ist der Kerl denn auf einmal abgeblieben? Verfluchte Scheiße!« Tanjas kurze Handbewegung quer über ihre Kehle gilt nur vordergründig dem Kameramann. Klasse. Alles noch mal von vorn. Falls Monsieur sich nicht für alle Zeiten in den Tiefen der VIP-Lounge verirrt hat.

An der Tür wird es plötzlich laut. »Lassen Sie mich rein, verdammt noch mal!« Die Stimme erkenne ich unter Hunderten, die dazugehörige Frau allerdings weniger: Ist das wirklich Karen? Wo hat sie bloß so schnell die kurzen schwarzen Haare her? Mit den Wachmännern macht sie kurzen Prozeß, also muß sie es sein. Lachend kommt sie auf mich zu: »Kleine! Ich konnte dich doch nicht einfach so fliegen lassen!«

»Ich wußte, daß du kommst, du Kuh«, sage ich, während ich sie umarme. Noch am Morgen hatte Karen einen Notfall in ihrer kleinen Buchhandlung vorgeschoben, der es ihr leider ganz unmöglich machen würde, mich zu verabschieden. Ich hatte todtraurig getan, aber im stillen nur gelacht. Nach vierzehn Jahren kenne ich sie gut genug. »Was soll das mit deinen Haaren?«

»Ach, das«, sagt sie schulterzuckend. »Nenn es mein Anti-

Postbotinnen-Programm. Hat mir ja doch keine Ruhe gelassen, was dieser Regisseur gesagt hat. Und?« Sie guckt sich um. »Wo ist dein Traumprinz?«
»Verschollen. Vermutlich ins Klo gefallen. Die bezaubernde Jasmin sucht ihn gerade.«
»Sieht so aus, als ob sie ihn gefunden hätte.« Wirklich, da kommt er mit leicht hängenden Schultern, untergehakt von Jasmin und Tanja, die abwechselnd auf ihn einreden. Jetzt macht er sich frei und steuert auf mich zu. Okay, Burghardt, jetzt ist es soweit. Jetzt reiß dich zusammen und sei einfach nur nett und versaue nicht gleich wieder alles. Ich öffne den Mund und ...
»Hi!« sagt Stefan und deutet mit dem Daumen über seine Schulter auf den Kamerapulk. »Hoffentlich sind diese Typen nicht dabei, wenn wir das erste Mal mitsammen pudern gehen.«
Mir fällt die Klappe runter. Karen guckt, als ob sie in etwas getreten wäre. Respekt. Eins muß man ihm lassen, diesem Wiener Würstchen: In ersten Sätzen ist er sogar noch schlechter als ich.

2

Ich habe nicht besonders viele Frauen gehabt, jedenfalls wenn ich die abziehe, bei denen ich breit oder einfach nur verzweifelt gewesen bin. Aber eines weiß ich: Mit Bettina wird das nichts.
Eigentlich sieht sie ganz gut aus. Sie hat einen süßen kleinen Busen, anständige Beine, meergrüne Augen, und zu blond ist sie auch nicht. Alles dran, alles in Ordnung. Und so, wie sie sich meine Hand geschnappt hat, statt mir ihre

Backe zum Begrüßungsbussi hinzuhalten, ist sie bestimmt ziemlich gut im Bett. Das Problem sind die Klamotten. Bettina trägt von oben bis unten Schwarz. Schwarze Stiefeletten, schwarze Hose, schwarzes T-Shirt, schwarze Jacke. O Gott, nicht schon wieder.
Mit solchen Frauen kann ich nichts anfangen. Sie sind immer so um ihr Image besorgt. Bloß nicht zu laut, zu grell, zu bunt sein. Immer auf die Unterwäsche achten, falls man einen Verkehrsunfall hat und bewußtlos ins Krankenhaus eingeliefert wird. Deswegen tragen sie Schwarz. Damit man sofort merkt, sie sind keine kleinen Blümchenkleider-Mädchen mehr. Ich weiß nicht, mich stimmt das traurig.
»Noch etwas zu trinken?« fragt die Stewardeß, die Lufthansablau trägt. Ich sage »na klar« und bestelle noch ein Bier. Das mit dem Bier mache ich absichtlich, um Bettina zu ärgern. Sie ist immer noch vergrätzt wegen meines Spruchs, daß diese Kamerafreddys hoffentlich abschieben, wenn wir miteinander ins Bett gehen. Dabei wollte ich sie bloß zum Lachen bringen, weil sie mir leid tat, mit ihren hektischen Flecken am Hals und von Mikrofonen belagert. Etwas Besseres ist mir in der Eile eben nicht eingefallen. Noch lange kein Grund, mich zu boykottieren, finde ich. Und genau deswegen bestelle ich mir ein zweites Bier. Meine Güte, soll Bettina denken, was ist das denn für einer, der macht blöde Sprüche und trinkt die ganze Zeit Bier, der hat keine Ahnung, wie man sich im Flugzeug benimmt. Kleines Revanchefoul.
Ehrlich gesagt, weiß ich wirklich nicht, wie man sich in der ersten Klasse benehmen muß. Ich bin immer nur Charter geflogen, in quälend vollbesetzten Urlaubermaschinen, die

um Mitternacht starten und um halb vier Uhr morgens in Athen landen, und dann muß man todmüde noch ein paar Stunden am Flughafen herumlungern, bis der Bus zum Hafen fährt. Wenn dann endlich das Schiff nach Mykonos ausläuft, ist man völlig mürbe und wird sofort seekrank. Mit Biggi habe ich mir ein paar solcher Reisen angetan, und wir waren schon bei unserer Ankunft so gereizt, daß wir uns aus irgendeinem nichtigen Anlaß an die Kehle gingen und in den ersten Tagen des Urlaubs nur damit beschäftigt waren, uns wieder halbwegs zu versöhnen.
Wenn Biggi neben mir säße statt Bettina, hätte ich sicher mehr Spaß. Wir würden Champagner bestellen oder Tomatensaft, um herauszufinden, ob an Flüssigtomaten wirklich etwas dran ist. Wir könnten ein wenig unter der Wolldecke fummeln und dabei angestrengt harmlos auf unsere Videomonitore starren, um schließlich mit champagnerperlenden Gefühlen einzuschlafen. Wenn es Biggi noch gäbe. Wenn sie mich nicht verlassen hätte. Wenn ich noch Teil eines Paares wäre. Na ja, hat nicht sollen sein. Ich muß mich alleine durch die Videokanäle schalten. Es läuft aber noch nichts Richtiges, und so bleibe ich bei dem Schaubild hängen, auf dem man sieht, über welchem Gebirge man gerade abstürzen würde, wenn eine Bombe hochginge. Die Frau an Biggis Stelle macht währenddessen Notizen in ihren Filofax. Er ist so eindruckheischend dick, daß ich mich frage, ob sie die alten Kalenderblätter drin gelassen hat, um ein mit Wichtigkeiten erfülltes Leben vorzutäuschen.
Erst eine Stunde später, wir sind gerade über Rußland, die Absturzhöhe beträgt 33 000 Fuß, legt Bettina ihren Filofax weg und versucht es mit mir.

»Was machst du eigentlich, wenn du nicht gerade auf *Tour d'Amour* bist?« will sie wissen.
Blöde Frage. Habe ich doch schon in der Sendung erzählt. Aber da hat Madame wohl nicht aufgepaßt.
Na gut. Irgendwie muß man Gespräche ja in Gang bringen.
»Ich habe vor sechs Monaten mein Studium hingeschmissen«, sage ich, »und eine Partyagentur gegründet. Aber das läuft noch nicht richtig.«
»Kalte Büfetts oder Opernball?«
»Ich veranstalte Partys für Leute, die keine Lust oder Zeit haben, sich selbst darum zu kümmern. Betriebsfeiern, runde Geburtstage, Polterabende, was eben so verlangt wird. Ich sorge für die Musik, die Cocktails, das Personal, die Dekoration, und wenn jemand sich einbildet, daß er unbedingt eine Striptease-Nummer braucht oder ein Feuerwerk auf der Terrasse, organisiere ich das auch. Ist aber bis jetzt noch nicht vorgekommen. Die Leute haben zuviel Angst vor ihren eigenen Phantasien. In zwei, drei Jahren, wenn ich mich mit meinem Konzept durchgesetzt habe, will ich große Feste für ein paar hundert Gäste organisieren, orientalische Nächte in Schwimmbädern oder gigantische Big-Band-Tanznächte.«
»Hört sich gut an«, meint Bettina, wie alle, denen ich von meinen Plänen erzähle. Das liegt natürlich daran, daß sich jeder seine eigene Lieblingsparty vorstellt, die Party, von der man immer nur hört, aber zu der man nie eingeladen wird. Die Frauen sehen alle aus wie Bond-Girls oder Audrey Hepburn, die Männer tragen maßgeschneiderte Anzüge, und Miles Davis spielt Trompete. Man paßt in das

Kleid, in das man zuletzt vor zehn Jahren gepaßt hat, der Pickel vom Morgen hat sich wunderbarerweise in Luft aufgelöst, die Unterwäsche kneift nicht, und während man den perfekten Martini trinkt, verabredet man sich mit beiläufiger Kaltblütigkeit zu einem Seitensprung, von dem keiner erfahren wird. Ich jedenfalls habe noch niemanden getroffen, der nicht von dieser einen, perfekten Party träumt. Deswegen lasse ich mir meine Idee nicht ausreden, obwohl die einzigen, die mich anheuern, vorläufig allein erziehende Karrierefrauen sind, die es zum Geburtstag ihrer Kinder einmal richtig krachen lassen wollen. Nicht, daß mir solche Aufträge viel ausmachen. Den Kleineren reicht es vollkommen, wenn ich ein paar Zaubertricks vorführe, Topfschlagen und Reise nach Jerusalem spiele und bei Streitereien schlichte. Wenn sie älter als zehn sind, bekommt das Geburtstagskind eine CD seiner Lieblingsband mit von mir eigenhändig aus der *Bravo* abgemalten Autogrammen jedes einzelnen Mitglieds, danach teile ich ein Dutzend Gameboys aus und sitze gemütlich meine Zeit ab. Wirklich schlimm sind nur die Nachbesprechungen mit den Müttern. Entweder haben sie Minderwertigkeitskomplexe, weil sie mich für einen Kreativen halten, und erzählen mir, daß sie nebenbei Jazztanz machen oder bis zu ihrer Schwangerschaft in der Schauspielschule waren. Oder sie legen Lebensbeichten ab, in denen es um schlechtes Gewissen und drückebergerische Väter, zuwenig Zeit und zu viele unerfüllte Sehnsüchte geht. Wenn die Rotweinflasche leer ist und im CD-Player nur noch Paolo Conte läuft, weiß ich, daß mir wieder einmal gleich ein Schlafplatz angeboten werden wird. Ich muß nur ja sagen. Ein einziges

Mal, nach meinem vierten oder fünften Kindergeburtstag, bin ich darauf eingegangen, weil ich neugierig war, wie sich eine Frau Mitte Vierzig anfühlt. Am Morgen danach war es ihr bloß peinlich. Und ich wollte so schnell wie möglich vor ihrem Sohn flüchten, in dessen Blick die panische Angst stand, ich könnte Mamas neuer Liebhaber werden.

Von all dem braucht Bettina natürlich nichts zu wissen. Deswegen frage ich sie, überaus subtil das Thema wechselnd, was sie denn im wirklichen Leben treibt, auch wenn ich längst weiß, daß sie im großen Stil mit Schrankwänden und Sitzlandschaften dealt.

»Ich bin Design Consultant bei H.O.M.E.«, sagt sie. »Das ist eine internationale Einrichtungskette. Wie Ikea, nur moderner und luxuriöser. Ich weiß gar nicht, ob ihr in Österreich das kennt.« Klingt ganz nach meinen Kindergeburtstagsmuttis. Design. Consultant. Zwei Wörter, die nur auf Visitenkarten stehen. Unmittelbar über der Handynummer und der E-Mail-Adresse. Ich gebe mich gebührend beeindruckt und sage, daß sich das sehr aufregend anhört. Gleich wird sie sagen, daß ihr Job so toll auch wieder nicht ist.

»So toll ist mein Job auch wieder nicht. Eigentlich reise ich bloß durch die Weltgeschichte und besorge die Möbel zu den neuesten Lifestyles. Wenn in London die siebziger Jahre angesagt sind, treibe ich den besten italienischen Sitzsack-Fabrikanten auf. Wenn Asien in ist, forsche ich in Japan nach den passenden Bodenkissen. Oder ich suche in Indien nach Kleiderschränken im Kolonialstil. Neulich war ich sogar in Wien und habe mit einer heißen Jungdesi-

gnerin verhandelt. Carmen Rubin, der Name wird dir nichts sagen.«
Wie schön, daß Bettina so genau weiß, wer mir etwas sagt und wer nicht. Zur Belohnung werde ich sie jetzt sagen lassen, daß sie nicht nur eine ausgekochte Karrierefrau ist, sondern darüber hinaus noch Träume hat, indem ich feststelle: »Du verdienst sicher eine ganze Menge.«
»Mein Problem ist, daß ich es nicht ausgeben kann. Ich bin ja die ganze Zeit unterwegs. Wird alles gespart. Irgendwann werde ich mir meinen Traum erfüllen und auf einer einsamen Insel das perfekte Hotel eröffnen. Höchstens zwanzig Zimmer, sehr exklusiv, und niemand redet mir rein.«
Du blöde Nuß merkst aber auch gar nichts. Wie originell du doch bist. Gleich wirst du mir dein Sternzeichen auf die Nase binden. Oder erzählen, daß du an Wiedergeburt glaubst.
»Halt mich bitte nicht für unhöflich«, sagt Bettina, »aber gleich läuft ein Film mit George Clooney, den ich gern sehen würde. Wir haben ja noch vier Stunden Zeit, unsere Lebensgeschichten auszutauschen.«
Bettina kramt aus ihrer Tasche etwas hervor, das sich als aufblasbares Nackenkissen entpuppt, eine Art Gummikragen, der aussieht wie eine Klobrille, bei der der vordere Teil fehlt. Das kann doch nicht wahr sein, denke ich, die hat ihr eigenes Kissen mit. Wahrscheinlich tragen das in Paris gerade alle.
Ich komme erst wieder zu mir, als der Landeanflug nach Hongkong schon begonnen hat. Bettina sitzt hellwach neben mir und schreibt schon wieder in ihren Filofax. Wenn

es etwas gibt, vor dem ich Angst habe, dann sind das organisierte Menschen. Keine Ahnung, was das über mich sagt. Wir sind bloß Transit und müssen vier Stunden im Niemandsland totschlagen. Jasmin liest die *Vogue,* Bettina *Wallpaper,* Tim *Playgirl* und Ingolf *Auto, Motor und Sport.* Ich verziehe mich in den Raucherraum, in dem wie in allen Flughafenraucherräumen das Neonlicht extra grell ist, damit wir Raucher besonders bleich aussehen und gar nicht anders können, als uns wie willensschwache Verlierer zu fühlen. Nach drei Zigaretten bin ich halbwegs wach, aber ich beschließe zu bleiben, bis unser Flug aufgerufen wird, hier bei den Verlierern.

Bei Air New Zealand tragen Stewardessen nicht mehr Schiffskapitänsblau, sondern rotblaue Uniformen und lustige Hütchen, die mich an die englische Königin erinnern, und aus irgendeinem Grund kommt mir das aufregend vor. Bettina und ich wühlen in den Kinderrucksäcken, die uns Jasmin beim Wiedereinsteigen überreicht hat, »eure Love Kits, hätte ich beinahe vergessen«, scheußliche Plüschbeutel mit aufgenähten Herzen und PMS-Logos. Drinnen sind lauter Werbegeschenke, ein Boris-Becker-After-shave, Energy-Drinks, Turbo-Aspirin und ein paar Müsliriegel, lauter Zeug, das man nicht brauchen kann. Und selbstverständlich haben sie die Packung Kondome nicht vergessen. Kondome sind immer das erste, was man aufgedrängt bekommt, wenn man den Fehler begeht, geschlechtsreif zu werden. Einmal hat mir eine meiner Kindergeburtstagskundinnen erzählt, daß es zwar XL- und XXL-Kondome gibt, aber keine in small, medium oder large, und wirklich steht auf meiner Packung XL. Darüber muß ich natürlich

lachen, bis mir einfällt, daß das vermutlich ein Fehler ist. Wenn Bettina mich so vergnügt mit meiner XL-Packung sieht, denkt sie sicher, ich rechne mir Chancen aus.
Ich muß wieder eingenickt sein, denn plötzlich steht das Kreuz auf dem Entfernungsschaubild ganz in der Nähe Neuseelands, und die Stewardessen verteilen Zollformulare.
»Guten Morgen«, sagt Bettina mit dieser Frühaufsteher-Fröhlichkeit, die ich noch nie ausstehen konnte. »Ich hoffe, du bist mir nicht böse, weil ich dich nicht zum Frühstück geweckt habe. Aber du kannst gern meine Müsliriegel haben.«
Mir fällt auf, daß ihre Nippel unter dem schwarzen T-Shirt ganz hart sind, wahrscheinlich von der Frischluftdüse, und daß sie logischerweise keinen BH trägt. Nett, denke ich, weil ich Frauen mit kleinem Busen mag, aber dann stelle ich mir vor, daß wahrscheinlich auch sie diese Sätze von sich gibt, mit denen sich kleinbrüstige Frauen an ihren besser ausgestatteten Rivalinnen rächen: daß bei ihnen nie etwas hängen wird und so weiter. Darüber muß ich gleich wieder grinsen, und Bettina drückt mir all ihre Müsliriegel in die Hand, obwohl ich sie gar nicht mag.
Dann setzt auch schon das Flugzeug auf. Wir sind da. Am anderen Ende der Welt.

3

Geh doch mal einer ans Telefon. Ich kann jetzt wirklich nicht, George Clooney hat sich gerade hinten bei mir auf den Gepäckträger gesetzt, und ich muß uns beide jetzt über diesen Schwebebalken in der Wüste

fahren, und George kitzelt mich immer so unter den Rippen, und da vorn kommt Ralph Fiennes auf einer Ente angeflogen, rasend vor Eifersucht, und ...
Oh, in Dreigottesnamen.
Bis ich endlich in der Dunkelheit das Telefon gefunden habe, ist George längst in den Sand gefallen und bin ich halbwegs bei Sinnen.
»Hallo, hier ist die Jasmin«, sagt die Jasmin mit einer Stimme wie aus der Margarinereklame. »Hast du endlich ausgeschlafen? Wir wollten uns doch am Pool treffen, zur Lagebesprechung. Kommst du runter?« Seit Hongkong duzen wir uns. Seit sie sich von mir einen Tampon leihen mußte.
»Jasmin. Hi. Sorry. Völlig fertig«, murmle ich. »Können wir nicht morgen früh reden? Grüß die Jungs. Muß George retten.«
»Du mußt was?«
»Später. Sorry. Wirklich. Gute Nacht.«
»Es ist vier Uhr nachmittags. Aber okay. Du klingst wirklich nicht so, als ob es heute viel Sinn hätte. Also morgen um neun. Frühstück, Besprechung, Abmarsch. Schaffst du das?«
»Mmhh. Türlich.«
Ich lasse den Hörer ungefähr da fallen, wo ich das Telefon vermute, und drehe mich wieder um. Tatsächlich, durch die Vorhangritzen schimmert Sonnenschein. Kann nicht Nacht sein. Draußen lachen Leute. Kann nicht Deutschland sein. Ich bin am anderen Ende der Welt. Kann nicht wahr sein.
Verdammt. Jetzt bin ich wach. Mühsam schäle ich mich

aus dem Laken-und-Wolldecken-Chaos (nie werde ich verstehen, wie ganz England und seine ehemaligen Kolonien unter diesen strammgezurrten Bettdecken schlafen, ohne sich die Füße zu brechen) und stelle erst mal den Fernseher wieder laut. Gerade laufen Nachrichten: Ein Mann ist in der Bucht vor Whakatane von einem Riesenkraken in die Tiefe gezogen worden. In Masterton haben die letzten Qualifikationskämpfe zur Schafscherer-Weltmeisterschaft begonnen. Eine Hausfrau in Whangarei hat einen künstlichen Arm angefertigt bekommen, der zehn Zentimeter zu lang ist, und jetzt passen die Blusen nicht mehr. Angesichts der diesjährigen Opossum-Plage fordert der Landwirtschaftsminister Autofahrer ausdrücklich dazu auf, Gas zu geben, wenn sie ein Tier auf der Straße sehen. Das Wetter: leicht bewölkt, 19 Grad. Gelobt sei das Land, das solche Nachrichten sendet.
Von draußen dringt leichtes Plätschern herein. Ich luge durch den Vorhangspalt. Über dem Pool hängt dichter Wasserdampf, irgendwo in der Suppe scheinen ein paar Männer zu treiben, eine der Stimmen klingt so wie die des Kameraassistenten. Tom oder wie er hieß. Tim. Hey, und wenn es nicht noch einen anderen Mann mit Drahthaarbürste statt Frisur in diesem Hotel gibt, müßte das da drüben mein stoffeliger Reisepartner sein. Wie nett: Tim und Struppi. Nein, das muß heute wirklich nicht mehr sein. Ich werde keinen Schritt mehr vor die Tür setzen.
Was ist eigentlich, wenn sich Struppi wirklich einbildet, mit mir könnte was laufen? Immerhin hat er bei *Tour d'Amour* mitgemacht, er wird sich ja was davon versprochen haben, der Arme. Vielleicht sollte ich mit ihm reden,

bevor es anfangt, für uns beide peinlich zu werden. Andererseits ist es vielleicht noch peinlicher, das Thema überhaupt anzuschneiden. Entscheidungen, Entscheidungen. Nicht jetzt.

Beginnen wir die Hotelzimmer-Routine. Zappen. Minibar-Check. Badewasser einlaufen lassen.

Es gibt für mich nichts Beruhigenderes als das satte Donnern, mit dem sich eine Badewanne füllt, und nichts Tröstlicheres als Toblerone aus der Minibar. Ich liebe Hotels. Immer noch, nach all den Jahren. Ich übernachte vielleicht achtzig Nächte pro Jahr im Hotel, Ferien nicht mitgerechnet, und von mir aus könnte es gern das Doppelte sein. Für mich ist das Hotel das Paradies, weil es der einzige Ort ist, wo ich mich unzuständig fühlen darf: Jemand macht das Bett, jemand putzt das Bad, jemand bringt das Frühstück, und für alle anderen gibt es das »Do-not-disturb«-Schild. Ich gehe abends nur noch selten weg, wenn ich in fremden Städten bin. Man lernt sowieso nur Vertreter für Schrankwandsysteme kennen, und ganz ehrlich: Hat man einen Schrankwand-Vertreter getroffen, hat man alle getroffen. Lieber liege ich pflanzenhaft lethargisch auf meinem Bett, probiere aus, welche Lampen man vom Nachttisch aus an- und abschalten kann, und fühle mich geborgen in dieser komischen kleinen Welt aus aprikosenfarbenen Sesselchen, gesalzenen Nußmischungen im Alupäckchen und Pornos im Videokanal, Nähetuis und Schuhpoliertüchern in kleinen Bastkörbchen, dreieckig geknifftem Klopapier und Plastik-Eisbehältern ohne Eis. Es ist wie eine Auszeit vom Leben: nur liegen. Nichts sollen.

Überhaupt: Wenn ich reise, egal wohin, reise ich weit, weit

weg. Ich besuche nicht nur Orte, sondern andere, plötzlich denkbare Existenzen – Papaya-Züchterin auf Tahiti? Barfrau in Shanghai? –, ich erfinde für ein paar Tage meine Zukunft neu und die Vergangenheit gleich mit. Oft erzähle ich Sitznachbarn im Flugzeug erfundene Lebensgeschichten: daß ich unterwegs zu meinem Mann bin, der unschuldig im Gefängnis in Kuala Lumpur sitzt. Oder daß ich meine Erbschaft antreten will, eine Weinplantage im Napa Valley. Oder daß ich auf dem Weg nach Schottland bin, wo mich eine achtzigjährige Baronin als Vorleserin angeheuert hat; vor ihrem Tod möchte sie gern noch mal den gesammelten Dostojewski hören.

Als ich Karen mal davon erzählte, hat sie mich angeschaut, als ob ich nicht ganz bei Trost wäre. »Aber du hast diesen phantastischen Job«, schrie sie, »was soll die Flunkerei?« Ich weiß es ja selbst nicht. Nur daß mögliche Leben immer besser sind als wirkliche. Ebenso wie mögliche Männer immer besser sind. Das hat sie dann verstanden. Und außerdem: Ein bißchen anders ist jeder, wenn er unterwegs ist. Einige Leute trinken zum Beispiel Tomatensaft nur im Flugzeug und sonst nie. Meine Alternativleben sind eben mein Tomatensaft.

Eine Zeitlang habe ich die weißen Frotteeschlappen gesammelt, die es in den besseren Etablissements gibt, bis mein Bad zu Hause aussah wie eine Gemeinschaftsdusche im Schwimmbad. Was ich derzeit treibe, ist allerdings auch nicht viel besser: Seit zwei Jahren fotografiere ich jedes Gemälde, das in meinem jeweiligen Hotelzimmer hängt. Von den schlimmsten Bildern lasse ich mir Vergrößerungen ziehen und hänge sie zu Hause in mein Schlafzimmer. Da reihen sich inzwischen Stiche von englischen Jagdgesellschaften aus London an einen Eselskarren aus Mallorca und öde Landschaften aus Businesshotelzimmern, die auf Manager vermutlich blutdrucksenkend wirken. Irgendwo in Taiwan, da bin ich sicher, steht eine riesige Hotelzimmerkunstfabrik, und die spuckt dasselbe Bild in zwanzig Farbkombinationen aus, passend zum Vorhang. Gelegentlich kommt ein Großauftrag für ein neues Kongreßzentrum, und dann müssen arme kleine Taiwanesen Überstunden am Farbfließband schieben, besonders der mit der dicken Quaste für Himmelblau.

Es klopft. Der Roomservice. Bravo, mit einem Servierwagen, so soll es sein. Ist zwar nur ein Clubsandwich drauf, aber dafür mit Silberhaube drüber. Sofort kriege ich gute Laune. Der Kellner hat rote Haare, wie fast jeder zweite in Neuseeland. Süß. Allmählich werde ich wach.

Ein einziges Mal hatte ich was mit einem Roomservice-Kellner. Das war in Mailand, ich hatte gerade dreitausend Stehlampen für H.O.M.E. und fünf Paar Schuhe für mich gekauft und war bester Laune. Ein Blick von ihm, und die Sache war klar. Den Bademantel habe ich dabei nie ausgezogen. Hinterher ging es mir sogar ausnahmsweise richtig gut.

Das Sandwich nehme ich mit in die Badewanne. Das Beste am Singlesein ist doch das Essen. Wenn man allein ist, kann man vier Tage hintereinander klumpiges Pfanni-Kartoffelpüree essen, mit einem Rührlöffel direkt aus dem Topf, über die Spüle gebeugt – guckt ja keiner. Man kann Reis im unabgewaschenen Nudeltopf von gestern kochen, man kann sich Sachen machen, die keiner sonst runterkriegt, Sardinen-Omeletts zum Beispiel, man kann zum Abendbrot eine Geschenkbox After-Eight auf dem Sofa essen. Das kann man jahrelang durchhalten, und eines Tages zieht man mit einem Kerl zusammen, der das auch jahrelang so gemacht hat. Und plötzlich darf das alles nicht mehr sein. Man steht unter Dauerbeobachtung und benimmt sich. Und der Spaß geht flöten.

Mit dem linken Fuß lasse ich heißes Wasser nachlaufen. Das Schlimme ist: Mir gefällt mein Leben viel zu gut. Es ist ein klasse Leben. Dinge passieren einfach, so wie diese Reise, und ich mag sie nicht am Passieren hindern. Zu zweit passiert einem nichts. Man plant alles. Man wird nicht angesprochen zu zweit, man lernt niemanden kennen, höchstens andere Paare. Und eines Tages hört man sich auf einer Dinnerparty mit lauter Paaren am Tisch Sätze sagen wie: »Genau dasselbe ist uns in Spanien auch passiert, aber uns haben sie die Pässe *und* die Koffer geklaut.«

Wie immer lasse ich das Wasser ganz ablaufen, bevor ich aus der Wanne steige, schaue dem Pegel beim Sinken zu und meinem Körper beim Auftauchen. Der Spiegel ist gnädig beschlagen. Im Fernsehen läuft inzwischen ein Rugbyspiel, rothaarige Schränke im Matsch. Wirklich, ein schönes Land. Unkompliziert.

Okay. Machen wir uns an die Arbeit. Mein Fotoapparat liegt schon auf dem Bett. Ah, die klassische abstrakte Landschaft, Modell Holiday Inn, Motiv Hügel am Meer, streng graphisch in Rosa und Apricot, der Himmel in Bleu, wahrscheinlich vom Designer des Sesselbezugs in einer stillen Stunde gemalt. Klick. Noch eins zur Sicherheit. Klick.

Wo ist der Filofax? Okay: »Nummer 1: o.T., Maler unbekannt, Wairakei Resort, Neuseeland, 29. März 1999«. Meine Damen und Herren: Die Reise ist hiermit offiziell eröffnet. Zeit, sich wieder ins Bett zu legen.

4

»Na, wie findest du deine Traumfrau?« fragt Ingolf. »Traumfrau ist gut«, sage ich. »Die ist mir viel zu zickig.«

»Das kannst du laut sagen«, sagt Ingolf wirklich ziemlich laut. »Habt ihr bemerkt, wie die sich beim Einchecken angestellt hat? Deinen Job möchte ich wirklich nicht haben, Stefan.«

»Ich weiß gar nicht, was ihr habt«, protestiert Tim. »Geschmack jedenfalls hat sie. Allein ihre Schuhe müssen ein Vermögen gekostet haben.«

»Halt's Maul, Tucke!« sagt Ingolf, und dann lachen beide wie nicht ganz gescheit.

Wir hängen gemütlich im Pool ab, Tim und Ingolf und ich. Eigentlich war eine Einsatzbesprechung angesetzt, aber nachdem Bettina auch nach fünfmal Telefonieren nicht aufgetaucht ist, hat Jasmin den Nachmittag freigegeben und ist in den Fitneßraum abgeschoben. Frauen haben es merkwürdigerweise viel öfter als Männer nötig, sich abzureagieren.

Der Pool ist gerade eineinhalb Meter tief und wird von einer Thermalquelle gespeist, so daß wir im dichten Bodennebel vor uns hintreiben und dabei eine Kühlbox umkreisen, die Ingolf an der Rezeption aufgetrieben und mit Bierdosen gefüllt hat. Wir nennen das unser »Neuseeland-

Workout«, weil wir für bessere Witze zu faul sind, und lästern ein bißchen über Jasmin, wie sie gerade am Laufband keucht, um ihre Cellulite in Schach zu halten. »Also, mir genügt mein Biermuskel«, sagt Ingolf, und mehr braucht es nicht, damit wir uns so prächtig fühlen wie Fußballer nach einem wichtigen Sieg im Entmüdungsbad. »Die drei von der Tankstelle«, sage ich und werfe Tim noch ein Bier aus unserer Kühlboje zu. »Du bist in Ordnung«, sagt Tim, und Ingolf sagt: »Laß bloß Stefan in Ruhe, der soll mit Bettina vögeln und nicht mir dir.«

Abgesehen von den Bartstoppeln, die beim Küssen schaben würden, und den Haaren am Hintern, falls er welche hat, wäre es mit Tim vielleicht nicht so schlecht. Natürlich bin ich nicht schwul, auch nicht in Ansätzen, aber ich stelle es mir schön vor, in einer Welt zu leben, in der Frauen nichts sind, worüber man sich den Kopf zerbrechen muß. Man könnte sich dann diesen ganzen Kram ersparen, von dem man immer lawinenartig verschüttet wird, sobald man sich auf Frauen einläßt. Man muß nur ein paar Tage schlecht drauf sein, weil man vielleicht Zahnschmerzen hat oder gerade pleite ist oder einfach nur abgeschlafft, schon tobt in ihnen der Verdacht, daß die Beziehung komplett aus dem Ruder läuft. Ob etwas los ist? Was man gerade denkt? Ob man noch glücklich ist mit ihr? Ob man findet, daß sie älter geworden ist? Das ist so unendlich mühsam, dieses ständige Belauern, wie man gerade guckt und nicht guckt und nicht wirklich in die Augen guckt und einer anderen auf den Hintern guckt. Irgendwann kommt bei jeder Frau der Punkt, an der es ihr nicht mehr genügt, daß man so ist, wie man ist. Obwohl sie sich ja genau in den verliebt hat, der du nun einmal bist. Aber kaum hast du ein paarmal mit ihr geschlafen, sollst du deinen Charakter verändern und zum besseren Menschen werden. Sonst schläft sie nicht mehr mit dir. Selbst schuld.

Mit Tim jedenfalls müßte ich das alles nicht haben. Wir würden sonntags ganz in der Früh auf der Suche nach originellen Vasen über Landflohmärkte schlendern, danach säßen wir mit unseren schwulen Freunden in einem Oma-Café und würden bei der Käsecremetorte über heterosexuelle Männer lästern, und dann würden wir nach Hause fahren und ein wenig vorspiellosen Sex haben. Im Sommer wären wir auf Mykonos am Paradise Beach, und die Verkäuferin in der Bäckerei würde uns für niedlich halten, und wenn wir Abwechslung bräuchten, würden wir in eine Schwulensauna gehen und mit anderen herummachen und uns anschließend haarklein erzählen, wie alles war. Ich kann mich natürlich täuschen, aber ungefähr so stelle ich mir das Schwulsein vor, ziemlich entspannt.

»Wie habt ihr euch das mit Bettina und mir eigentlich gedacht?« frage ich.

»Da muß man nicht groß nachdenken«, sagt Ingolf. »Ihr seid jung, ihr seid gesund, ihr seid vier Wochen in der Wildnis, wo liegt das Problem? Irgendwann habt ihr den Triebstau so satt, daß ihr von selbst übereinander herfallt. Wir verlassen uns da ganz auf den Faktor Zeit.«

»Laß dich nicht verarschen«, sagt Tim. »Ingolf macht nur Spaß. Natürlich haben wir etwas vorbereitet. Aber so aufregend ist das gar nicht. Ein paar gemeinsame Mutproben, jede Menge Romantik, lange Abende, weiße Strände und so weiter. Das Übliche eben. Wir verlassen uns auf die Atmosphäre und daß ihr uns nicht hängen laßt. Funktioniert immer.«

»Ihr habt wohl Routine darin?«

»Ich nicht, ich war bis vor einem halben Jahr in Sarajevo stationiert. Aber Tim ist ein alter Singleshow-Hase.«

»Ich war bei *Herzblatt,* in der Hera-Lind-Ära, und danach bei Kai Pflaume. Bis jetzt habe ich 32 glückliche Paare auf dem Gewissen.«

»Ehrlich gesagt, bin ich immer davon ausgegangen, daß in Singleshows ohne Ende geschummelt wird.«

»Viel zu anstrengend. Stell dir einfach vor, du sitzt in Neu-Isenburg oder Neumünster und führst ein beschauliches Single-Leben. Plötzlich läutet es an deiner Tür. Draußen steht Kai Pflaume und hinter ihm ein Dreier-Team, Kamera, Licht, ein riesiges Mikrofon, und alle schieben sich in deine kleine, unaufgeräumte Single-Wohnung. Am Couchtisch verwest noch ein Stück kalte Pizza von deinem einsamen Fernsehabend, du versuchst, mit dem Fuß unauffällig deine löchrigen Socken unter das Sofa zu schieben, und Kai sagt, du sollst dir was Nettes anziehen, ihr müßt jetzt beide wohin. Du wirst in einem dicken Daimler auf irgendeinen Flughafen für Sportflugzeuge gebracht und bist völlig verwirrt, weil alle sagen, jetzt guck doch mal in den Himmel. Da oben springt ein Fallschirmspringer aus dem Flugzeug und landet direkt vor deinen Füßen, und endlich merkst du, mein Gott, das ist die fette Ziege aus dem Fahrkurs, die immer neben dir sitzen wollte. Und jetzt kommt sie auf dich zu und sagt einen richtig üblen Satz auf. Hallo, Jürgen, sagt die Frau aus dem Fahrkurs, ich habe Flugzeuge im Bauch, deswegen springe ich aus dem Bauch von einem Flugzeug.

Da sagst du nicht einfach: Haut ab, ich finde das Mädchen zum Kotzen. Denn du weißt, das wird alles gefilmt, und du willst es nicht versauen, das bringst du einfach nicht. Also breitest du die Arme aus und ergibst dich.«

»Du willst mir doch nicht einreden, daß das nie schiefgeht? Was wollt ihr denn machen, wenn sich herausstellt, daß Bettina und ich uns nicht ausstehen können?«

»Wieso? Du hast dich doch beworben für eine Singleshow. Du willst Bettina. Und sie will dich. Ihr habt zwar noch ein ungutes Gefühl, aber das liegt daran, daß ihr zu den Leuten gehört, die sich einbilden, sie wären Versager, wenn sie sich ihr Triebleben von anderen organisieren lassen. Tief in eurem Inneren glaubt ihr immer noch an die große, einzigartige Liebe, die sich ganz von allein offenbaren und in euch einschlagen wird wie ein Blitz. Ihr redet euch ein, daß ihr nicht angewiesen seid auf diesen Einsame-Herzen-Kram, Kontaktanzeigen, Fisch-sucht-Fahrrad-Partys, Blind-Date-Agenturen. Wahrscheinlich willst du mir gleich erzählen, daß du an der Sendung nur teilgenommen hast, weil dein Kumpel dich angemeldet hat oder weil du eine Wette laufen hattest. Du wirst es nicht glauben, Stefan, das erzählt uns jeder.«

»Jetzt hör schon auf«, sagt Ingolf, »du machst uns den Jungen nur bockig.«

»An mir soll es nicht liegen«, sage ich, »aber ihr habt Bettina doch gesehen. Es ist doch völlig egal, wie willig ich bin. Wenn sie nicht mitmacht, nützt alles nichts.«

»Mach dir keine Sorgen, das klappt schon«, sagt Ingolf und wirft mir noch ein Bier zu. »Wir haben da unsere Methoden.«

5

»Na, da ist ja unsere Prinzessin«, blökt Ingolf quer durch den Frühstücksraum. »Haben Gnädigste wohl geruht?«
»Mitnichten«, zicke ich zurück, »mir hat meine heimatliche Erbse gefehlt. Und selbst? Schon in aller Frühe eine Brauerei besichtigt, wie man riecht?«
Gott sei Dank tauchen Stefan und Tim auf, gerade noch rechtzeitig, bevor es häßlich werden könnte. Eijeijei, vielleicht wäre es doch allmählich an der Zeit, mir ein paar Freunde zu machen. Immerhin sollen wir es vier Wochen miteinander aushalten, und ein bißchen Spaß will ich ja schließlich auch haben.
Also her mit dem ältesten Trick der Welt, damit Männer einen mögen: anständig frühstücken. Bei der rothaarigen Kellnerin bestelle ich drei Rühreier mit Speck und Würstchen plus Extraportion Bratkartoffeln, French Toast, Tee und Orangensaft, »aber einen großen, bitte«. Sieh da, schon schauen die Herren milder, als sie mich vor dem Riesenteller sehen: Nichts wirkt entspannender auf Männer als Frauen, die ordentlich reinhauen. Warum, habe ich allerdings nie verstanden, aber damit habe ich schon etliche festgefahrene Verkaufsverhandlungen wieder flottgemacht.
»Und was machen wir heute?« frage ich mit vollem Mund.
»Bißchen Action«, sagt Tim grinsend. »Aber das soll euch besser Jasmin erklären, dazu ist sie ja da.«
Leider läßt Jasmin sich Zeit mit dem Erscheinen und der Erklärung, so daß ich meinen Teller bis auf die Fettpfütze leer essen muß. Endlich kommt sie hereingefegt.
»Eine Traumlocation, Leute! Ich habe es mir schon mal

angeguckt. Du wirst mich lieben, Ingolf, so was Schönes hast du seit *Casablanca* nicht mehr gedreht.«

»Halt mal«, sagt Stefan, »du warst der Kameramann bei ...«

»Vergiß es«, knurrt Ingolf. »Alter Witz zwischen Jasmin und mir.«

In einem Kleinbus fahren wir in Richtung Lake Taupo. Unser Fahrer, ein junger Maori mit vollständig tätowierten Armen, macht extra einen kleinen Umweg am Seeufer entlang. Wir steigen aus. Es ist, als ob man am Meer stünde. Wenn ich es nicht besser wüßte, könnte ich schwören, daß es hier nach Salz riecht, so riesig ist der See. Am Ufer stehen ein paar Männer und dreschen Golfbälle ins Wasser.

»Was tun die da?« fragt Stefan.

»Sie versuchen eine Reise nach Paris zu gewinnen«, sagt unser Fahrer. »Man muß das Loch in der Plattform treffen, die da draußen vertäut ist.« Stimmt, da schwimmt was, nur schwer zu erkennen gegen die Sonne, mindestens hundertfünfzig Meter vom Ufer entfernt. »Kostet pro Schlag einen Dollar. Einmal im Jahr schickt der Besitzer ein paar Taucher runter, um die ganzen Bälle wieder hochzuholen.«

»Und hat schon mal jemand gewonnen?« fragt Stefan mit einem Glitzern in den Augen.

»Ja, Willie Akaupato, vor sechs Jahren. Es hat ihn aber mindestens fünftausend Dollar gekostet, bis es soweit war. Dafür hätte er dreimal nach Paris fliegen können.«

»Jasmin? Sind zehn Bälle in unserem Budget drin?«

Jasmin wedelt ergeben mit der Hand. »Wenn du dich beeilst. Wir haben einen Termin in einer halben Stunde.«

Stefan holt sich von einem alten Mann an einem Campingtisch einen Schläger, einen Eimer mit Bällen und stellt sich in Positur. Wackelt mit dem Hintern wie ein Profi-Golfer, fixiert die Plattform, fixiert den Ball, fixiert die Plattform, wackelt wieder und schlägt ab. Plitsch. Saubere dreihundert Meter daneben. Ingolf, der die Kamera schon aus dem Wagen geholt hat, läßt sie wieder sinken. »Wäre schade um den Film«, murmelt er und läßt den Kamerakoffer zuschnappen.

Nächster Schlag: zu kurz. Nächster: zu weit links. Nächster: zu weit rechts. Nächster: zu weit und zu links. Es beginnt langweilig zu werden. Nächster: tock. Tock?

»Tor!« rufe ich. »Oder wie das heißt.«

Der alte Wärter hebt sein Fernglas. »Wahrscheinlich hat er nur die Plattform getroffen. Nee, wartet mal – die rote Fahne ist oben. Scheint drin zu sein. Feine Arbeit, Jungchen.«

Stefan steht wie vom Schlag getroffen. »Wahnsinn! Ich habe erst ein Mal gespielt, vor fünf Jahren, und das auch nur, weil mein Prof mir eingeredet hat, angehende Juristen müßten das. Wahnsinn!«

»Scheiße!« brüllt Ingolf. »Ich fass es nicht! Und ich Idiot habe nicht gedreht! Das glaubt uns doch keiner!«

»Ist doch egal«, beruhigt ihn Jasmin. »Hol die Kamera, dreh noch einen Schlag von Stefan, einen Reißschwenk und eine saubere Einstellung von der Plattform. Das schneiden die in Köln schon zusammen. Stefan, hau drauf und guck noch mal so verblüfft. Bettina, du jubelst bitte noch mal, aber ein bißchen lauter, okay? Ingolf, können wir?«

Wenig später im Bus reden wir immer noch alle durchein-

ander, bis auf Stefan, der stumm aus dem Fenster schaut.
»Was ist los? Du freust dich ja gar nicht«, sage ich schließlich.
»Ich hatte noch nie Glück, bis zu dieser *Tour-d'Amour*-Sendung. Und jetzt das ...« Er schüttelt den Kopf. »Irgendwie unheimlich.«
»Unheimlich blöd, würde ich sagen«, grinst Tim über seine Schulter. »Denn was fängst du jetzt mit einem Ticket Auckland–Paris–Auckland an?« Stefan zuckt nur die Schultern und lacht hilflos.
Der Bus biegt in eine kleine Seitenstraße ein, müht sich über eine Schotterpiste zwischen Riesenfarnen und gewaltigen Buchen einen Hügel hinauf und bleibt endlich vor einer verwitterten Holzbrücke stehen. Schon von ferne sieht man Leute in Neonjacken um ein merkwürdiges Gerüst herumstehen, das seitlich an der Brücke befestigt ist. Auf dem Boden liegen sorgfältig aufgerollte Seile. Mir schwant etwas.
»Das ist doch nicht dein Ernst, Jasmin. Bungee-Jumping? Was Besseres ist dir zu Neuseeland nicht eingefallen?«
Jasmin guckt beleidigt. »Nun schau es dir doch erst mal an. So was hast du noch nie gesehen.«
Tatsächlich, der Blick von der Brücke ist spektakulär. Unten rauscht weißschäumend ein Fluß unter Weiden, ein Stück weiter liegt mitten im Strom eine kleine idyllische Insel mit Kirschbäumen. »Cherry Island«, sagt unser Maori. »Da kann man sehr hübsch Tee trinken.«
Jasmin wirft ihm einen vernichtenden Blick zu. »Sorry, aber jetzt ist nicht Tea-time angesagt. Jetzt wollen wir mal sehen, was unsere beiden Helden draufhaben. Ingolf, du

drehst die Nummer von unten, von der Insel aus. Die Optik ist eins a, ich habe vorhin Polaroids gemacht. Timmi, setz ihnen Helmkameras auf und steck ihnen Mikros an.«
Mit breitem Lächeln nähert sich ein niedlicher Rothaariger. Hey, hat der mir nicht gestern mein Sandwich gebracht? Oder sehen die hier alle gleich aus? »Hi, I'm Steven.«
»Netten Job haben Sie, Steven«, sage ich. »Muß doch schön sein, den ganzen Tag Touristen von der Brücke zu schubsen.«
»Stimmt, aber seit wir Gummiseile um sie rumbinden müssen, ist es langweiliger geworden«, grinst Steven.
»Äh«, sagt Stefan, der die ganze Zeit merkwürdig still war.
»Irgendwelche Probleme?« fragt Jasmin stirnrunzelnd.
»Also, ich jedenfalls nicht«, sage ich schnell. »Ich wollte das immer schon mal. Aber das ist natürlich nicht jedermanns Sache.« Und ich schaue Stefan herausfordernd an. Wollen doch mal sehen, wie der Junge so gestrickt ist.

6

Jetzt bin ich dran. Runter oder Feigling?
»Also gut«, knödle ich. »Wenn es unbedingt sein muß.«
»Das finde ich toll von dir, Stefan«, schleimt Tim, »du wirst sehen, es macht dir sogar Spaß.«
Idiot, denke ich. Hat dir schon mal jemand gesagt, daß du dich anhörst wie der Assistent von Derrick? Muß ein Assistenten-Leiden sein. Das kann ich wirklich nicht haben, dieses Geschleime dauernd.
»Okay, guys«, sagt Steven, »empty your pockets.«

Wir müssen unseren Tascheninhalt abgeben. Wie Verurteilte, bevor sie in den Todestrakt überstellt werden.
»Hat nichts zu bedeuten«, sagt Tim. »Wir wollen vermeiden, daß sich während eures Sprungs etwas löst und auf Ingolfs Kamera knallt.«
Daß sich etwas löst? Außerordentlich beruhigend.
Bettina fördert aus ihrer Safarihose ein Rot-Kreuz-Offiziersmesser, ein paar gelbe Kreditkartenquittungen, eine Handvoll Münzen und einen Tampon ans Tageslicht. Und gleich zwei von diesen spießigen Haarspangen aus Horn. Na ja, es hätte schlimmer kommen können. Manche von meinen Kundinnen stecken sich Aktenklammern ins Haar. Soll wohl lustig aussehen.
Ich habe nur eine zerknitterte Packung Fisherman's Friend in der Hosentasche, vom Flughafen in Frankfurt, damit ich nicht aus dem Mund rieche, falls wir uns küssen.
Steven präpariert uns für den Sprung. Bettina und ich werden an Knöcheln, Taille und Brust mit Sicherheitsgurten fest verschnürt. Bauch an Bauch, damit wir uns im Tod noch tief in die Augen sehen können.
»Ich weiß ja nicht, was du gerade denkst«, sagt Bettina, »aber ich habe mir unseren ersten Körperkontakt anders vorgestellt.« Sehr komisch. Blöde Kuh.
»Schon gut«, sage ich, »da müssen wir durch.«
»Hast du etwa Angst?«
»Quatsch!«
Und wie ich Angst habe. Mein Herz trommelt, mein Mund ist eine Wüste, in meinem Magen rotiert eine Waschmaschinentrommel, und ich müßte bitte ganz dringend aufs Klo.

»Du kannst immer noch aussteigen«, sagt Bettina gönnerhaft.
Wir bekommen beide einen Fahrradhelm mit dem PMS-Logo aufgesetzt, sie rosa, ich himmelblau. »Das sind eure Mützenkameras«, erklärt Tim, »mit denen können wir eure Gesichter während des Sprungs aufnehmen.«
Die denken doch wirklich an alles. Damit die lieben Zuschauer vor den Fernsehschirmen in Großaufnahme studieren können, wie subtil das menschliche Mienenspiel im Angesicht des Todes ist.
In winzigen Trippelschritten arbeiten wir uns seitwärts an den Abgrund heran, ein Lemming-Liebespaar auf seinem letzten Gang. Steven verhakt unsere Haltegurte mit dem Sprungseil, prüft noch einmal die Verbindungen und signalisiert Jasmin und Ingolf unten im Tal, daß sie die Kamera anwerfen können. In zehn Sekunden sind wir tot.
»Okay, guys, let's jump.«
»Einen Moment noch. Ich möchte gern noch etwas wissen«, sagt Bettina. »Bist das eigentlich du, Stefan, was ich da fühle, oder hast du vergessen, deinen Revolver abzugeben?« Sehr komisch. Blöde Kuh.
Und dann springen wir.

7

Aaaaaaaaaaaaaaaaaaaaaaaaaaaaaaaaaaaa aaaaaaaaaaahMamaaaaaaaaaaa Scheißescheißescheißescheiße Ich schwöre, mein Hirn läuft mir gleich aus den Ohren raus Stefaaaaaaaan, halt mich fest Wir sterben gemeinsam Heirate mich, bevor wir unten aufschlagen Ich kann doch nicht als Single sterben, und jetzt ist sowieso alles egal Karen, du erbst all meine Klamotten Mutti, ich hab dir 1978 zehn Mark aus dem Portemonnaie geklaut, es tut mir so leid Gibt es eigentlich wirklich Leute, die freiwillig Dosenobst essen? Der Fluß, der Fluß, der Fluß, hoffentlich ist er tief genug Und hoffentlich fallen wir nicht einem armen Fisch auf den Kopf Habe ich eigentlich zu Hause den Waschmaschinenhahn zugedreht? Oh, nein, jetzt geht es wieder nach oben Uuuuuuuuuuuuh Oh, Gott, mein Magen, das Rührei, mein Magen, die Würstchen, mein Maaaaaaaaaa ...

8

Na prima. Gerade hat mich eine Frau angekotzt, und dann muß es ausgerechnet mein Lieblings-T-Shirt sein. Von Biggi, als sie noch verknallt in mich war. Da ist jetzt der Magen von Bettina drauf. Man glaubt gar nicht, wieviel in der Frau steckt. Und ich hatte nicht die geringste Chance auszuweichen. Bettina redet und redet, als könne sie gar nicht genug davon bekommen, mich vollzuschwallen. Ist ja gut, Mädchen. Mir wäre es auch peinlich, so schlappzumachen. Aber das passiert eben. Von Frauen erwarte ich es gar nicht anders. Zuerst geben sie groß an, und dann schlägt die Psychosomatik zu. Kaum wird es ein wenig stressiger, wachsen euch Pickel. Oder ihr kotzt. Macht nichts. Wenn die Flecken nicht rausgehen, dann kaufst du mir eben ein neues T-Shirt. Und jetzt halt endlich den Mund. Da ist für heute genug herausgekommen.

Sie sieht richtig süß aus, wenn sie verlegen ist. Das Kotzen hat ihr gut getan. Alles raus.

»Es tut mir so leid«, sagt Bettina zum hundertsten Mal,

»ich weiß auch nicht, wie das passieren konnte, wahrscheinlich war ich beim Frühstück zu gierig.«
»Ich werde es überleben«, sage ich. »Falls es dich tröstet, du siehst gerade ziemlich süß aus. Ich könnte dich glatt küssen.«
»Igitt, wie kannst du bloß daran denken!«
Wir sind unten. Wieder Boden unter den Füßen. Schade, fühlt sich langweilig an, die gute alte Erde.
»Alle mal herhören«, sagt Ingolf. »Ich weiß, es ist viel verlangt, aber ihr müßt noch einmal springen. Ich habe die ganze Pampe von Bettina aufs Objektiv bekommen.«
»Kein Problem«, sage ich.
Bettina sieht mich an, als wolle sie mich umbringen.

9

Danke der Nachfrage. Es geht schon wieder.
Ich weiß gar nicht, warum das alle so komisch fanden. Auf der Liste meiner peinlichsten Erlebnisse war das jedenfalls Platz 3, nur knapp geschlagen von der Nummer mit Dirk, damals in den Dünen von Fire Island, als hinterher ein Trupp New Yorker Wochenendurlauber applaudierend um uns herumstand, und von dem Abend auf dem Loire-Schlößchen eines Duschabtrennungs-Herstellers, als ich besoffen in die Ming-Vase fiel und dem Besitzer, der auf die Frage nach dem Wert »dreihundert« knirschte, drei Hunderter in die Hand drückte. »Dreihunderttausend«, hat er da gebrüllt. Oh.
Jasmin hat jedenfalls gestern den ganzen Nachmittag still in sich hineingekichert. Richtig schlimm wurde es, als wir zum Thermalgebiet bei Waitapu fuhren – keinen hat's

recht interessiert, aber »wir brauchen Bilder«, wie Ingolf verkündete – und die anderen bei jedem blubbernden Schlammtümpel und jedem rülpsenden Magma-Loch in hysterisches Gelächter ausbrachen. Als dann auch noch pünktlich um vier der Geysir ausbrach (die Neuseeländer helfen da immer mit einem Paket Waschpulver nach, habe ich im Führer gelesen), war es endgültig um sie geschehen. »Die Erde kotzt«, japste Tim, während er sich am Boden wälzte. Wirklich sehr witzig.

Heute sind sie wenigstens wieder ruhig. Seit zwei Stunden marschieren wir jetzt schon den Mount Ruatepu hinauf durch karg bewachsene Gerölltundra, aus der urplötzlich ein kleiner Regenwald auftaucht und genauso schnell durchquert ist. Neuseeland ist hinreißend. Ich habe noch nie so viele verschiedene Landschaften auf einem Fleck gesehen. Allein auf der Nordinsel gibt es einen 90-Kilometer-Sandstrand, Fjorde mit Inselchen, kritzegrüne Hügel mit Schäfchen, 70 Grad warme Seen mit Champagnerbläschen, Vulkane wie gigantische Puddingformen, Urwälder mit haushohen Farnen und schneebedeckte Gebirgsmassive, alles in Spuckweite voneinander entfernt. Man biegt um eine Kurve und ist schon wieder in einem anderen Land. Wie eine Weltausstellung der Erde GmbH & Co KG, um mal das volle Leistungsspektrum zu demonstrieren.

Die Bewegung tut mir gut. Zu Hause treibt mich mein schlechtes Gewissen vielleicht alle zwei Monate mal ins Fitneß-Studio, und anschließend laboriere ich dann tagelang an meinem Muskelkater, aber wenn man mich mit irgendwelchen Tricks nach draußen lockt, könnte ich laufen und laufen, ohne je müde zu werden.

Wir erreichen einen kleinen Wasserfall, und Jasmin hebt den Arm. »Pause, Leute!«

Ingolf läßt sich schnaufend auf einen Grashügel fallen. »Willst du uns eigentlich umbringen, Jasmin? Wie hoch ist dieser Scheißvulkan denn noch?«

»Du wirst mir doch nicht schlappmachen, Alter? Laut Karte 2800 Meter. Aber unser Lager ist bei 2500 Metern. Der Heli müßte die Sachen eigentlich schon oben abgeladen haben. Sei doch froh, daß du das nicht alles schleppen mußt.«

Ingolf schnaubt nur. »Schlimm genug, daß ich diesen Clownsanzug tragen muß.«

Ich muß lachen. Er hat recht. Allein der rechte Ärmel seiner Daunenjacke besteht aus vier Farbblöcken, und der Rest ist auch nicht viel besser. Jasmin hat am Fuß des Berges an uns alle Jacken eines bayrischen Skikleidungsherstellers verteilt. »Muß leider sein. Ohne die wären wir nicht hier. Die sponsern sämtliche Hotelkosten.« Dafür sehen wir jetzt aus wie fünf verdiente Mitarbeiter vom Zirkus Krone auf Betriebsausflug. Ein Wanderzirkus, weiß Gott.

Stefan setzt sich neben mich. »Na, was macht dein Magen?« fragt er.

»Danke«, sage ich, »hat sich beruhigt.« Laßt mich doch endlich in Frieden mit meinem Magen!

»Hast du überhaupt schon was gegessen heute?« Meine Güte, er legt es wirklich darauf an.

»Wird schon reichen.«

»Du siehst nämlich ein bißchen bleich aus.« Herrrrrrrgott! Wenn ich eines nicht ausstehen kann, dann diese Zukkerbubi-Nummer, die auf den ersten Blick so nett wirkt und auf den zweiten so herablassend ist. Die dir sagen will: Du kriegst es nicht allein hin, Püppi, du brauchst einen, der auf dich aufpaßt, ist ja auch in Ordnung, bist halt nur 'ne Frau. Ich kenne diesen Tonfall nur zu gut. Zum Beispiel von meinen graumelierten Sitznachbarn in der Frühmaschine nach Frankfurt, die mich leutselig fragen, ob sie meinen federleichten Aktenkoffer ins Gepäckfach wuchten dürfen, um anschließend dick ihren Ellenbogen auf die Seitenlehne zu pflanzen und gemütlich die *FAZ* auf volle Breite zu entfalten. Ich muß mich schmal machen in meinem Sitz und auch noch dankbar sein. Zum Kotzen. Burghardtsches Gesetz Nummer eins: Wer nett zu dir ist, nimmt dich nicht ernst.

»Kann ich vielleicht was für dich tun?«

»Stefan, ehrlich, mir geht es gut.«

»Bist du wirklich sicher?«

»Sicher. Ganz sicher. Todsicher.«

»Ich kenne mich nämlich aus mit verkorksten Mägen, weißt du. Meine Ex-Freundin hatte auch immer ...« Okay, jetzt langt es mir.

»Hör zu, Stefan. Ich weiß nicht, wie ich es dir sagen soll, aber versuchen wir's mal auf die nette. Du bist ein lieber Junge. Mit anderen Worten: Du nervst. Was auch immer du gelesen haben magst über die Renaissance des Softies, ich schwöre dir: Es ist eine Ente. Funktioniert nicht bei mir.«

Stefan läuft rot an. Ich bin wohl etwas laut geworden, und jetzt merken auch Jasmin und Tim, daß hier nicht alles rund läuft. »Hey, hey, Bettina, jetzt dreh mal nicht gleich durch. Er hat es doch nur nett gemeint«, beruhigt Tim.

»Ach, ist schon in Ordnung, Tim«, sagt Stefan. »Sie ist eben noch ein bißchen durch den Wind. Vielleicht kriegt sie ja gerade ihre Regel.«
Ich glaube, ich drehe gleich durch. »Was Idiotischeres fällt dir wohl nicht ein, oder? Erstens stimmt es nicht, und zweitens geht dich das sowieso nichts an, und drittens: Was hat das mit irgendwas zu tun?«
»Na ja, man weiß doch, was Hormone mit Frauen anrichten. Ist doch nichts Schlimmes«, stottert Stefan etwas verlegen.
»ABER ICH HABE MEINE REGEL NICHT. ICH FINDE DICH EINFACH NUR NERVIG, UND DAS SCHAFFE ICH GANZ OHNE HORMONE, KAPIERT?«
Jetzt schießen mir auch noch die Tränen in die Augen. Scheiße! Scheiße! Das passiert mir immer, wenn ich vor lauter Zorn nicht weiter weiß, und es macht mich nur noch wütender. Dann kommen sich diese Typen immer hoffnungslos überlegen vor: Sind halt ein bißchen hysterisch, die Weiber. Ich könnte schreien.
Und tue es. »Verpiß dich!« Wie immer, wenn ich so was sage, verpisse ich mich selbst. Nur weg hier. Blind stolpere ich in Richtung Wasserfall. Hinter mir höre ich nur ungläubiges Gemurmel. Ist mir jetzt alles egal.

10

Abgang Bettina, Auftritt Jasmin. Heute kommt es wirklich ziemlich dick.
»Hör mal, Stefan, wir müssen dringend reden.«
»Danke, auf eine zweite Kopfwäsche kann ich verzichten.«

»Hatte ich auch nicht vor. Ich bin weit davon entfernt, dir Vorwürfe zu machen. Ich wäre froh, wenn ich einen Freund hätte, der sich so um mein Wohlbefinden sorgt wie du dich um Bettinas. Aber so sind diese Karriereziegen eben. Völlig vermännlicht.«

So kann man sich täuschen. Daß Jasmin auf meiner Seite ist, hätte ich nicht gedacht. Sonst bilden doch Frauen immer gleich diese Klagebündnisse. Eigentlich haben wir beide noch gar nicht richtig miteinander geredet. Vielleicht ist sie doch nicht so übel.

»Was soll ich denn deiner Meinung nach tun, Jasmin? Du siehst doch, wie Bettina ist. Ich muß mir nur Gedanken über ihren Magen machen, und schon bekomme ich eine aufs Maul.«

»An deiner Stelle wäre ich schon längst ausgerastet. Aber laß bitte wenigstens mich nicht hängen. Das ist nämlich mein erster wichtiger Job, und wenn ich den versaue, kann ich mir das Fernsehen schenken. Hilf mir doch bitte, das Programm wie gehabt durchzuziehen. Wir werden trotzdem jede Menge Spaß haben, das verspreche ich dir. In New York können wir beide ja einmal ganz allein ausgehen. Und das mit Bettina und dir können wir auch faken.«

»Faken? Wie hast du dir das vorgestellt?«

»Ganz einfach. Wir liefern dem Zuschauer genau die Klischees, die er haben will, und den Rest texten die in Köln dazu. Palmen, Strand, Candlelight-Dinner. Das einzige, was du zu tun hast, ist, ein nettes Gesicht zu machen, wenn wir euch beide zusammen im Bild haben.«

»Und du meinst, das fliegt nicht auf?«

»Nicht, wenn du dichthältst. Außerdem habt ihr beide diese Schweigeklausel im Vertrag unterschrieben.«
»Na gut. Aber nur deinetwegen.«
»Stefan, du bist wirklich süß. Schade, daß ich nicht an Bettinas Stelle bin. Das wäre mir wirklich lieber, als mich mit dieser Verrückten herumzuschlagen.«

11

Na schön, das war nicht gerade nett. Es war sogar ausgesprochen blöde. Warum muß ich bloß immer so ausrasten? Der Typ hat mir doch wirklich nichts getan. Wahrscheinlich kriege ich meine Regel.
Wir sind wieder aufgebrochen, jetzt wird es schon steiler. Ingolf und Tim werfen mir merkwürdige Blicke zu, sagen aber nichts. Nur Jasmin tuschelt weiter hinten mit Stefan. Ist mir doch egal. Total egal. Mir kann dieser ganze Affenzirkus gestohlen bleiben. Geht mir am Arsch vorbei, komplett. Was reden die da bloß?
Plötzlich ist Jasmin neben mir. »Hey«, schnauft sie, »nicht so schnell. Abhauen bringt sowieso nichts hier am Berg.«
Eine Zeitlang marschieren wir stumm nebeneinander her.
»Hör mal, Bettina«, sagt Jasmin. »Ich habe gerade mit Stefan geredet ...«
»Habe ich gesehen. Ihr habt euch bestimmt prima über mich aufgeregt.«
»Im Gegenteil. Ich habe ihm die Leviten gelesen. Was das soll, dich so zu belabern, und dann noch dieser dämliche Spruch mit den Hormonen. Die Typen heutzutage kriegen doch nichts gecheckt, was? Also, ich persönlich halte den Jungen ja für eine Flachpfeife. Ganz nett, aber keine Ah-

nung von der Welt und von den Frauen noch viel weniger. Aber wir sind nun mal mit ihm geschlagen, und da müssen wir durch.«

Donnerwetter, daß sie auf meiner Seite ist, hätte ich nicht gedacht. Allmählich wird mir die Frau sympathischer. Eigentlich haben wir beide noch gar nicht richtig miteinander geredet. Vielleicht ist sie ja doch nicht so übel. Sie macht ja schließlich nur ihren Job. Und zwar gar nicht mal so schlecht, alles in allem. Langsam beruhige ich mich wieder. »Und wie soll das nun weitergehen, Jasmin? Mich treibt der Kerl mit seiner Unbeholfenheit an die Decke, das merkst du ja.«

»Ich kann nur an deine Hilfe appellieren. Laß mich bitte nicht hängen. Wir werden unser Programm wie gehabt durchziehen und dabei trotzdem noch unseren Spaß haben, das verspreche ich dir. Sieh mal, das meiste können wir faken. Ist doch nur Fernsehen.«

»Faken? Was meinst du damit?«

»Die Zuschauer wollen doch nur ein paar nette Bilder sehen, schöne Landschaft, dolle Sonnenuntergänge, Palmen, Meer, den ganzen Schmus, und mittendrin ihr, wie ihr den Strand langgeht oder beim Candlelight-Dinner sitzt. Den Rest texten die in Köln dazu. Kein großer Streß. Nur für die Bilder, wo ihr zusammen drauf seid, mußt du dich halt zusammenreißen. Meinst du, das kriegst du hin? Du bist doch schließlich ein Profi.«

Ich hole tief Luft. Irgendwie hat sie recht. Ich habe wirklich schon schwierigere Situationen gewuppt. »Ich schätze, das läßt sich machen«, sage ich langsam.

»Ich freue mich, daß wir so gut zusammenarbeiten. Wenn

wir zwei uns einig sind, ist das mit Stefan auch kein Thema mehr. Und wenn er noch so ein Idiot ist. Überlaß ihn einfach mir, ich weiß schon, wie man mit solchen Typen umgeht«, sagt sie grimmig.

Jetzt tut mir der Mann fast leid. »Nun warte mal. Stefan ist doch eigentlich in Ordnung. Es liegt eben an mir, daß ich nicht mit ihm klarkomme. Ich werde mir einfach ein bißchen Mühe geben.«

»Schön, wie du meinst. Und jetzt bete, daß wir bald diesen verdammten Vulkansee finden. Es wird schon dunkel, und ich habe langsam das Gefühl, wir haben uns verlaufen.«

Wie aufs Stichwort beugt sich plötzlich gut einhundert Meter über uns ein rothaariger Kopf über einen Felsvorsprung. »Hi, there. Welcome to the top of the world!«

Für die letzten Meter brauchen wir fast eine halbe Stunde. Es geht steil eine Felswand hinauf, unter mir höre ich Steine rumpeln und Ingolf fluchen. »Paß doch auf, wo du hintrittst, Tucke.«

»Ich trete dir gleich in die Eier, Inge«, mault Tim zurück. »Damit du merkst, was du alles verpaßt.«

Ein letzter Klimmzug, dann stehen wir auf einem kleinen Hochplateau. Wenn ich nicht sowieso schon keuchen würde, würde mir jetzt die Luft wegbleiben: Fackeln erleuchten einen kreisrunden saphirblauen See, davor sind drei weiße Zelte rund um ein loderndes Lagerfeuer aufgeschlagen. Und direkt am Ufer steht die phantastischste Tafel, die ich je gesehen habe: ein Tisch wie aus dem Märchen, mit Samtdecke, Silberleuchtern, Kristallkaraffen, einem überdimensionalen Blumengesteck und komplizierten Fruchtarrangements, gedeckt für zwei Personen. Breit

grinsend kommt uns der Rotschopf mit einem Tablett voller Champagnergläser entgegen. »Ich dachte mir, ihr wärt vielleicht ein bißchen durstig.«
»Wow. Wow, wow, wow!« Tim ist völlig aus dem Häuschen, und auch ich bin zum ersten Mal wirklich beeindruckt. Wie haben die bloß das Zeug hier hoch gebracht? Paßt das alles in einen Helikopter?
»Und jetzt vielleicht ein kleines Bad nach dem anstrengenden Aufstieg?« Zehn Minuten später treiben wir alle im badewannenwarmen Wasser des Sees. Phantastisch. »Hey, Dylan, wieso ist es eigentlich so mollig hier drin?« ruft Ingolf ans Ufer.
Unser Gastgeber schaut kurz auf, während er Rosmarin ins Feuer wirft und Fische zwischen zwei Roste klemmt. »Der Vulkan heizt von unten.«
»Heißt das, daß das Ding noch aktiv ist?«
»Ja, aber er ist schon seit 1982 nicht mehr ausgebrochen.«
Ingolf hat es auf einmal eilig. »Ich muß ja noch drehen, bevor das Licht weg ist. Ihr bleibt aber hübsch drin, ja? Dieser See hat gerade die perfekte Farbe. Noch Champagner?«
Aber immer. Das Leben ist nicht übel. Der Himmel färbt sich violett, vom Feuer dringt Kräuterduft, wir dümpeln gemütlich im warmen Wasser vor uns hin, die Gläser kühl in unseren Händen. Kann so bleiben.
Stefan hat nette Beutel-Shorts und Haare auf der Brust. Nicht, daß mich das interessiert. Aber das ist nicht das Schlechteste, was man über einen Mann sagen kann.
»Ähm«, Jasmin räuspert sich, »dies ist vielleicht der beste Moment, um euch zu verraten, daß wir einen kleinen An-

schlag auf euch vorhaben. Nichts Schlimmes, keine Sorge. Es ist nur so, daß unser Sponsor Keusch, der auch die Schlafsäcke für heute nacht stellt, sich in den Kopf gesetzt hat, daß ihr euch ein Zelt teilt.«

Stefan wirft mir einen alarmierten Blick zu. »Ich weiß nicht, ob das so eine gute Idee ist ...«

Ich unterbreche ihn. »An mir soll es nicht scheitern.« Hat Jasmin gerade Tim zugezwinkert? Wahrscheinlich täusche ich mich.

»Prima. Ich wußte doch, daß ich mich auf euch verlassen kann.« Sie steht auf und watet in Richtung Ufer. »Dann filmen wir jetzt mal unser kleines Bankett, damit wir dann essen können. Ich habe schon Hunger. Timmi, kommst du?«

Schweigend treiben Stefan und ich vor uns hin. In der polierten Oberfläche des Sees spiegeln sich die Fackeln. Über uns hängt schwer der Vollmond. Eine magische Stimmung, überirdisch friedlich. Wie in einem Traum. Mir wird ganz weich und warm. Ich atme tiefer hier oben, ruhiger. Aus der Dämmerung dringt Jasmins Stimme übers Wasser: »Ach, übrigens, noch eins, ihr zwei: Keusch hat leider nur einen Doppelschlafsack geliefert.«

12

Unsere erste gemeinsame Nacht. Eine einzige Katastrophe. Unser Doppelschlafsack ist so dick mit Daunen gefüttert, daß man es in der Antarktis richtig warm hätte. Wenn Bettina weiter so schwitzt, bin ich morgen früh ertrunken. Und wenn sie mir weiter so wenig Platz läßt, ist sie morgen früh erschlagen.

Ich drehe mich um, und Bettinas Augen starren mich an.
»Was ist?« frage ich. »Kannst du nicht schlafen?«
»Ich liege nur da und spüre, wie du nicht schlafen kannst.«
»Soll ich raus? Ich kann mich doch auch vor das Zelt legen.«
»Untersteh dich. Das letzte, was ich jetzt brauchen könnte, ist ein schlechtes Gewissen, wenn du dir meinetwegen eine Lungenentzündung holst. Mitgefangen, mitgelegen.«
»Dann ertrinken wir eben beide.«
Sie dreht sich um. Statt genervtem Gesicht starrt mich genervter Nacken an. Zu eng hier. Ich mag nicht mehr. Noch schlimmer, als mit keiner Frau im Bett zu liegen, ist, mit einer Frau im Bett zu liegen, die einen nicht leiden kann.
»Stefan?«
Na endlich. Sie hat sich dazu durchgerungen, auf meine Anwesenheit zu verzichten.
»Ja?«
»Es tut mir leid, daß ich dir deinen Hauptgewinn verhagle. Du bist sicher enttäuscht.«
»Wieso? Nach vier Tagen im selben Bett ist doch rekordverdächtig. Und so feucht, wie du bist, kann ich mich auch nicht beklagen.«
Au weia. Das ging wirklich zu weit. Aber ich will es ihr bloß leichter machen, auf mich sauer zu sein. Dann bräuchten wir nicht mehr so tun, als könnten wir uns doch noch arrangieren.
»Du hältst dich wohl für extrem witzig mit deinen Chauvi-Sprüchen. Dabei bist du nur ein kleiner Ösi, der aufs Fernsehen angewiesen ist, damit er eine Freundin findet.«
»Dann sind wir ja schon zwei, die bedürftig sind.«

»Sehr komisch.«
»Du bist komisch. Immer, wenn du nicht recht hast, beginnst du um dich zu schlagen.«
»Paß mal auf, Stefan. Auf diesen Psychomüll habe ich wirklich keine Lust. Du kannst dir von mir aus Jasmin vornehmen oder deinen Hang zu unpassenden Bemerkungen, aber ich würde von deinen Analysen gern verschont werden. Ich möchte nämlich jetzt endlich schlafen.«
Sie versucht es mit der Embryohaltung. Na gut. Soll sie doch. Wenn sie eingeschlafen ist, kann ich endlich fliehen.
»Stefan?«
»Was ist?«
»Warum findest du mich so unerträglich?«
Oh, Gott, bitte nicht diese Tour. Als würde sie ahnen, daß ich noch nie damit klargekommen bin, wenn Frauen sich in meiner Gegenwart selbst heruntermachen. Geht einfach nicht. Kaum bekommen sie ihre Depressionsanfälle, erwacht in mir das große Trostbedürfnis. Wahrscheinlich, damit ich die Depression so schnell wie möglich hinter mich bringe.
»Wie kommst du denn darauf?«
»Das sieht doch ein Blinder. Sonst würdest du wenigstens versuchen, die Situation auszunutzen.«
»Das kann doch nicht dein Ernst sein. Du bist die ganze Zeit kratzbürstig zu mir. Ich mache mir Sorgen wegen deines Magens, und du bist darüber bloß genervt, weil ich dich angeblich wie ein kleines Kind behandle. Oder ich versuche, Witze zu machen, und du guckst, als wäre ich ein Polizist, der dir gerade ein Strafmandat ausgestellt hat. Und so weiter.«

»Typisch. Wenn es nicht klappt mit der Frau, ist sie natürlich selbst schuld. Du denkst nicht im Traum daran, daß du es sein könntest, der Mist baut.«
»Warum meinen Frauen eigentlich immer, daß sie das Recht haben, kompliziert zu sein? Und daß Männer das auch noch mögen?«
»Es ist mir völlig egal, was du an mir magst oder nicht.«
»Und deswegen fragst du mich, warum ich dich unerträglich finde?«
»Weil es mich so wahnsinnig nervt, daß dein Urteil nach ungefähr 0,7 Sekunden feststeht. Und daß du viel zu bequem bist, den Gedanken in Erwägung zu ziehen, daß du dich geirrt haben könntest.«
»Ich fürchte, das ist mir zu hoch. Könnten wir jetzt bitte endlich schlafen?«
Diesmal drehe ich mich um. Und kann natürlich nicht einschlafen. Keine Chance. Zu heiß, zu eng, zu viele Spannungen. Morgen früh werde ich mich völlig zerschlagen fühlen, wie immer nach diesen ausweglosen Diskussionen, die man mit Frauen führen muß. Und ich bin sicher, Bettina wird prächtig aussehen. Ausgeschlafen, frisch und mit makellosem Teint. Aber so ist es ja immer: Zuerst labern sie dich voll mit dem wirren Zeug, an das sie glauben, und dann lassen sie dich allein mit ihrer Verrücktheit.
»Stefan?«
»Was ist denn jetzt noch?«
»Eines muß ich dir noch sagen. Ich wollte es wirklich darauf ankommen lassen. Ich habe mir gedacht, wenn ich schon bei so einem Scheiß mitmache, dann ziehe ich das auch durch. Hätte ja sein können, daß aus uns etwas wird.

Warum nicht? Und deswegen habe ich, als ich gepackt habe, ganz zum Schluß sogar diesen einen Slip in meinen Koffer gestopft, den ich immer anziehe, wenn ich mich mit jemandem treffe, von dem ich denke, daß ich vielleicht mit ihm im Bett landen könnte. Diesen einen besonderen Slip, den jede Frau hat. Die Chance wollte ich dir wirklich geben. Aber den wirst du ja jetzt nie zu Gesicht bekommen.«

»Und warum erzählst du mir das?«

»Damit du was zu grübeln hast für den Rest der Nacht. Ich schlafe jetzt nämlich ...«

Na toll. Das haben wir ja sauber hinbekommen.

13

Müde. Müde. Müde. Nicht ein Auge zugetan und müde von mir selbst.

Stefan hat endgültig die Nase voll und ist aufgestanden. Durch die Zeltwand glüht es orangerot. Ich habe mich noch einmal im Schlafsack zusammengerollt, den Kopf tief in den Daunen. Noch ein bißchen. Ein kleines bißchen. Noch fünf Minuten.

Katzenjammer. Wie so oft.

Ich kriege es doch immer wieder hin, die Leute wegzubeißen. Und ich weiß jedes Mal genau, was ich tue. Das ist so, als ob man einem Verkehrsunfall zuschaut: Ich stelle mich einfach neben mich und gucke mir selbst zu, wie ich wieder alles vergurke. Wie ich wieder zu cool bin oder zu schlau oder zu stolz oder zu trotzig. Mit anderen Worten: wie ich wieder zu ängstlich bin, daß mir einer zu sehr auf die Pelle rückt. Zu nahe kommt. Denn dann könnte er was entdek-

ken. Keine Ahnung, was. Die Wahrheit über mich, wie immer die aussieht.
Komisch, daß ich immer denke, die Wahrheit über mich ist etwas zutiefst Peinliches. *The Great Bettina Burghardt Swindle.* Mir fallen dazu immer diese Hollywood-Kulissen ein: vorne Herrenhaus, hinten Baugerüst. Mit Blumen und Gardinen und warmem Licht in hohlen, leeren Fenstern.
Eigentlich habe ich niemanden je reingelassen. Viele Männer zwar, aber keinen Mann. Ich habe noch nie mit einem zusammengewohnt. Immer Angst davor gehabt, daß dann alles scheitert an so Fragen wie: Wer bespricht den Anrufbeantworter? Bei wessen Eltern wird Weihnachten gefeiert? Weichspüler für die Handtücher oder nicht? Welche Klopapiersorte? Ich könnte die Vorstellung nicht ertragen, daß eine Beziehung an Klopapier scheitert. Ich glaube sowieso, daß Singles die einzigen sind, die noch wirklich an die Liebe glauben. Weil sie das tun, müssen sie allein bleiben.
Und doch. Und doch habe ich manchmal einfach Angst davor, an etwas Lebenswichtigem jämmerlich zu scheitern.
Liebe ist ja auch eine Leistung, irgendwie. Und ich kriege sie nicht hin. Ich kriege sonst alles hin. Ich weiß, daß all die Adjektive in all den Stellenanzeigen, auf die ich je geantwortet habe, genau auf mich zutreffen: kompetent und kreativ und flexibel und belastbar. Bin ich alles. Ich bin gut in meinem Job, und ich werde gut dafür bezahlt.
Und doch packt mich manchmal die Panik, bei allem Machen und Tun und Im-Griff-Haben irgend etwas zu verpassen: mich. Aber zu mir fällt mir auch nicht mehr viel ein. »Tun Sie sich was Gutes«, steht immer in den Frauenzeit-

schriften, »gönnen Sie sich ein Wochenende ganz für sich.« Einmal bin ich darauf reingefallen und habe an einem Freitagnachmittag für vierhundert Mark Cremes, Aromaöle, Badesalz, eine Massagebürste, einen Joghurtbereiter, eine Müsli-Schrotmühle und zwei Meditations-CDs gekauft. Schon am Samstagmorgen saß ich im Bad zwischen all dem Zeug und kam mir so unendlich bescheuert vor wie lange nicht mehr. Beschäftigungstherapie. Soll einen nur ruhigstellen, ein riesiger Schnuller für einsame Frauen. Ich saß wirklich auf dem Badewannenrand und habe geheult.

Und nachts um vier konnte ich immer noch nicht schlafen und bin aufgestanden, um die kleinen Eier-Einsätze in der Kühlschranktür zu putzen und das Kreuzworträtsel in der Fernsehbeilage zu lösen und Etiketten auf all die Videokassetten zu kleben, die ich während meiner Reisen immer aufgenommen hatte. Ich hatte keine Ahnung, was alles auf den Kassetten war, und als ich sie sichtete, hatte ich keine Ahnung, warum mich die Sendungen je interessiert hatten.

Ich werde nächstes Jahr dreiunddreißig. Das ist schon fast fünfunddreißig. Und das ist schon fast vierzig. Und allmählich verwandele ich mich in Statistik. Ich werde zu einer Prozentzahl: Ich bin ein Ein-Personen-Haushalt, ich bin eine Besserverdienende, ich bin eine Zielgruppe, ich bin eine Spätgebärende. Falls überhaupt.

Und ich weiß immer weniger, was ich will.

Manchmal denke ich, daß ich emotional veröde. Ich habe es verlernt, mich zu verknallen, alle Vorsicht in den Wind zu schießen. Dummes Zeug zu machen, mich besoffen zu lieben an jemandem. Wenn ich einen Mann treffe, der mich auch nur ansatzweise interessiert, denke ich jetzt immer nur eines: Laß es. Was soll's. Es ist sowieso immer nur dasselbe blöde Spiel. Du lernst jemanden kennen, bis du ihn so gut kennst, daß es dir leid tut. Bis alle Illusionen weggestorben sind. Der Zauber geht immer schneller flöten. Der Katzenjammer kommt immer früher. Mein Herz klopft immer leiser.

Uuu-huuu-hu-huh, das ist der Katzenjammer-Blu-hues.

Ich muß so lachen, daß Stefan besorgt den Kopf ins Zelt steckt.

14

Ungefähr so müssen Goldgräberstädte ausgesehen haben, nachdem der Goldrausch vorbei war. Ein paar Dutzend Häuser, die einen neuen Fassadenanstrich vertragen könnten, eine Kirche, eine Bankfiliale, zwei Kneipen, das ist es auch schon. Im Schaufenster der Gemischtwarenhandlung warten verstaubte Konserven und vergilbte Seifenpackungen darauf, daß jemand sie endlich erlöst. Auf dem Hauptplatz ächzt ein kleines Karussell, auf dem zwei Pferde mit Plastikplanen abgedeckt sind. Aus einem Haus kommt eine Frau, steigt in ein Auto, fährt weg. Sonst passiert nichts. Im Vorgarten eines anderen Hauses sitzt ein alter Mann in einem Schaukelstuhl. Der Mann bewegt sich nicht. Das einzige, was sich bewegt, sind die Haarbüschel, die aus seinen Ohren wachsen. Aber ich habe keine Lust, so lange zu warten. Ein Hund humpelt vorbei. Wahrscheinlich hat er sich aus purer Langeweile vor einen Traktor geworfen. Masterton heißt das Kaff.

Weiß der Teufel, warum uns der Helikopter ausgerechnet hier abgesetzt hat.
»Könnt ihr uns endlich verraten, was wir in diesem Kuhdorf sollen?« fragt Bettina. Endlich sind wir uns einig.
»Keine Kühe«, sagt Jasmin.
»Das tröstet mich nicht«, sagt Bettina.
Der Hund hat sich in den Schatten des Karussells gelegt. Er hofft, daß ein Kind vorbeikommt, das er anfallen könnte. Keine Chance. Kein Kind in Sicht. Nicht einmal ein Briefträger. Niemand schreibt Menschen, die an solchen Orten leben. Die Schilderung der Außenwelt würde sie nur in noch tiefere Depressionen stürzen.
»Der erste Eindruck täuscht«, sagt Jasmin.
»Ich glaube nicht, daß ich Lust auf einen zweiten habe«, sage ich.
»Seid endlich still«, sagt Jasmin. »Hört auf zu maulen, und sperrt für eine Sekunde die Ohren auf.«
Irgendwo blöken Schafe. Es müssen ziemlich viele sein. Es müssen Tausende sein. Das Blöken schwillt an und schwillt wieder ab. Es hört sich an wie Meeresrauschen. Nur blöder.
»Könnt ihr es hören?« fragt Jasmin.
»Anschwellender Bocksgesang«, sagt Tim.
»Halt's Maul, Tucke«, sagt Ingolf, und dann lachen beide wie nicht ganz gescheit.
»Es sind Schafe«, sage ich, »na und? Wenn ich Lust auf ein Schaf habe, gehe ich ins Restaurant.«
»Kannst du haben«, sagt Jasmin, »aber später.«
»Ihr habt sie doch nicht mehr alle. Und du«, sage ich zu Bettina, »stehst herum wie ein Schaf und läßt dir alles gefallen.«

»Ich dachte, wir wollen uns nicht mehr streiten«, sagt Bettina. »Dann sag ihnen endlich, daß wir hier weg wollen.«
»Sei doch nicht so ungeduldig«, sagt Jasmin. »Jetzt gehen wir erst mal in die Kneipe und trinken ein schönes, kaltes Bier. Wir haben gleich einen Termin.«
Na gut. Ein kleiner Rausch kann nie schaden. In Masterton schon gar nicht.

In Sally's Chophouse riecht es nach ranzigem Öl und Ausweglosigkeit. Ein riesiger Ventilator summt mit den Fliegen um die Wette. An den Wänden hängen Widderhörner und ein alter Playboy-Kalender. Im Juli 1995 haben sie aufgehört, die Mädchen abzureißen. Macht auch nichts, Kalendermädchen sehen sowieso alle gleich aus. Ein Jahr, zwölf Monate, Dutzendware. Die Tür geht auf. Es ist Miß Juli, die hereinkommt. Miß Juli trägt ein graues Kostüm, aber das Gesicht ist eindeutig dasselbe. Das einschlägige Blondinenblond. Große Zähne, schmollige Lippen, rosige Bäckchen. Alles gut durchblutet. Und der Busen hat Juli-Format. Es muß Miß Juli sein. Miß Juli hat uns gesehen. Miß Juli lächelt mich an. Miß Juli kommt auf uns zu. Das gibt's doch gar nicht.
»Hi, guys«, sagt Miß Juli, »ich bin Sally. Herzlich willkommen in Masterton. Wo ist unser Liebespaar?«
Jasmin zeigt auf Bettina und mich. Bettina lächelt ein wenig verkniffen. Würde ich auch, wenn ich eine Frau wäre. Übel, wenn einem plötzlich die Schau gestohlen wird. Soll ich sagen, daß Bettina und ich gar kein Liebespaar sind?
»Oh, ihr beiden seid also Bettina und Stefan. Man sieht gleich, daß ihr gut zusammenpaßt.«

Tun wir doch gar nicht, Sally. Versuch es doch mit mir. Ich hole dich raus aus diesem Nest.

»Und wer bist du?« fragt Bettina.

Miß Juli, Schafskopf: Das sieht man doch.

»Ich bin die Tourismusmanagerin von Masterton und werde mich bis zu eurer Abreise um euch kümmern.«

»Harter Job, den du da hast. Ich meine das Tourismusmanagement in so einer Weltstadt.«

Gute alte Bettina. Warum nett sein, wenn es auch pampig geht?

Sally läßt sich nicht aus der Ruhe bringen. »Martina, ich sehe, du bist eine intelligente Frau. Jasmin hat mir nicht zuviel versprochen. Ich muß zugeben, Masterton ist im Augenblick nicht gerade das erste Reiseziel, das einem einfällt. Aber wir drei werden das ändern. Wir werden Masterton zu einem Begriff machen.«

Genial, wie sie sich Bettinas Namen nicht gemerkt hat.

»Gern, Sally«, sage ich, »was können wir für Masterton tun?«

Mußt nicht so böse gucken, Bettina. Wirst schon sehen, wie weit du damit kommst.

»Danke, Stefan. Masterton ist das Zentrum der neuseeländischen Schafzucht. Hier gibt es in einem Umkreis von hundert Kilometern ungefähr zwei Millionen Schafe. Eure Winterpullover sind ziemlich sicher von hier. Und wenn ihr Lamm eßt, dann ist es ziemlich sicher hier groß geworden.«

Kannst du nicht endlich mit deinem dämlichen Grinsen aufhören, Bettina? Du machst in Möbeln, sie in Schafen, verkaufen müßt ihr beide.

»Wir finden, es ist höchste Zeit, daß Masterton vom Tourismus zur Kenntnis genommen wird. Wir haben viel zu bieten. Unberührte Natur, friedliche Menschen, die weichste Wolle und den besten Lammbraten der Welt. Und ihr beide, Bettina und du, ihr seid unsere ersten Botschafter.«

Für einen Augenblick herrscht betretenes Schweigen. Wir haben dieses elende Kaff doch gesehen. Niemand wird hier seinen Urlaub verbringen. Tim zeichnet mit dem Finger unsichtbare Muster auf den Tisch.

»Okay, Leute, ich weiß, daß das reichlich seltsam klingt«, sagt Jasmin auf deutsch, damit Sally uns nicht versteht. »Aber ihr müßt keine Angst haben. Wir drehen bloß einen Werbespot mit euch beiden. Unberührte Natur, glückliche Neuseelandlämmer und mittendrin ihr beide, wie ihr Hand in Hand über fette Wiesen lauft. Und dann spielen wir das als kleinen Trailer in den nächsten *Tour-d'Amour*-Sendungen, als eine Art Anschmecker für eure Nachfolger. Keine Ahnung, ob das dem neuseeländischen Tourismus nützt. Das Ganze findet morgen nachmittag statt. Und heute abend gucken wir uns die Schafscherer-WM an. Die findet nämlich hier ganz in der Nähe statt.«

»Okay, Sally«, sage ich, »wir sind bereit für dich.«

Sally lächelt, wie nur eine Miß Juli lächeln kann.

15

Erst dieses Kaff. Und jetzt das.

Ein riesiges Oval aus Zuschauertribünen mitten zwischen feuchten Weiden, die Ränge dicht gefüllt mit sturztrunkenen Karohemdträgern und ihren Kühltaschen. Unten auf dem durchweichten Rasen zehn kleine Holzpodeste. Zu jedem führt links eine eingezäunte Rampe hinauf, eine andere rechts wieder hinunter. Auf jedem ackert ein Mann mit Schermaschine, ein Schaf zwischen den Knien, dem die Wolle halb in Fetzen herunterhängt. Darüber elektronische Anzeigentafeln: »17« steht bei einem, darunter »0:58«, daneben »17:46«, darunter »51,2«. Um die Podeste herum stehen Männer in weißen Kitteln mit Clipboards, die erbittert debattieren. Ohrenbetäubendes Geblöke liegt über der Szene. Tausende von dickwolligen, schmuddelgrauen Schafen warten in einem Gehege darauf, eine der zehn Rampen hinaufgetrieben zu werden, ein paar hundert stehen blütenweiß, kahl und immer noch leicht verblüfft in einem zweiten Areal, wo sie von weiteren Juroren untersucht werden.

Vor jeder Bühne tanzen Cheerleader in Zopfmusterpullis, in den Fäusten wasserballgroße Wollpompons. »Peep peep peep, shear that sheep«, singt eine Gruppe, »woolly woolly woolly woolly« eine andere. Fünf Kamerateams des neuseeländischen Fernsehens haben sich strategisch über das Stadium verteilt, eines davon hält die Dauerstellung schräg unter die Rocksäume der Mädchen. Aus den Lautsprechern dröhnt unaufhörlich der Kommentar: »Alex hat einen Kicker erwischt« oder »Ein Prachtstück da bei Paul« oder »Der Mann weiß, wie man ein Schaf anfaßt, das ist mal sicher.«

»Großartig, oder?« brüllt Sally über die johlenden Zuschauer hinweg. »'n Bier?«

»Was ist das hier?« brülle ich zurück.

»Die Schafscherer-Weltmeisterschaft natürlich. Halbfinale. Morgen geht's um alles.«

»Und die Anzeigentafeln?«

»Wie viele Schafe jeder schon hat. Darunter die Zeit, die er fürs letzte Schaf gebraucht hat, seine Gesamtzeit und die Strafpunkte. Für unsauberes Scheren und Verschnitt gibt es Abzug. Leider ein bißchen primitiv. Nächstes Jahr kriegen wir ein neues System, das auch die Rundenrekorde anzeigt und die Klingenstärke von jedem einzelnen.«

Erst jetzt fällt mir die Bandenwerbung auf: Gillette. Remington. Wilkinson. Philishave. Dieselben Namen auch auf den Trikots der Teilnehmer und auf den Hemdkragen der Betreuer. Sally bemerkt meinen Blick. »Die testen hier ihre neuen Klingen unter Extrembedingungen. Gillettes ›Mach-3‹-System hat bei der WM '98 erst seinen letzten Schliff bekommen. DAVID! DAVID!«

Unten marschiert gerade ein muskulöser Mann mit einem etwas krummem Rücken vorbei, schüttelt Hände, gibt Autogramme und wird von der Menge frenetisch bejubelt. Auf der Multivisionswand sieht man ihn in Großaufnahme, wie er freundlich ins Publikum winkt.

Sally ist kurz vor dem Infarkt. »David Fagan! Die Legende! Ein Genie! Er hat 421 Wettbewerbe und vier Weltmeisterschaften gewonnen, sein Rekord liegt bei 831 Schafen in neun Stunden. Und keiner schert so sanft wie er. Er ist der Pele unter den Schafscherern.«

Vier Bier später, und die allgemeine Hysterie hat auch uns voll erwischt. Unten ist der Wettbewerb gerade in die Mittagspause gegangen, Sally ist verschwunden, derweil tragen Stefan und ich unseren eigenen Wettbewerb aus.

»Schaflos in Seattle!« schreie ich über das Blöken hinweg.

»Schafe, Schafe, Häusle baue!« brüllt er zurück.

»Neuseeländischer Tanz: Lammbada!«

»Chinesisches Werkzeug: Vorschlaghammel!«
»Lammborghini!«
»Mit Wollkaskoversicherung!«
»Du schafst mich, Stefan!« japse ich.
»Und du machst mich so schaf, Bettina!«
Aus tränennassen Augenwinkeln sehe ich gerade noch, wie Jasmin Tim einen »Na-bitte-geht-doch«-Daumen zeigt. Augenblicklich bin ich wieder nüchtern. Zugegeben, der Mann ist witziger, als ich dachte, aber das ändert rein gar nichts.
»Ladies and gentlemen, liebe Freunde der Schafschur«, dröhnt es da plötzlich aus dem Lautsprechersystem. »Es ist mir eine besondere Freude, heute zwei berühmte deutsche Fernsehstars bei uns begrüßen zu dürfen, die extra für die WM nach Masterton gereist sind: Betty und Steven.« Tosender Applaus. Verdammt. Sally!
»Die beiden werden nun, wie es Tradition ist für prominente Gäste, einen kleinen One-on-one austragen. Kommt runter, ihr beiden!«
Oben auf der Multivisionswand sieht man zwei verschreckte Leute mit knallroten, leicht entgleisten Gesichtern, und ich brauche einen Moment, um mich und Stefan zu erkennen.
»Na los«, grinst Jasmin, »seid keine Spielverderber.«
»Das hast du ja wieder fein eingefädelt«, zischt Stefan.
»Wer, ich?«
Es hilft alles nichts. Unter dem Johlen der Zuschauer gehen wir hinunter zu den Podesten, wo uns große blaue Schürzen umgebunden werden.
Es kann eigentlich nicht so schwer sein. Ich habe dreimal

Die Dornenvögel gesehen, immer zusammen mit Karen, unserem Glenlivet und einer Klinikpackung Kleenex, und erinnere mich genau an die Stelle, wo Luke O'Neill den Schafscher-Wettbewerb gegen Meggies Bruder gewinnt. Das kann ich auch: Schaf auf den Hintern setzen, zwischen die Knie klemmen, Vorderbeine festhalten und los. Und übrigens, Luke, das war noch ein richtiger Kerl, nicht so eine Katholen-Schwuchtel wie Pater Ralph.
Ich lasse probehalber schon mal die Maschine aufheulen. Klingt wie ein Rasenkantenschneider. Stefan nebenan heult mit seiner Schere zurück. Schumacher gegen Häkkinen. Wir platzen beide gleichzeitig wieder los vor Lachen.
Stefan holt tief Luft. »Der Verlierer strickt dem Sieger einen Schal aus dieser Wolle, okay?«
»Sag bloß, du kannst stricken.«
»Nö. *Ich* brauch das ja auch nicht zu können ...«
Nicht zu fassen: Der Mann wettet. Jetzt beginnt die Sache langsam Spaß zu machen.
Immer her mit dem Schaf.

16

Na gut, ich habe verloren. Aber das liegt nur daran, daß mein Schaf plötzlich gewimmert hat. Bis dahin war ich völlig gleichauf, vielleicht hatte ich sogar einen leichten Vorsprung. Ich war gerade am Bauch. Den Hals und den Kopf hatte ich schon, überhaupt kein Problem, das ging so einfach wie Bananenschälen. Ich beginne also gerade mit dem Bauch, da wimmert es. Keine Ahnung, warum ich das gehört habe, denn es war ziemlich leise, aber so war es eben. Für einen winzigen Moment war jeder

Lärm zum Stillstand gekommen, bis auf dieses todtraurige Wimmern. Das hat mich völlig aus dem Konzept gebracht. Eine einzige Sekunde, und ich wußte nicht mehr weiter. So geht es mir öfter. Ich bin ganz bei einer Sache, und dann geschieht eine Kleinigkeit, und ich gerate aus dem Tritt. Als ob die Welt plötzlich beschlossen hätte, mich vor die Tür zu setzen. Ich gehe zum Beispiel in eine Disco, alles ist perfekt, die Leute sind gut drauf, der DJ legt korrekte Musik auf, ich tanze vor mich hin wie alle anderen auch und denke an gar nichts. Plötzlich bemerke ich, wie mich eine Frau anlächelt, und mit einem Mal läuft es nicht mehr. Mein Gott, denke ich, die hat gerade gelächelt, warum lacht die jetzt so, vielleicht hat die mich ja auch ausgelacht. Ich beginne meine Arme zu fühlen, die ich die ganze Zeit nicht gefühlt habe, wie sie sinnlos herumhampeln, ich denke darüber nach, wie ich wohl beim Tanzen aussehe, vielleicht sehe ich ja komplett peinlich aus und kann gar nicht tanzen. Mir bleibt gar nichts anderes übrig, als aufzuhören. Den Rest des Abends stehe ich bloß herum und halte mich notdürftig an einem Glas oder einer Zigarette fest. Ich sehe den anderen beim Tanzen zu und versuche, den affigsten Typen auf dem Dancefloor ausfindig zu machen, und berausche mich förmlich an seiner Peinlichkeit, ich baue mich an diesen kleinen Mädchen auf, die sich einbilden, cool zu sein, weil sie mit einer Bierflasche in der Hand tanzen. In Wirklichkeit bin ich verzweifelt. Mit meiner Verachtung will ich mich bloß betäuben. Denn natürlich würde ich gern dazugehören. Aber obwohl ich noch herumstehe mit meiner Zigarette und meiner Verachtung, sitze ich längst schon draußen, draußen vor der Tür.

Mit diesem Schaf war es genauso. Schlagartig war ich völlig verunsichert. Die ganze Situation kam mir komplett daneben vor: Ich stehe in einem Stadion in Neuseeland, ein paar tausend Besoffene feuern mich an, neben mir ist Bettina wie eine Wilde zugange, ich soll einem Schaf die Wolle vom Leib fetzen, und ich Idiot habe nichts Besseres zu tun, als mich darauf einzulassen. Und dann bringt mich dieses Schaf völlig aus der Fassung. Geht nicht mehr. Schluß, aus, Ende. Ich bin nicht mehr bei der Sache. Ich spiele nur noch. Damit die Leute nicht merken, wie es mir geht. Und Bettina muß ja nicht wissen, daß sie nur deswegen gewonnen hat, weil ich Mitleid mit einem Schaf hatte. Sie würde nur glauben, ich sei ein schlechter Verlierer.

17

Es ist mitten in der Nacht, und ich sitze auf dem Knie von Brian, einem zwei Meter hohen und drei Meter breiten Schafscherer (»Aber nie mit Maschine, Mädchen, damit hat man einfach nicht das richtige Gefühl«). Das Knie von Brian fühlt sich an wie eine doppelsitzige Couch, und ich weiß jetzt alles über Schafe und Wolle und Neuseeländer und Bier.

Ich mußte natürlich einen ausgeben nach meinem Sieg. Und kaum saßen wir in der Kneipe von Masterton, saß die ganze Weltmeisterschaft um uns herum, Maori-Charlie, Paul aus Iowa, Martin, der Baske, und das komplette Team der Falkland-Inseln.

Also, wie war das? Daß David Fagan jetzt eine eigene Schafscherer-Kollektion entworfen hat, mit doppellagigen Jeans und Lammfellmokassins, damit man auf dem Lanolin nicht ausrutscht. Daß es ein Scheißjahr ist, weil das Wetter zuletzt so trocken und staubig war, daß die Messer ständig in der schmutzigen Wolle hängenblieben. Daß jeder von ihnen für zwei Mark pro Schaf fünfundzwanzig Tiere pro Stunde, sechzehn Stunden am Tag, zwanzig Jahre lang schert, und zwar rund um die ganze Welt, bis der Rücken kaputt und die Farm zusammengespart ist. Aber immerhin, für Hammel gibt es Aufschlag, »wegen des Pimmels, der kostet Zeit«. Daß man das Fell in einem Stück runterkriegen muß, sonst ist es weniger wert (»Du weißt, wie schwer es ist, einen Apfel in einem Stück zu schälen, Mädchen. Versuch das mal mit einem Schaf«). Daß es im Wettbewerb am besten ist, wenn man mit einem großen Schaf anfängt und mit zwei, drei kleinen aufhört. Daß Schnelligkeit nicht alles ist: »Es ist zum Beispiel immer unschön, wenn man den Bauch aufschlitzt und die Gedärme rausfallen.« – »Ja, dann gibt es einen kleinen Punktabzug.« Grölendes Gelächter. »Noch eine Runde auf die kleine Lady.«

Und dann erzählten sie sich noch mal die Geschichte vom Horrorjahr 1996, als David Fagan und Colin King im Finale drei Minuten vor den Schotten lagen und dann disqualifiziert wurden wegen eines lächerlichen kleinen Ratschers an einem Schafshintern. Das erste Mal in der glorreichen Geschichte der Schafscher-Weltmeisterschaft, daß Neuseeland nicht gewonnen hat! Ein Skandal! Und im Zimmer der Richter stand eine Kiste mit schottischem Whisky!

Nachts um zwei fingen wir an zu singen. »It's sheep we're up against« von den Housemartins, mehrstimmig. Und

dann haben wir etwas gespielt, was die Scherer »Kanonsaufen« nennen und dessen Regeln ich nicht ganz verstanden habe. Auch egal. Jedenfalls hat Brian mich gewonnen. Glaube ich jedenfalls.
Gerade verschwindet Tim mit einem Schrank von einem Kerl.
»Ben will mir noch kurz den Stall zeigen«, murmelt er nur halblaut.
»Viel Spaß, Tucke«, ruft ihm Ingolf hinterher.
»Eifersüchtig?« frage ich.
»Quatsch. Ich mache mir nur Sorgen um den Jungen. Vor drei Monaten hat ihn sein Freund verlassen, seitdem dreht er durch und macht den Hengst.« Er sieht ernsthaft besorgt aus. »Dabei ist er sonst gar nicht der Typ.«
»Ach, gönn ihm doch den Spaß«, sage ich und schaukle ein bißchen auf Brians Knie.
»Spaß?« Stefans Stimme kippt fast um vor Erregung. Erstaunt blicken wir ihn an. »Wie kommst du bloß darauf, daß er Spaß hat? Siehst du nicht, daß der Mann verzweifelt ist? Und nur versucht, seinen Schmerz zu betäuben? Aber wahrscheinlich hast du nicht den Hauch einer Ahnung, was das ist, Schmerz.« Schweigen. Selbst die Scherer haben mitbekommen, daß hier was nicht stimmt, und hören auf zu singen. »Interessant, Stefan«, sage ich, und mir wird plötzlich ganz kalt, »erzähl doch mal, was du sonst noch so von mir hältst.«
Jasmin hebt warnend beide Hände. »Leute, Leute«, sagt sie beschwörend, »ganz ruhig jetzt. Wir haben alle ein bißchen viel getrunken …« Aber Stefan ist schon aufgestanden. »Ich gehe jetzt besser ins Bett. War alles ein bißchen

viel heute. Tut mir leid. Gute Nacht.« Und weg ist er. Jasmin läuft ihm nach.
Ingolf und ich sitzen stumm da und schauen uns an, bis mir die Tränen kommen. Brian wiegt mich auf seinem Knie, bis ich wieder ruhig werde.

18

Biggi,
es hat nicht geklappt mit dem Verlieben. Keine Chance. Geht einfach nicht. Ich denke noch viel zu sehr an Dich. Die ganze Zeit male ich mir aus, wie es wäre, wenn ich mit Dir unterwegs wäre statt mit Bettina. Wie es wäre, jetzt mit Dir im Flugzeug nach Tonga zu sitzen, mit Dir in die Südsee zu fliegen, unter Palmen zu liegen, Schafe zu scheren, Vulkane zu besteigen, die Welt kennenzulernen. Und immer, wenn ich Bettina anschaue, vergleiche ich sie sofort mit Dir. Und hasse mich dafür, mich bei dieser Singleshow beworben zu haben. Und Dich, weil Du mir eingeredet hast, daß das etwas werden könnte. Wahrscheinlich wolltest Du mich nur loswerden. Kann ich ja gut verstehen. Das Problem ist nur, daß ich Dich nicht loswerde. In ein paar Stunden landen wir auf Tonga, und ich werde doch nur die ganze Zeit über uns beide nachdenken. Warum ich Dir nicht mehr gut genug war. Warum Du nicht mehr hast warten können, bis ich die Agentur halbwegs hochgebracht habe. Warum wir nicht auch in einem Jahr hätten heiraten können. Warum es Dir nicht mehr genügt hat, wie es vier Jahre lang war. Immer nur diese Fragen und keine Antworten. Außer dieses Nein, an das ich mich nicht gewöhnen kann.

Na ja. Wahrscheinlich habe ich es verdient. Und statt es zu ertragen, wie die Sorte Mann, die Du Dir wünschst, bombardiere ich Dich wieder einmal mit meinem Liebeskummer. Es tut mir leid. In ein paar Monaten bin ich sicher darüber hinweg. Ich hoffe, daß es wenigstens Dir gutgeht. Wenn Sehnsucht ein gutes Argument für Dich wäre, würdest Du Dich ins nächste Flugzeug nach Tonga setzen und mich abholen.

Stefan

FAKALMOLEMOLE

19 »Sie müssen jetzt leider gehen, Ma'am«, sagt der Dicke mit dem weißen Helm, während ich die Beine stöhnend zusammen- und auseinanderpresse.

»Bitte?« keuche ich.

»Sie müssen gehen. Der König kommt gleich.«

»Schon gut, Paea«, dröhnt es hinter uns. »Die kleine Lady stört mich überhaupt nicht.«

»Das ist wirklich sehr nett von Ihnen, Majestät«, sage ich mit weit geöffneten Schenkeln, während Taufa'ahau Tupou IV. von einer mit rotem Samt beschlagenen Holzkiste auf das Trimmrad neben meiner Abduktorenmaschine klettert. Den Sattel hat seine Leibgarde noch fix mit einem Affenfellmützchen bezogen.

Nee, wirklich nicht. Kein Traum diesmal. Dies ist die Wirklichkeit oder zumindest so nahe an der Wirklichkeit, wie man auf Tonga überhaupt sein kann.

Tonga. Südseeparadies. Wie Fidschi und Tahiti, nur nicht so überlaufen. Palmen, Sandstrand, Sonnenuntergänge, Drinks aus Kokosnüssen. So hat uns das Jasmin erklärt auf dem Flug von Auckland hierher, und die Vorstellung fand ich nicht schlecht, nach all den Vulkanen und Schafen. Was sie leider zu erwähnen vergessen hat, ist, daß die Sonne wirklich das einzige ist, was sich auf Tonga bewegt. Als ich heute morgen nach zwölf Tagen auf die Uhr guckte, waren erst zwei vergangen, und plötzlich fühlte ich mich, als hätte man mir alle Sandstrände der Erde ins Getriebe gekippt. »Polynesian Paralysis«, diagnostizierte Tim knapp, der nach dem Abi vier Monate auf Samoa versackt war, sozusagen gleich nebenan, an der untergehenden Sonne vorbei und dann scharf rechts. »Chronische Lebenslähmung. Ist eine Volkskrankheit hier. Hochgradig anstekkend.« Dann war er wieder in seine Hängematte gesunken.

Ohne mich. Heute morgen habe ich mich mit dem Motortaxi von unserem Mini-Eiland Fafa zur Hauptinsel Tongatapu bringen lassen. Tonga, das wußte ich vorher auch nicht, sind plus minus hundertsiebzig Inseln: Mal geht eine unter, mal taucht eine neue auf. Macht nichts, merkt sowieso keiner hier. Groß sind die Inseln alle nicht: Fafa hat man in gesundem deutschem Fußmarschtempo binnen fünfzehn Minuten umrundet, Tongatapu ist zwanzig Kilometer lang, alle zusammen sind so groß wie Hamburg.

»Sie sind Deutsche, stimmt's?« fragt seine Majestät neben mir, während er ächzend in die Pedale tritt.

»Stimmt. Aber wie kommen Sie darauf?«

»Nur Deutsche sind so wahnsinnig, bei dieser Hitze ins Fitneß-Studio zu gehen.«

Ehrlich gesagt, bin ich nur Ihretwegen hier, Ihro Gnaden, aber das muß er ja nicht wissen. Der Tip stammte von unserem Barmann: Jeden Montag, Mittwoch und Freitag geht Taufa'ahau Tupou IV., König von Tonga und letzter absoluter Monarch der Welt, ins »Teufaiva Fitness Centre« gleich hinter dem Rugbystadion. Ein echter König! Ich wollte schon immer mal einen König sehen, und die Vorstellung von einem König auf einem Trimmrad fand ich unwiderstehlich.

Ich wechsle auf die Butterfly-Maschine, um einen besseren

Blick zu haben. Und dazu ist Weitwinkel nötig. Majestät ist in ein weißes Leibchen, gewaltige Shorts und die allerneuesten Nikes gewandet. Ich würde ihn auf 140 Kilo schätzen, sein Diätprogramm scheint zu wirken. Früher, hat mir der Barmann erzählt, als Tupou mit 209,5 Kilo als dickster Herrscher der Welt im Guinness-Buch eingetragen war, ist er mit einem eigenen Stuhl auf Staatsbesuch verreist, weil alles andere zu gefährlich gewesen wäre. Vor einigen Jahren hat er dann überraschend das Nationale Abnehm-Programm erlassen und begonnen, die Treppen im Flughafen rauf- und runterzulaufen und durch das Hafenbecken zu rudern, als leuchtendes Vorbild für sein fettes Volk.

Schon im Flugzeug haben wir uns kaum wieder eingekriegt: Vor dem Start haben die Stewardessen unter den tonganischen Passagieren Gurterweiterungen verteilt. Damit verlängert man einen normalen Sicherheitsgurt auf XXXL. »Ich freue mich direkt auf einen Absturz«, hat Stefan gemurmelt. »Auf jeden Fall fällt man weich.«

»Erzählen Sie ein bißchen von Deutschland, ich war lange nicht da«, schnauft der König. »Wie geht es meinem Freund Helmut?«

»Ganz gut, schätze ich«, sage ich vorsichtig. »Ich weiß nicht, wie lange Sie nicht mehr da waren: Schmidt oder Kohl?«

»Weiß ich nicht mehr so genau. Der Dicke, Lustige.« Er kichert. »Wir hatten da mal ein Wettsaufen, meine Herren ...«

Unter der Leibwache – vier gewaltigen Soldaten in Tarnanzügen – kommt Unruhe auf. Einer räuspert sich ver-

nehmlich. Offensichtlich neigt ihr Chef zu Indiskretionen, und ihre Hauptaufgabe ist es, ihn vor sich selbst zu schützen. Schade. Majestät wechselt das Thema.
»Wie lange sind Sie noch auf Tonga?«
»Leider nur noch fünf Tage. Dabei gäbe es bestimmt noch so viel zu sehen ...« Jetzt bloß nicht lachen.
Der König schweigt und denkt und strampelt. Quietsch, quietsch, quietsch, das Trimmrad. »Hätten Sie Lust, den Palast zu besichtigen?«
Habe ich Lust ...? Majestät belieben zu scherzen. »Ich wäre entzückt, Hoheit.«
»Dann kommen Sie doch übermorgen gegen 20 Uhr zu einer kleinen kulturellen Soiree vorbei. Sie werden dabei auch einige Ihrer Landsleute treffen. Ich bin sehr an Ihrer unvoreingenommenen Meinung zu dieser Veranstaltung interessiert.«
Jaaaaa! Jackpot! Eine Party bei Königs! Bestimmt läuft da auch ein segelohriger tonganischer Prinz herum, halb so alt und halb so schwer wie sein Vater und wahrscheinlich schon seit Jahren verzweifelt auf der Suche nach einer Vorzeigefrau, die den ganzen Tag mit Palmen bewedelt wird und gelegentlich ihr Krönchen zum Bastrock spazieren trägt. Ein Leben als Südsee-Di und weit und breit keine Paparazzi, keine Corgis und keine Stadtautobahntunnel. Yippie!
»Es wäre mir eine große Ehre.« Verdammt. Die anderen. Ich hole tief Luft. »Ähm. Würde es Sie sehr stören, wenn ich einige Freunde mitbrächte? Große Bewunderer Ihres Landes und Kenner Ihrer Kultur, so wie ich.« Dafür schulden sie mir was.

Tupou nickt huldvoll. »Sie sind mir willkommen.« Schweißgebadet und ächzend steigt er wieder von seinem Fahrrad herunter. »Alu'a.« Abgang König. Zwei Soldaten halten ihm die Tür auf, zwei tragen ihm die Kiste hinterher. Kann man sich dran gewöhnen.

»Nofo'a.« Noch eine Minute länger, und mir wären die Arme abgefallen. Man muß schon ganz hübsch schuften für ewiges Nichtstun.

20

»Hast du gesehen, wie dick die alle hier sind?« quakt eine Stimme hinter mir. »Da hätte ich mir dieses blöde Heilfasten glatt sparen können.«

»Von mir aus sowieso, Mausi«, sagt eine andere Stimme, »mir warst du füllig viel lieber.«

»Füllig? Hast du gerade *füllig* gesagt?«

»Das war doch nur Spaß, Mausi«, sagt der Mann, «sei doch nicht immer so empfindlich.«

»Seht ihr hier irgendwo ein Hotel?« nervt eine dritte Stimme. »Oder wollen die uns in diese Hundehütten stekken?«

Das müssen die Neuen sein. Vor drei Tagen, bei unserer Ankunft auf Fafa Island, war ich noch genauso. Aber dann, nach zwei oder drei Stunden, sperrte ich die Augen auf und merkte, daß ich im Paradies gelandet war. Sonne, Palmen, Strand. Südseegöttinnen, die einem die Drinks direkt an die Hängematte bringen. Der Ozean. Und nichts, rein gar nichts, was ablenken könnte. Kein Telefon, kein Fernseher, keine Animateure, die zur Wassergymnastik scheuchen, und keine Flirtabende an der Bar. Das pure

Nirvana. Also keine Panik, Freunde. Und haut endlich von meiner Hängematte ab.
Dodi Dreier heißt der Typ, der sich dieses Traumurlaub-Konzept ausgedacht hat. In seinem früheren Leben soll er ein berühmter Journalist gewesen sein, so eine Art Kritikerpapst, meint Jasmin. Das muß allerdings vor der Erfindung des Fernsehens gewesen sein. Dreiers Gesicht ist so verknittert, daß es ein Bügeleisen vertragen könnte, und außerdem schwitzt der gute Mann, als würde er von unsichtbaren Händen ausgewrungen. Uns hat er erzählt, er hätte vor zwei Jahren einen Enthüllungsroman über die deutschen Medien geschrieben, der so saftig gewesen sei, daß er danach in die Südsee auswandern mußte. Dabei weiß doch wirklich jeder Depp, daß Enthüllungsromane nur zu noch mehr Talkshow-Einladungen führen. Wahrscheinlich haben sie ihn aus dem Verkehr gezogen, weil er zu faltig wurde. Aber für diese Insel trete ich sofort seinem Fanclub bei.
Da sind die Neuen wieder, zurück von ihrer ersten Erkundungsrunde. Jetzt stehen sie mir vor der Sonne und streiten, wer in welche Hütte einziehen darf. Es gibt die einfache und die Luxus-Fale. Der einzige Unterschied ist, daß es von der Luxus-Fale nur zehn Schritte zum Strand sind statt fünfzig. Ansonsten ist alles gleich spartanisch: ein Tisch, ein Bett, ein Moskitonetz. Eine Solarstrombatterie, eine Regenwasserzisterne, ein uneinsehbarer Hinterhof mit Freiluftdusche und Open-air-Klo und eine kleine Veranda. Genauso leben die Tonganer auch. Perfekt. Aber so ein doofer Piefke-Tourist findet immer etwas, worüber er sich ereifern kann, das ist ja in Tirol genauso.

Eigenartig, mir kommen die alle bekannt vor. Können das Prominente sein? Aussehen tun sie jedenfalls wie in diesen Zeitschriften, die man nur im Wartezimmer liest. Riesige Hauer, sturmfeste Frisuren, protzige Armbanduhren und Grinsstarrkrampf. Aber ich kann mir wirklich nicht vorstellen, was jemand, der berühmt ist, auf Fafa wollen könnte. Ohne goldene Wasserhähne, vorgewärmte Seidenmorgenmäntel und stündliche Aufmunterungstelefonate von ihren Agenten kommen die sich doch vor wie Totalversager.
Schade, daß Bettina nicht hier ist, sie hätte an diesem Schauspiel ihre helle Freude. Gestern hat sie mir den ganzen Nachmittag lang Supermodel-Fotos aus ihren Frauenzeitschriften herübergereicht und mir mit pedantischer Grausamkeit jeden Schönheitsmakel der Damen vorgeführt. »Schau mal, die ist im Augenblick total angesagt, obwohl ihre Oberschenkel wie der Grand Canyon aussehen. Und das ist Vanessa, die erotische Entdeckung aus Madagaskar. Der haben sie einen halben Liter Eigenfett in die Lippen gepumpt, falls du dich fragst, was für einen Schlauch die im Gesicht hat. Aber die Fotografen finden das unglaublich sexy. Das Eigenfett stammt natürlich aus ihrem Hintern, darum hat der jetzt eine Delle. Und das ist Sandra, die kommt aus Österreich wie du. Die könnte glatt für die Welthungerhilfe werben. Sieht immer so muffig aus, als würde sie bei Wasser und Brot gehalten.« So schlimm, wie Bettina sie machte, waren die Mädchen bei weitem nicht, aber ich hörte gern zu.
Keine Ahnung, wie es soweit kommen konnte, aber sie fehlt mir. Die letzten Tage waren richtig entspannt. Seit-

dem wir uns mit Jasmin geeinigt haben, stimmt die Geschäftsgrundlage: PMS bekommt seine Bilder, der Rest geht sie nichts an. Ohne Verkupplungsstreß vertragen wir uns wie ein altes Ehepaar, das den Irrsinn der Liebe glücklich hinter sich gelassen hat. Sie sorgt für den richtigen Sonnenschutzfaktor, ich für Nachschub von der Bar. Sie borgt mir ihre Zeitschriften, und ich bemühe mich, über ihre Antwortkringel in den Psychotests nur leise zu schmunzeln. Außerdem kann eine Frau, die alle Teile von *Stirb langsam* gesehen hat, nicht ganz verkehrt sein. Ich glaube, heute abend, wenn sie von Tongatapu zurückkommt, werde ich ihr zur Anlegestelle entgegengehen. Sonst komme ich ja überhaupt nicht mehr hoch aus meiner Hängematte.

21

»Jasmin, du verdammte ...«

»Oh, nein.« Sie hebt abwehrend die Hände. »Damit habe ich nicht das geringste zu tun.«

»Das ist doch kein Zufall. Für wie blöd hältst du uns eigentlich?«

Der Abend hatte wie immer begonnen. Wir trafen uns an der Inselbar, der mit Abstand coolsten Bar, die ich kenne – und ich habe ein paar Bars gesehen in meinem Leben. Ein Palmendach, ein halbrunder Tresen, ein paar Kokosholzhocker, ein riesiger, gemütlich rumpelnder Kühlschrank, das war's. Vom Kokosholzhocker ganz rechts sind es exakt zwölfeinhalb Schritte bis zum Ufer. Unten am Wasser stehen Liegestühle, und bis jetzt haben wir jeden Abend hier gehockt, in den Händen eiskaltes »Royal Tongan Beer«,

um die Füße lauwarme Südsee, und der Sonne beim Untergehen zugeguckt. »Ein Scheißjob, aber einer muß ihn ja machen«, wie Ingolf zu sagen pflegt.
Heute allerdings war jeder Barhocker und jeder Liegestuhl besetzt. Offensichtlich ist eine Ladung neuer Gäste gekommen. »Ab morgen spiele ich Deutsche und lege vorm Frühstück ein Handtuch auf die Liege«, sagte ich gerade zu Jasmin, als sich einer der Neuen vom Hocker gleiten ließ und leicht schwankend in Richtung Restaurant verschwand.
»Hey, das ist doch ... Wie heißt der noch?« sagte Jasmin. »Dieser Typ, der immer bei *Der Preis ist heiß* die Preise aus dem Off angesagt hat.«
»Harry Wijnford?«
»Nee, der gerade nicht. Der andere, den man nie sah.«
»Woher weißt du dann, wie er aussieht?«
»Der hat mal versucht, mich in der Kantine anzubaggern«, schnaubte sie.
»Doll. Die aufregende Welt der Medien.«
»Ach, verarsch mich nicht. Walter, so hieß er. Hoffentlich erinnert er sich nicht an mich.«
In dem Moment kam Tim kichernd um die Ecke. »Ihr werdet nie raten, wer hier ist. Erika Berger und Mireille Matthieu.«
»Wie, zusammen?«
»Wär das nicht ein geiles Gerücht? Nein, aber anscheinend waren sie im selben Flugzeug. Ihr auch ein Royal Tongan?«
Und jetzt sitzen wir hier im Restaurant, einer riesigen Palmenhütte mit kunstvoll geflochtenen Wänden, durch die eine sanfte Brise zieht, und können es nicht fassen. Jeder

einzelne Tisch um uns herum ist besetzt mit seltsamen Gestalten. Einige kommen mir vage bekannt vor: irgendwo mal in einer Zeitschrift beim Gynäkologen gesehen, irgendwann mal beim Fernsehen drübergezappt. Aber Tim kennt sie alle. »Die mit dem Chiffonschal: Marlene Charell. Tänzerin. Hinter der Säule: Stefan Mross, dieser Volksmusik-Trompeter. Das Pferd da hinten war mal bei MTV, Kristiane Backer.«

»Und die da drüben?« fragt Ingolf. »Lena Valaitis?«

»Dunja Rajter«, schlage ich vor.

»Quatsch, Daliah Lavi«, sagt Tim empört.

»Ah. Die habe ich schon immer verwechselt.«

Stefan hat höchstens ein Viertel der Namen überhaupt je gehört: glückliches Österreich, Insel der Seligen. Dafür haben sie André Heller.

Schweigend kauen wir unseren Mahi-Mahi und versuchen uns das alles zurechtzureimen. Aus den Augenwinkeln beobachten wir die Show: Tisch 7 läßt gerade zum dritten Mal den Wein zurückgehen, Tisch 4 öffnet unter der Tischplatte ein interessant aussehendes Medikamentendöschen, Tisch 2 tauscht Luftküsse mit Tisch 3 und verdreht hinterher die Augen, Tisch 8, ohnehin schon mit einem Make-up wie von der Maurerkelle aufgetragen, zieht noch mal die collagengepumpten Lippen nach.

»Gespenstisch«, sagt Tim.

»Wie 'ne UNICEF-Galashow vor fuffzehn Jahren«, sagt Ingolf, »live von der Eurovision übertragen.«

»Das kann doch kein Zufall sein, daß die alle hier sind«, sage ich. »Ist es das Jahrestreffen der Showbiz-Leichen? Finanziert aus der gemeinsamen Doppelkopf-Kasse? Oder die Selbsthilfegruppe der C-Prominenz? ›Hilfe, ich war mal berühmt‹?«

»Guten Abend, guten Abend«, tönt es da plötzlich hinter uns. »Ich sehe, Sie beschäftigen sich mit meinen neuen Gästen.«

Dreier. Ein elender Schwätzer, aber jetzt bin ich froh, ihn ausquetschen zu können. »Was machen die alle hier?«

»Ich habe sie eingeladen. Sehen Sie, ich richte für den König von Tonga jedes Jahr die Feiern zu seinem Thronjubiläum aus. Ein glanzvolles Ereignis, ein Event der Spitzenklasse, der Höhepunkt der gesellschaftlichen Saison. Natürlich mit anspruchsvollstem Showprogramm.«

»Und da haben Sie ausgerechnet Marlene Charell und Stefan Mross ...?«

»Aber natürlich! Nun ja«, er beugt sich tiefer herunter, »der König hat einen etwas eigenwilligen Geschmack. Glauben Sie mir, er wird mein Programm zu schätzen wissen.«

»Wann soll die Sause starten?« fragt Stefan.

»Übermorgen. Morgen nachmittag kommt noch die Max-Greger-Band, und dann sind wir komplett.»

Übermorgen! Das ist also die kleine Soiree, von der Majestät gesprochen hat.

»Entschuldigen Sie mich bitte, ich muß mich wieder um meine Stars kümmern. Sie sind etwas verärgert, weil ihre Koffer nicht mitgekommen sind. Das passiert leider von Zeit zu Zeit, wenn die Maschine mit den königlichen Containern ausgelastet ist. Er läßt sein Essen von Auckland einfliegen. Dunja! Liebste! Sie sehen hinreißend aus!«

Weg ist er. Wir gucken uns sprachlos an.

»Uups«, sagt Tim schließlich. »Doch nicht Daliah Lavi.«
»Nee«, sage ich. »Aber ratet mal, wo wir übermorgen abend eingeladen sind.«

22

»Tiefer«, sagt Jasmin.
Wir sehen einander tief in die Augen. Noch tiefer, und es wäre »Vom Winde verweht«. Das versuchen wir jetzt zum dritten Mal in zehn Minuten. Zweimal hat Bettina es schon vergeigt. Zuerst prustete sie wegen des Winzpickels auf meiner Nase los, dann paßte es ihr plötzlich nicht mehr, einen halben Kopf kleiner als ich zu sein. Jetzt steht sie auf Ingolfs Kamerakoffer, wie Humphrey Bogart in seinen Spezialplateauschuhen bei den Dreharbeiten für *Casablanca*. Dann muß ich wohl Ingrid Bergman sein.
Los jetzt. Schau mir in die Augen, Kleine. Stell dir einfach vor, du seist in mich verliebt. Das kann doch nicht so schwer sein. Nein, nicht verkrampfen, ganz locker. Na also, geht doch. Und jetzt öffnest du deine Lippen, ganz vorsichtig, als hättest du beschlossen, dich hinzugeben. Deine Lippen müssen zittern vor Erwartung. Ja, so ist es richtig. Gleich werde ich dich küssen.
»Okay«, sagt Ingolf, »das hätten wir im Kasten.«
Jasmin verteilt Komplimente: »Phantastisch, Bettina. Wenn ich es nicht besser wüßte, würde ich glatt denken, du wärst in Stefan verliebt.«
Blöde Nuß. Wenn sie so weitermacht, wird uns das Mädchen noch kopfscheu, und wir sitzen noch morgen da.
»Beeilung, Leute, in einer Stunde ist das Licht weg«, sagt Ingolf. »Autogramme könnt ihr euch später geben.«

Der Strandspaziergang Hand in Hand sollte kein Problem sein. Wovor mir graut, ist die Sonnenöl-Szene. Bettina bäuchlings im Sand, ich knie über ihr und creme ihren Rücken ein. Auf diese läppische Nummer haben wir uns nach einer Stunde Gezanke geeinigt. Jasmin bestand darauf, daß wir uns wirklich küssen, Bettina bockte ebenso kategorisch. Bis mir schließlich diese Eincreme-Geschichte einfiel, für die mich Bettina jetzt haßt, weil sie sich von mir verraten fühlt.

Jasmin stapft mit uns zur Rückseite der Insel, zum einzigen Stück Strand, das nicht schon aus fünfzig Meter Entfernung einsehbar ist. »Closed set«, grinst sie, »das ist immer so bei heiklen Szenen. Nur ihr beide, Ingolf, Tim und ich.«

»Schön, daß du uns an deinem reichen Erfahrungsschatz als Pornoregisseurin teilhaben läßt«, ätzt Bettina.

»Du nervst.«

»Tut mir leid, ich bin bloß nervös. Immerhin ist es die erste Nacktszene meines Lebens. Was soll ich tun?«

»Von nackt kann gar keine Rede sein, wir sind ein Familiensender. Ich habe mir das so vorgestellt: Du liegst auf dem Bauch und döst vor dich hin. Schnitt. Stefan kniet über dir und cremt dich ein. Du bleibst einfach liegen und tust gar nichts, und Stefan guckt ganz versonnen auf deinen Rücken. In der letzten Einstellung sitzt ihr euch dann beide gegenüber und tut glücklich. Glaubst du, ihr kriegt das hin?«

»Kann losgehen.«

»Wenn du dich dann bitte ausziehen würdest …«

Nicht schlecht, diese Stimme aus dem Hintergrund. So einfach hätte ich es im wirklichen Leben auch gern. Man steht

einer Frau gegenüber, und dann sagt eine Stimme »ausziehen«, und sie zieht sich ohne Widerrede aus, weil es die Stimme so will.
Bettina steht im Bikini vor uns und wartet auf Anweisungen.
»Jetzt legst du dich auf die Decke. Die Sonne streichelt deinen Rücken, du wirst ganz schwer. Komm schon, Bettina, laß dich fallen. Das ist nur Ingolf, der um dich herumgeht. Er filmt deinen Körper hoch und runter. Nichts Aufregendes, bleibt alles in den Grenzen der Schicklichkeit. Okay, das genügt. Jetzt muß Stefan seinen Rock anziehen, dann können wir weitermachen.« Ich bekomme einen dieser schwarzen Wickelröcke, wie ihn die tonganischen Männer tragen. Vermutlich sehe ich darin aus wie ein Transvestit, der auf Übergrößen steht.
»Was beult denn da so merkwürdig?« fragt Jasmin. »Stefan, hast du etwa noch deine Shorts an? Die müssen weg, tut mir leid. Tonganer tragen keine Unterhosen. Das ist wie bei den Schotten.«
Auch gut. Ich wollte immer schon wissen, wie man sich fühlt als Sharon Stone mit nichts darunter. Obwohl mein Rock so lang ist, daß kein Polizist rote Ohren bekäme, falls ich die Schenkel spreizte. Um eines beneide ich meine tonganischen Brüder auf der Stelle: Der Tragekomfort ist phantastisch. Nichts, was einen Mann an freier Entfaltung hindern könnte.
»Gar nicht so schlecht«, lästert Bettina von ihrer Decke, »deine Problemzonen sind alle verschwunden.« Na, endlich entspannt sie sich ein wenig.
»Seid ihr soweit? Ingolf, du auch? Stefan, du kommst von

rechts. Du kniest dich über Bettina, nimmst dir die Cremetube, verteilst ein wenig auf deinen Fingerkuppen und beginnst mit ihren Schulterblättern, und dann gehst du langsam tiefer. Fertig, Ingolf? Achtung, Kamera läuft.«
Ich komme von rechts, knie mich über Bettina, nehme mir die Cremetube, verteile ein wenig auf den Fingerkuppen, beginne ihre Schulterblätter einzucremen und bemerke, daß ich die Shorts doch nicht hätte ausziehen sollen. Jetzt hat Bettina auf ihrer Haut nicht nur meine Finger, sondern auch ein wesentlich intimeres Körperteil. Verdammt, so gut ist es doch nicht, wenn das einfach so vor sich hin baumelt. Und besonders eindrucksvoll kann es sich für sie auch nicht anfühlen, dieses kleine Weichteil knapp über ihrem Bikinihöschenbund, genau in dieser Rückenkuhle, wo Frauen besonders sensibel sind.

23

Liebe Karen, ich liege hier am Südseestrand, und über mir kniet ein Mann, dessen Gemächte mir sachte auf den Rücken pendelt. Ja, ganz recht, das Leben ist komisch. Und nein: keine Ahnung, wie groß, wie lang, wie breit und so weiter (ich weiß doch, daß das deine nächste Frage gewesen wäre).
Den großen Schmuh, den wir hier abziehen, haben Stefan und ich heute morgen beim Frühstück »Das Liebesspiel« getauft. Wir sind ziemlich gut in diesem Spiel: genau das richtige Schlendern am Strand, das richtige Lachen, die richtigen Blicke. Ingolf nickt und ruft »oscarreif«, Jasmin hebt den Daumen und ruft »kommt gut«, und Tim grinst nur. Fast schon beängstigend, wie leicht es ist, so eine

kleine Verknalltheitsshow für die Lieben daheim auf die Beine zu stellen. Es ist, wie auf Autopilot zu fliegen: Man zieht einfach nur das Intimitäts-Programm durch, das Wir-Programm. Ich frage mich gerade, wie oft ich das in meinen wirklichen Beziehungen habe laufen lassen: Nähe zu simulieren, auch wenn man meilenweit voneinander entfernt ist, ein Nicken, auch wenn man gar nicht zuhört, Händchen zu halten, auch wenn man lieber allein wäre. Wahrscheinlich öfter, als ich zugeben würde.

»Runzel nicht so die Stirn, Bettina«, sagt Jasmin. »Ingolf ist jetzt auf deinem Gesicht.« Gehorsam entrunzele ich und seufze ein bißchen wohlig. »Jau. Prächtig, Mädchen«, grunzt Ingolf.

Stefan ist gar nicht so übel im Eincremen. Sachlich, aber nicht ruppig, sanft, aber nicht schmierig. Man merkt, daß er keine Angst hat, Frauen anzufassen, und das ist seltsamerweise eher die Ausnahme bei Männern.

Ich bin auch fast sicher, daß wir im Fernsehen wie zwei Leute aussehen, die wunderbar zueinander passen. Stefan und ich haben zum Beispiel dieselbe Geschwindigkeit beim Gehen. Das ist mir schon in Neuseeland aufgefallen. Ich hasse nichts mehr, als wenn jemand hinter mir her trödelt oder mir vorausprescht. Stefan hätte ich in die Kategorie Trödler eingeordnet, aber er ist so schnell wie ich, und deshalb kann ich auch mal mit ihm langsam sein.

Eigentlich ist das Konzept dieser Expedition richtig genial: Du mußt ein Männchen und ein Weibchen nur lange genug in einen Käfig sperren, und am Ende haben sie sich gefressen oder gepaart. Es ist doch kein Zufall, daß sich Hollywoodstars immer in ihre Filmpartner verlieben. Man sitzt

stundenlang am Drehort, bis der Beleuchter endlich die letzte Lampe festgeschraubt hat, dann sagt man einen Satz vor der Kamera und muß sich gleich wieder hinsetzen, weil jetzt eine andere Lampe geholt werden muß. Dann muß man sich für vier verschiedene Kameraeinstellungen küssen und zwischendrin wieder hinsetzen. In dieser unheilvollen Mischung aus Anspannung und Nichtstun, aus gespielten Gefühlen und Langeweile – was soll man da anderes tun, als sich zu verlieben? Und dann sind sie so geübt darin, ein schönes Paar zu sein, und haben so schöne Presse, und alle Leute freuen sich so herzlich, daß sie gar nicht mehr damit aufhören können, ein Paar zu sein.
Aber ich werde mich doch nicht in einen Alpen-Hansel verknallen, bloß weil sie ihn mir vier Wochen auf den Bauch binden. Wer bin ich denn? Ich werde doch keinen Typen in Erwägung ziehen, den mir ein quotengeiler Fernsehregisseur per TED-Manipulation zugelost hat. Wo kommen wir denn da hin?
Wobei – wahrscheinlich verliebt man sich sowieso in den meisten Fällen aus den falschen Gründen in jemanden. Aus Langeweile, aus Mitleid, aus Lust, aus Eitelkeit. Meistens aus Einsamkeit: Das ist der schlimmste Grund.
Ach, halt doch die Schnauze, Bebe. Genieß einfach die Sonne und die nette Rückenmassage, dumme Kuh.
Danke, Karen, Alte. Hast ja recht.

24

»Stefan, du mußt das viel zärtlicher machen. Du bist hier nicht im Zivildienst und schmierst Greise mit Wick ein. Das ist die Frau, die du vergötterst, du mußt das genießen. Zuerst den Nacken. Und jetzt das linke Schulterblatt. Perfekt. Noch ein wenig Creme aus der Tube. Und immer nur dorthin schauen, wo du mit deinen Händen bist. Konzentriere dich bloß auf Bettinas Haut.«

Bettina seufzt leise. Spielt sie nur? Oder mag sie wirklich, was meine Hände tun? Die ganze Situation ist ziemlich eigenartig. Jeder andere Mann und jede andere Frau in unserer Lage würden todsicher im Bett landen. Wenn das nicht fürs Fernsehen wäre, wüßte ich genau, was ich anstellen müßte, um Bettina herumzukriegen. Ich müßte einfach versuchen, ihr Oberteil aufzumachen, schon, um ihren Bikini nicht vollzuschmieren. Wenn sie dagegen nichts einzuwenden hätte, würde ich sie fragen, was mit ihrem Bauch ist. Dann läge es an ihr, ob sie sich umdreht oder nicht. Und ich wüßte, ob ich weitergehen kann oder nicht. Ich glaube, Bettina gehört zu den Frauen, die es darauf ankommen lassen. Sie wäre neugierig, wie weit die Sache sich entwickelt. Und dann könnte sie nicht mehr zurück. Weil sie es nicht ertragen würde, als verklemmte Kuh dazustehen, die plötzlich die Hand wegschiebt, von der sie sich die ganze Zeit hat streicheln lassen.

»Stefan, entspann dich endlich. So krumm, wie du auf Bettina kniest, könnte man meinen, du hast Angst vor ihr. Das Becken ganz locker lassen. Kannst du doch sonst auch, oder?«

Könnte ich. Wenn ihr Idioten nicht da wärt.

25

Bin ich froh, daß diese elende Eincremerei endlich vorbei ist. Zum Schluß war ich schon ganz wund. Die anderen haben sich auch verzogen, Gott sei Dank.
»Stört es Sie, wenn ich mich zu Ihnen lege?« Eine Frau.
»Nein, hier ist Platz genug.« Ich blinzle gegen die Sonne, und jetzt erkenne ich sie: Erika Berger. In einem rotgoldenen Versace-Einteiler. Zu spät, sie hat schon ihr rotgoldenes Versace-Handtuch ausgebreitet.
»Verzeihen S', ich will nicht aufdringlich sein. Ich hab' nur von Ihrem Kameramann gehört, was Sie hier machen, und jetzt bin ich neugierig: Wie geht's denn immer so?«
»Gut«, sage ich mißtrauisch. Was will sie nur?
»Weil, ich bin ja schon a bisserl raus aus dem Geschäft, aber interessieren tut es mich noch immer, wie so die Trends ausschauen auf dem Beziehungssektor.«
Ich setze mich auf und starre sie an. »Die Trends.«
»Na ja, Sie wissen schon ...«
»Ehrlich gesagt, habe ich keine Ahnung, wovon Sie sprechen.«
»Na, was die jungen Leute derzeit so mitsammen treiben.«
Ich hole tief Luft. »Sie glauben tatsächlich, was Sie so reden, oder?«
»Verzeihen S'?«
»Sie glauben wirklich, daß es Trends gibt in Sachen Beziehung? Dieses Jahr Sado-Maso, nächste Saison Gruppensex und dann zum Ausnüchtern eine Runde Neue Enthaltsamkeit oder so?«
»Aber gehen S', ganz so krass grad net ...«
»Nicht? Ich dachte schon.« Wir schweigen ein bißchen. Ach, verdammt, ich kann sie nicht so einfach davonkom-

men lassen. Ich setze mich wieder auf. »Wissen Sie, das ist gar nicht so schlecht, daß Sie hier sind. Dann kann ich endlich mal loswerden, was mich schon die längste Zeit an solchen Sendungen ärgert. Daß nämlich wahrscheinlich 95 Prozent der Zuschauer ein stinknormales, angenehm langweiliges, kleines Sexualleben führen und beim Fernsehen die heftigsten Komplexe kriegen, bloß weil sie noch nie im Latex-BH vom Kronleuchter gehangen haben. Die fühlen sich wie die größten sexuellen Versager, bloß weil sie wieder mal einen Ihrer tollen Trends verpaßt haben.«

»Es ist doch schön, wenn die Leute informiert sind, was es alles gibt, und daß sie sich für nichts schämen müssen, was sie vielleicht an eigenen Gelüsten haben.«

»Richtig. Dafür schämen sie sich für die Gelüste, die sie *nicht* haben.«

»Wär's Ihnen denn lieber, das Thema wäre tabu? Kinderl, es ist halt nun mal so, daß Liebe für die meisten Leute ein Riesenproblem ist, die größte Frage von allen.«

»Klar ist sie das. Und die Frage ist ja auch in Ordnung. Aber das Schlimme ist, daß Sie gnadenlos die Antworten liefern. Die Welt ist voller Männer, die sich einbilden, genau zu wissen, welche Knöpfe sie drücken müssen. Und die dann ein Programm abspulen, zu dem sie gar keine Lust haben und die Frauen noch viel weniger. Aber sie haben mal irgendwo in einer blöden Männerzeitschrift gelesen, daß sie Kerzen anzünden und Richard Clayderman auflegen müssen, daß ein anständiges Vorspiel eine Viertelstunde dauert, daß erst am Ohrläppchen geknabbert wird und dann die Brust gestreichelt oder was weiß ich, und das wird jetzt brutal durchgezogen.«

»Ja, wär Ihnen denn dumpfes Rein-Raus lieber?«

»Natürlich nicht, aber Sie wollen doch nicht im Ernst behaupten, daß für jede Frau dieselbe Bedienungsanleitung gilt. So benutzerfreundlich sind wir nun auch wieder nicht.«

Erika seufzt. »Ach, Herzerl, ich will Ihnen ja gar nicht die Illusion nehmen, was Besonderes zu sein. Aber glauben Sie mir, in unseren tiefsten Bedürfnissen sind wir Weiberleut gar nicht so originell.«

»Mag ja sein, aber könnte man nicht zu der guten alten Methode zurückkehren, das zumindest selbst herauszufinden?«

»Ach, Sie sind so herrlich altmodisch. Ich glaub gar nicht, daß die Leute das immer alles so ernst nehmen, wie Sie denken. Es ist doch einfach nur eine Unterhaltung für sie.«

Jetzt habe ich sie. »Eben. Unterhaltung. Beziehungen als Entertainment. Liebe als Show. Mit Gewinnern und Verlierern und festen Spielregeln, und wer am meisten Punkte hat, kriegt die Traumhochzeit oder den Rundflug mit Kai Pflaume.«

»Aber Sie haben doch schließlich selbst bei einer solchen Show mitgemacht.«

»Das war doch nur, um eine Wette zu gewinnen!«

Erika lächelt milde. »Ja, das habe ich auch gehört, daß das hinterher alle behaupten. Was regen Sie sich überhaupt so auf? Sie haben vor irgendwas Angst, stimmt's?«

»Ich? Vor was soll ich denn Angst haben?«

»Wenn ich Sie mir so anschau, würd ich tippen, Sie haben vor nichts auf der Welt mehr Angst als davor, die Kontrolle zu verlieren. Ich kenn so Mädchen wie Sie. Toller Job, erfolgreich, immer unterwegs. Perfektionistinnen im Job wie im Leben. Zwanghaft davon abhängig, daß alles immer so läuft, wie sie das geplant haben. Ihr habt verlernt, Dinge einfach passieren zu lassen. Ihr seid darauf geeicht, alles im Griff zu haben, und kriegt die Freis'n, wenn irgendwas euch im Griff hat. Gleichzeitig sehnt ihr euch danach, überwältigt zu werden. Mal wieder richtig g'schmissen zu werden von Lust und Liebe.«

»Kompletter Blödsinn! Psychogeschwafel!« Verdammt, steht mir das so auf der Stirn geschrieben?

»Machen Sie sich nichts draus. Ich bin ja nur a g'scherte Fernsehkuh. Sie müssen mich also nicht ernst nehmen. Soll ich Ihnen auch einen Mai Tai mitbringen?«

Ich nicke stumm. Sie lächelt und bindet sich einen rotgoldenen Pareo um die Hüften. Kaum ist sie verschwunden, schaue ich mich um. Sitzt vielleicht Jasmin irgendwo hinter einem Busch? Hat sie etwa Erika auf mich gehetzt, zum Weichklopfen?

Ich lache. Langsam werde ich paranoid.

A g'scherte Fernsehkuh, was weiß die schon.

26

Jetzt ein Migräneanfall wäre nicht schlecht. In einer Stunde werde ich Tupou IV. vorgestellt, und niemand kann mir sagen, wie die korrekte Anrede lautet. Hoheit? Exzellenz? Majestät? Oder verlangt das Protokoll einen wortlosen Kniefall? Reicht mein Anzug für den Palast? Wird Tupou nachsichtig genug sein, die Micky-Maus-Krawatte, die mir Dreier geliehen hat, zu übersehen?

»Zerbrich dir nicht den Kopf«, sagt Bettina. »Der Typ hat mich in meinen fadenscheinigsten Sweatpants herumhampeln sehen und nicht die Contenance verloren. Da wird er dich auch verkraften.«

»Du hast gut reden. Du kommst nicht aus einem Land, in dem Kaiserleichen ausgestellt werden.«

»Warum gibst du dich nicht als Habsburger aus? Und wenn du wirklich nicht mehr weiter weißt, kannst du dich ruhig an mich halten. Mit Empfängen habe ich Erfahrung.«

»Ehrlich?«

»Großes Untertanenehrenwort.«

Heute muß mein Glückstag sein. Wir werden von acht tonganischen Olympioniken im Staatskanu zu Königs gepaddelt, und die Frau an meiner Seite ist so wunderschön, daß ich mich schwachsehen könnte an ihr. Bettina trägt ein schlichtes schwarzes Kleid, in dem sie noch größer und dünner als sonst ist, ein wenig Lippenstift, die Haare im Nacken hochgesteckt, das ist es auch schon. Kein Vergleich mit den Damen aus Dreiers Truppe, die schon am Nachmittag übergesetzt haben. Wieso diesen Fernsehhühnern nie jemand beibringt, daß es eine Dose Haarspray pro Frisur auch tut, ist sowieso ein hartnäckiges Rätsel der Menschheitsgeschichte, und was an faltig gequetschten Dekolletés anziehend sein soll, habe ich auch nie verstanden. Am hübschesten war Erika Berger anzusehen, wie sie, von einer Wolke Moskitos gejagt, in die Fähre sprang. Ich nehme an, zuviel Moschus im Parfum. Soll ja aphrodisiakisch wirken.

An der Hafenmole erwartet uns bereits eine königliche Eskorte, obwohl wir den Weg zum Palast auch allein gefunden hätten. Das größte Blockhaus im Ort ist nicht zu übersehen.

»Das ist ja wie die Villa Kunterbunt«, jubelt Bettina.

»Nein, wie die Lebkuchenhäuser zu Weihnachten«, juble ich. »Oder das Haus von Donald Duck.«

»Oder die Hundehütte von einem texanischen Ölmilliardär.«

»Laß uns reingehen und Chappi fassen«, sagt Bettina.

»Royal Chappi«, sage ich.

»Vergiß nicht, du mußt näseln, das gehört sich so bei Hofe«, sagt Bettina.

»Darf ich Ihnen meinen Arm anbieten, Gräfin?« näsle ich.

»Nach Ihnen, Baron.« Wir schreiten an einem Spalier fetter Jünglinge vorbei, ein Herold verkündet »Miss Burghardt from Germany and Mister Ross from Australia«, und dann sind wir im Thronsaal. Bettina zupft an meinem Ärmel: »Na, wie fühlst du dich als Crocodile Dundee?«

»Ach, was«, sage ich. »Österreich ist ein kleines Land, das muß man sich nicht merken.«

An die zweihundert Gäste haben sich zur tonganisch-deutschen Soiree eingefunden, die meisten von ihnen Tonganer im Festtagsstaat. Die Etikette verlangt, daß man sich zusätzlich zum Rock eine Bastmatte um den Leib wickelt, was dem Körper würdevolle Steife verleiht und bei jeder Bewegung raschelt wie Palmblätter im Wind. Die Damen tragen schulterfrei und haben ihre Dekolletés mit Kokosöl so prächtig auf Hochglanz poliert, daß man willenlos an ihre Brust sinken möchte. Neben den schimmernden Hüninnen wirken unsere Showstarfreunde so mickrig und blaß wie nach acht Wochen Nulldiät bei gleichzeitigem Lichtentzug. Nur Dreier macht eine gute Figur. Er hat sich zur Feier des Tages in ein klassisches Nadelstreifenkostüm geworfen, dessen Wirkung allerdings ein wenig darunter leidet, daß sich unter seinen Achseln riesige Schwitzflecken auszubreiten beginnen.

Bettina und ich schlendern zwischen den einzelnen Gruppen umher, parlieren hier mit dem Direktor des International Dateline Hotel, dort mit der Vorsitzenden des nationalen Taxifahrerinnen-Verbandes, lassen uns von Paea Wolfgram erzählen, wie das damals mit seiner Silbermedaille im Superschwergewicht bei den Spielen von Atlanta war, und trinken Ananasschnaps mit Miß Pago Pago, einer Zweimeterriesin aus dem benachbarten Samoa. Sogar der sauertöpfische Abgesandte des Commonwealth, der griesgrämig die deutsch-tonganischen Umtriebe beobachtet, taut beim Smalltalk mit Bettina auf. »Sie kennen Sir Terence? Ich habe ihn nicht mehr gesehen, seitdem ich nach Sansibar abgeschoben wurde. Bestellen Sie ihm doch meine besten Grüße, wenn Sie wieder in London sind.« Sir Terence? Die Frau muß im Hochadel verkehren ...

Wir knabbern gerade fritierte Flughundflügel, als eine Fanfare erschallt. »Seine Majestät Siaosi Taufa'ahau Tupulahi Tupou IV., König von Tonga.«

Da ist er. Der letzte überlebende Sonnenkönig kommt hereingeschlurft, als wolle er sich bloß ein wenig die Beine vertreten. Seine Gäste scheint er gar nicht wahrzunehmen. Mit nach innen gekehrtem Blick stapft er durch die Gasse, die sich gebildet hat, zu seinem Thron an der Stirnseite des Saales, einer beeindruckenden Holz-Stahl-Konstruktion, die für eine durchschnittliche Wiener Hausmeisterfamilie ein prächtiges Fernsehsofa abgäbe. Erst jetzt fallen mir die Fotos an den Wänden auf, die ihn bei seinen diplomatischen Triumphen zeigen. Tupou mit Reagan, Tupou mit Mitterrand, Tupou mit Gorbatschow. Neben ihm sehen sie aus wie Zwerge, die er gleich zu Tode umarmen wird. Nur mit Helmut Kohl hat es nicht geklappt, der war fast so imposant wie er. Na ja, wenn er Glück hat, trifft er bald den Neuen, Schrader oder wie der Typ heißt. Ich bin beeindruckt. Tupou mag ein alter Mann sein, aber von ihm geht eine ungeheure Souveränität aus. Mit seinen Trippelschritten wirkt er, als hätte er seine Kraft bloß aus Gutmütigkeit in sich zurückgestaut, um uns Normalsterbliche nicht plattzuwalzen. Und wie um zu demonstrieren, daß für ihn die üblichen Maßstäbe nicht gelten, trägt er seine Accessoires gleich zweifach: zwei Aluminiumstöcke, zwei Brillen in den beiden Brusttaschen seiner Jacke, zwei goldene Uhren an seinen Armen. Ein König im Doppelpack sozusagen.

Tupou nimmt auf seinem Thron Platz, mustert die Anwesenden, senkt seinen mächtigen Kopf auf die Brust und – schweigt. Wir sollen erst noch ein wenig warten. Er hat die Macht, nichts zu sagen. Oder auf seiner eigenen Party ein Nickerchen zu machen, wenn ihm danach ist. Muß gespenstisch sein, König zu sein und die Welt nach den eigenen Spielregeln tanzen lassen zu können.

»Wir sind ein kleines Land«, sagt Tupou endlich, und seine Stimme ist mächtig wie eine Lawine, die alles mit sich reißt, was sich ihr in den Weg stellt, »aber unsere Träume sind groß. Wir Tonganer träumen davon, daß eines Tages die Bürger dieser Erde Nachbarn sind, wo auch immer sie wohnen. Wir träumen davon, daß die Mächtigen und die Ohnmächtigen einander brüderlich die Hände reichen im Geiste des Friedens und ihre Stimmen sich zu einem Choral der Liebe vereinen. Heute abend haben wir uns zusammengefunden, um diesem Traum zu huldigen. Wir heißen Sie herzlich willkommen zur deutsch-tonganischen Kultur-Soiree.«

Aus den Saallautsprechern tost Applaus, eine Fanfare erschallt, auf der dem Thron gegenüberliegenden Seite öffnet sich ein Vorhang. Auf der Bühne steht ein Mann in Hawaiihemd und engen schwarzen Lackhosen. Der Mann hat sein Hawaiihemd bis zum Nabel geöffnet, damit man seine Brusthaare sehen kann. Die hatte er gestern beim Frühstücksbüfett auf Fafa noch nicht. Der Mann verneigt sich vor dem König, bleckt seine sorgfältig geschrubbten Zähne, ein Playback-Tonband beginnt zu scheppern, der Mann schließt seine Augen, als würde er tief in seiner Seele nach den richtigen Worten für seine Gefühle forschen, der Mann lächelt versonnen, er muß die Worte gefunden haben, der Mann öffnet seine Augen und fixiert einen Punkt an einem imaginären Horizont, der Mann öffnet seine Lippen, zwischen denen sich gleich die köstliche Botschaft der Liebe und Freiheit erheben wird, der Mann holt noch einmal tief Luft, und dann, endlich, beginnt der Mann zu singen.

»Sommerabend«, singt der Mann, »über blühendem Land, schon ab Mittag«, singt der Mann, »stand ich am Straßenrand«, neben mir schimmern die Tonganerinnen, »bei jedem Wagen«, singt der Mann, »hob ich den Daumen«, Paea beginnt sich in den Hüften zu wiegen, »auf einem Fahrrad kam da ein Mädchen her«, singt der Mann, Miß Pagos Pagos Augen funkeln wie Glühwürmchen, »und sie sagte, ich bedaure dich sehr«, der ganze Saal holt tief Luft, und dann singen sie alle, »ein Bett im Kornfeld, das ist immer frei«, singen sie, Bettina ist wie von Sinnen und tanzt mit Miß Pago Pago, »denn es ist Sommer, und was ist schon dabei«, singen sie, und ich glaube, ich muß in den Garten und mich übergeben.

27

Zum ersten Mal bin ich richtig froh, daß wir einen Kameramann dabeihaben, sonst würde uns keiner glauben, was hier gerade passiert. Morgen früh werde ich es wahrscheinlich nicht mal mehr selbst glauben.
Seine königliche Hoheit Taufa'ahau Tupou IV. sitzt auf der kleinen Bühne an einer Casio-Orgel und singt in sonorem gebrochenem Deutsch zum Halb-Playback:

»Telefone, Schreibmaschinen,
Ladentische, finst're Mienen,
keiner hat mehr Zeit, die Welt zu seh'n.
Fernsehkasten, Fußballspiele,
Krimiserien, Sorgen viele,
und schon ist es Zeit zum Schlafengeh'n.«

Chris Roberts steht leicht benommen daneben und fällt dann in den Refrain ein: »Hab ich dir heute schon gesagt, daß ich dich liebe ...« Hinter ihm macht ein Background-Chor aus dicken Männern mit Grasmatten um den Bauch

minimale Hüftbewegungen mit maximaler Wirkung. Tim und ich kreischen uns die Kehle wund, Ingolf und Jasmin tanzen Disco-Fox. Nur Stefan hat schon vor einer halben Stunde die Flucht ergriffen, sogar noch vor dem historischen Duett von Jürgen Drews und Bata Illic. Schade eigentlich, ich dachte, er sei härter im Nehmen.
Was für eine Party! Marlene Charell mit einem Medley aus James-Bond-Songs, Choreographie: original ZDF-Fernsehballett. Erika Berger im intimen Talk mit Kronprinz Tupouto'a – er ist fünfzig und sammelt Zinnsoldaten, kein Wunder, daß er immer noch Junggeselle ist. Und Kristiane Backer moderiert abwechselnd mit »Den nächsten Star brauche ich Ihnen nicht vorzustellen, Sie alle kennen ihn seit Jahren« und »Auf den nächsten Star habe ich mich besonders gefreut, ich kenne ihn seit Jahren«.
Allmählich wird mir klar, warum Dreier so tief in die Keller der deutschen Unterhaltungsindustrie gestiegen ist: Tupou ist der größte Fan von Siebziger-Jahre-Schlagern, den ich je erlebt habe. Offensichtlich kennt er jeden einzelnen Heuler in- und auswendig. Zuerst wippte er nur höflich mit dem königlichen Fuß, aber spätestens nach dem fulminanten Auftritt von Costa Cordalis (»Steig in das Boot heute nacht, Anna Lena«) hielt es ihn nicht länger auf seinem Thron. Auf eine unmerkliche Handbewegung hin rollten zwei Leibgardisten seine Casio herein, und der Rest ist Geschichte.
Nur einmal wurde es kritisch: Als Tony Marshall als Zugabe »Bora-Bora« sang, verfinsterte sich kurz die königliche Braue, besonders bei der Zeile »Mein Paradies im Sommerwind/wo alle Menschen glücklich sind«. Wie

dumm, man hätte ihm sagen müssen, daß die diplomatischen Beziehungen zu Tahiti seit der letzten Pazifik-Gipfelkonferenz etwas angespannt sind. Aber dann hat Tony es mit »Ich fang' für euch den Sonnenschein« wieder rausgerissen. Ein Vollprofi, der Tony. Sogar Majestät sang am Ende »Holla-hia-ho« mit.

Überhaupt: Wenn schon König, dann so einen. Ich habe gestern abend noch unseren Barmann auf Fafa ausgehorcht, und der hat mir alles über das tonganische Königshaus erzählt. Daß Tupou mit 14 einen nationalen Rekord im Stabhochsprung aufgestellt hat, der bis heute besteht – schon weil er danach jeden Stabhochsprungwettbewerb auf Tonga verboten hat. Daß er bei der Hochzeit von Charles und Di zwei Sitze in St. Paul's Cathedral gebraucht hat. Daß die Briten aber die Tonganer sehr lieben, seit die Königsmutter, Sālote Tupou II., bei der Krönungsfeier von Elizabeth II. anno 1953 bei strömendem Regen in der offenen Kutsche durch London fuhr und das Verdeck offen ließ zu Ehren der neuen Queen. Noël Coward, das britische Schludermaul, hat es sich trotzdem nicht nehmen lassen, die kleine Hofdame neben Salote als »deren Mittagessen« zu bezeichnen. Daß der Kronprinz neuerdings in einem Londoner Taxi über die Insel fährt, nachdem sein Fahrer den Mercedes an eine Palme gesetzt hat. Na, und so weiter. Und dann hat er noch von den gegrillten Fledermäusen geschwärmt, die offiziell nur bei Königs gegessen werden dürfen. »Lebend riechen sie wie ungewaschene Achselhöhle«, hat er gesagt. »Aber frisch vom Grill, ich sage Ihnen ...« Er hat mit der Zunge geschnalzt und uns einen angenehmen Abend gewünscht.

Auf der Bühne haben sich inzwischen alle Stars zum großen Schlußbild versammelt und singen »We are the world« mit Kokosöl-Fackeln in den Händen. Wo steckt bloß Stefan? Das darf einfach nicht sein, daß er keinen Spaß hat an diesem Inferno. Schön, er war ein bißchen nervös, wer wäre das nicht mit einer Micky-Maus-Krawatte, aber spätestens beim Anblick dieses Hutzelhäuschens namens Palast muß er sich doch entspannt haben. Vielleicht sollte ich ihn besser suchen gehen. Ich mache mir fast Sorgen.
»Miss Burghardt! Sie wollen doch noch nicht gehen?« Seine Hoheit.
»Nur kurz die Beine vertreten, Majestät. Ich möchte mich übrigens für diesen wundervollen Abend bedanken. Er wird mir ein unvergeßliches Erlebnis bleiben.«
»Oh, der Abend hat gerade erst begonnen. Erweisen Sie mir die Ehre? Man wird meinen Lieblingstanz spielen.«
Oha. »Aber gern. Ich hoffe nur, daß ich den Tanz beherrsche, Majestät ...«
»Ich habe keine Zweifel.« Er führt mich in die Mitte der Tanzfläche. Der Hofstaat hat sich tuschelnd und kichernd um uns herum versammelt. In einer Ecke sehe ich Ingolf mit seiner kleinen Videokamera im Anschlag stehen. Na, herrlich. Die Musik setzt ein, der König wirft die Arme in die Luft: »Und jetzt alle: ›They call me Lady Bump, Lady Bump, aha-ha-*IIIIIIIIIIHHH* ...‹«

28

Ich frage mich gerade, ob ich mich wieder in diesen Schlagerwahnsinn wagen soll, als mich ein Tonganer anspricht. »Verzeihen Sie, Sir, soll ich einen Arzt rufen? Sie sehen aus, als hätten Sie gräßliche Kopfschmerzen.«

»Danke, sehr freundlich von Ihnen. Ich glaube, die Musik ist nicht ganz mein Fall.«

»Tut mir leid für Sie, Sir.«

»Schon gut. Ich schätze, wenn der DJ König ist, kann man sich nicht gut seine Lieblingslieder wünschen.«

Der Mann zuckt zusammen, als hätte ich ihn in den Unterleib getreten.

»Verzeihen Sie«, stammle ich, »ich wollte niemanden beleidigen.«

»Schon in Ordnung«, brummt der Mann. »Der König ist mein Vater.«

»Oh, mein Gott, ich wußte nicht ...«

»Es muß Ihnen überhaupt nicht peinlich sein. Ich hasse den Mist, der meinem Vater gefällt, vermutlich noch inniger als Sie.«

»Na ja, alte Leute sind eben wunderlich ...«

»Der Mann hat mehr Energie als Sie und ich zusammen. Zäh wie Leder, hart wie Kruppstahl, sagt er immer. Ich weiß auch nicht, warum er ausgerechnet an den Deutschen so einen Narren gefressen hat.«

»Wen würden Sie denn im Palast aufspielen lassen, wenn ich fragen darf?«

»Sicher nicht diese Barbaren. Die sind ja eine Beleidigung für jeden wirklichen Musiker. Als ich in London studierte, war ich Trompeter in einer Big Band. Zum Schluß hatten wir die ganzen Ellington-Stücke besser drauf als der Duke selbst. Aber dann hat mich mein Vater zurückbeordert. Und jetzt langweile ich mich zu Tode.«

»Was hindert Sie dann daran, hier eine Band zu gründen? *The Royal Tongans* oder so?«

»Das schickt sich nicht für einen Prinzen. Das einzige, was ich tun darf, ist, auf meine Thronbesteigung zu warten. Und das kann noch lange dauern. In letzter Zeit bin ich richtig melancholisch. Ich wandere in meinem Palast herum, höre meine Duke-Platten und mag niemanden sehen. Ich nehme an, das ist das Prince-Charles-Syndrom. Wenn das so weitergeht, spreche ich noch mit meinen Palmen.«

»Das hört sich wirklich nicht besonders fröhlich an.«

»Hier passiert ja nichts. Wissen Sie was? Manchmal fahre ich in meinem alten Taxi auf der Insel herum und hoffe, daß jemand von mir mitgenommen werden will. Es will aber keiner. Die wissen doch alle, daß ich das bin.«

»Und Ihre Familie?«

»Ich bin nicht verheiratet. Stellen Sie sich vor, über fünfzig und immer noch Junggeselle. Mein Vater will, daß ich eine Tonganerin heirate. Aber das kommt nicht in Frage.«

»Was haben Sie denn gegen Tonganerinnen?«

»Gar nichts. Aber ich mag Europäerinnen lieber. Palangi-Frauen. Ich kann Ihnen sagen, ich habe Dinge in London erlebt, von denen dürfen Sie hier nicht einmal träumen ...«

»Daß Sie sich da bloß nicht täuschen. Bei uns gibt es ziemlich viele Zicken.«

»Mag schon sein, mein Freund. Aber die Frau da drüben ist sicher eine Offenbarung im Bett. Das sehe ich sofort.«

Der Kronprinz muß verrückt sein. Die Frau, die da gerade den Schloßpark erkundet, ist niemand anderes als T von Mr. President. Beziehungsweise Judith, wie sie im wirklichen Leben heißt. Die Frau, die so gern ihre Nippel mit Isolierband überklebt. Jedenfalls ist sie so in der Harald-Schmidt-Show aufgetreten. Oder war das die andere, diese Danii oder wie sie heißt? Was sollen eigentlich diese bescheuerten Künstlernamen immer? I-I?

»Ich möchte Ihnen ja nicht Ihre Illusionen nehmen, aber die macht noch üblere Musik als alle anderen. Richtig üble teutonische Stampfmusik, links, zwo, drei, vier.«

»Ich will mit der doch keine Jamsession veranstalten. Sagen Sie, dürfte ich Sie um einen großen Gefallen bitten?«

»Gern.«

»Würden Sie die Lady fragen, ob sie sich mit mir trifft? Sagen wir, in einer halben Stunde in meinem Palast. Die Wächter hier werden ihr ein Taxi besorgen. Sagen Sie einfach, der Kronprinz wäre von ihrem Auftritt so begeistert gewesen, daß er sich mit ihr gern in privaterem Rahmen unterhalten würde.«

Mist. Man soll sich nie auf Kronprinzen einlassen. Was mache ich jetzt? Ich kann ihm seine Bitte ja nicht einfach abschlagen. »Und wenn es nicht klappt ...«

»Irgendwas wird Ihnen schon einfallen. Ich muß mich nur noch ein wenig frisch machen. Seit meiner Rückkehr aus London schwitze ich hier wie verrückt. Ich verlasse mich auf Sie.«

Weg ist er. Was will der eigentlich mit dem Mädchen? Ihr seine Schallplattensammlung zeigen? Was soll's, unsere kleine Discomaus ist alt genug, um selbst entscheiden zu können, mit wem sie das Lager teilt. Und nein sagen wird sie ja wohl auch können. Sie muß ja nicht wissen, daß der

kleine Prinz genauso voluminös ist wie sein Daddy. Wer weiß, vielleicht steht sie ja drauf.
Wo ist sie bloß hin? Keine Ahnung, was sie wollen könnte im Gebüsch. Vielleicht hat sie das Klo nicht gefunden.
Da ist sie ja, unsere Kleine. Hier kommt Amor. Wer weiß, vielleicht bist du bald Kronprinzessin T die Erste. Hast du nur mir zu verdanken.
Verdammt, da ist ja noch jemand. Mein Gott, die knutschen. Das gibt's doch gar nicht. Was sage ich jetzt dem Kronprinz? Hau ab, blöder Zweig, ich will wissen, wer der Kerl ist. Nur noch zwei Schritte, dann gehe ich wieder in den Palast und schunkle mit den anderen. Oh, nein, jetzt zieht der Typ sie auch noch aus, die wollen hier Bett im Kornfeld spielen, und ich Idiot ...
»Ist da jemand?« fragt eine Stimme, die mir bekannt vorkommt. Der Schlagerheini mit der Lackhose.
»Äh, sorry, ich habe mich verlaufen, ich wollte wirklich nicht stören ...«
»Das ist doch der Typ von diesem Fernsehteam«, kreischt T, »der hat uns sicher gefilmt!«
»Nein, nein, keine Panik, ich bin ...«
»... so gut wie tot«, sagt der Mann mit der Lackhose. Dann schlägt er zu.

29

Einatmen. Ausatmen. Das ist das Äußerste. Mehr geht nicht. Luftholen, was für eine Zumutung. Erfordert meine ganze Aufmerksamkeit.
Ich glaube, ich liege jetzt schon drei Stunden auf dem Bauch am Strand, ohne mich einmal gerührt zu haben.

Wach, aber nicht bei Sinnen. Kann mich nicht erinnern, wann ich das letzte Mal so entspannt war. Muß was dran sein an dieser Polynesian Paralysis, von der Tim sprach. Augen auf. Mühsam. Ein Unterarm. Von einem Mann. Stefan. Interessant, ich weiß schon, daß er es ist, ohne daß ich richtig hingucken muß.

Es ist ja wenig geschrieben worden über die Schönheit des männlichen Unterarms, des nachweislich erotischsten Körperteils, den ein Typ zustande bringt. Denn was hat ein Mann schon groß zu bieten an Hübschem? Wir streichen jetzt mal das eher unattraktive primäre Gehänge. Wir streichen die Frauenzeitschriften-Umfrageergebnisse (Hintern, Augen, Hände). Wir streichen alles, was im Fitneß-Studio hingequält werden kann (Bizeps, Bauchmuskeln). Und übrig bleibt der Unterarm. Der im Idealfall behaart ist, und zwar nicht zu knapp. Der so dick ist, daß man nicht mit der Hand drumfassen kann. Der lange Muskelstränge hat vom Bierkastenschleppen und zart hervortretende Sehnen, der zuverlässig aussieht, aber nicht kraftmeierisch. Ein Unterarm, sagen wir mal, der einen festhalten könnte, wenn man über einem Abgrund hängt. Und der erst richtig zur Geltung kommt, wenn ein Mann sein Hemd, weiße Baumwolle, gern ungebügelt, nicht ganz ordentlich hochkrempelt. Habe ich die Behaarung erwähnt?

Stefan, das stelle ich gerade mit Erstaunen fest, hat so einen Unterarm. Kräftig. Mit Sandkörnern zwischen den Haaren. Lange, feine Haare, eigentlich braun, jetzt im Gegenlicht golden glänzend. Schöner Unterarm. Ich öffne die Augen ein bißchen weiter.

Stefan guckt mich an. Ich weiß nicht, wie lange schon. Ich

muß wahnsinnig lachen. Der Junge trägt ein prächtiges, in allen tropischen Farbtönen schillerndes Veilchen ums linke Auge. Jetzt weiß ich auch, warum er heute morgen nicht zum Frühstück erschienen ist.
»Hey, wo hast du denn das blaue Auge her?«
»Ach, das«, seufzt er. »Nur ein kleiner Unfall.«
»Ach, ja? Was ist passiert?«
»Es wäre besser, wenn du das nicht so genau weißt.«
»Du wirst dich doch nicht um meine Ehre geprügelt haben?«
Er stutzt. »Hmm«, sagt er langsam. »Das ist ja komisch. Wie bist du darauf gekommen?«
»Moment mal. Das habe ich mehr als Witz gemeint. Du hast *was* getan?«
»Du solltest es eigentlich gar nicht erfahren, aber ich habe gestern draußen vor dem Palast den tonganischen Kronprinzen getroffen, und der hat ein paar seltsame Bemerkungen über westliche Frauen gemacht, und später ...«
»Du hast dich mit dem tonganischen Kronprinzen um mich geprügelt?«
»Nun ja«, sagt er verlegen. »So würde ich es nicht sagen ... Aber bestimmt geht es ihm gut heute morgen«, fügt er hastig an.
Wie süß. Wie rührend. Wie aufregend. Da haut sich einer für mich. So etwas ist mir wirklich noch nie passiert. Ich spüre richtig mein Herz klopfen. Vielleicht hat Erika Berger ja recht: So wahnsinnig originell sind wir Frauen gar nicht in unseren Gefühlen. »Soll ich dir Eis holen für dein Auge?«
»Ach, was«, winkt er tapfer ab. »Das ist halb so wild.«

»Kann ich sonst irgend etwas für dich tun?«
»Ja, weißt du«, sagt er und guckt mich von der Seite an, »da gäbe es schon was. Aber das sage ich besser nicht.«
Aber hallo.

30

Wie lange ist es eigentlich her, daß ich mit einer Frau geschlafen habe?
Vier Monate. Mit Biggi, als ich meine Sachen abgeholt habe, so eine traurige Mitleidsnummer. Und das vorletzte Mal war vor vier Monaten und zwei Wochen, auch nicht viel schöner. Ich glaube, ich weiß gar nicht mehr, wie das geht.
Das Ganze wäre nur halb so schlimm, wenn ich nicht seit einer Stunde drei Paar Brüste im Blickfeld hätte. T und diese beiden Schwestern, von denen mir nicht einmal Bettina genau sagen konnte, wer sie sind. War es die volkstümliche Hitparade oder doch die Dancefloor Top Ten? Ich glaube, daß man alt ist, wird einem klar, wenn man in den Charts nur noch zwanzig Prozent kennt, die Coverversionen der Hits aus der Kindheit.
Drei Paar Brüste. Ergibt sechs. Und ich kann nichts mit ihnen tun. Außer sie anglotzen. Den Mädchen fällt das gar nicht auf. Oder es fällt ihnen auf, und sie haben nichts dagegen. Oder sie wollen mich quälen mit ihrer Oben-Ohne-Parade. Oder T will mich für mein blaues Auge entschädigen. Wie sich herausgestellt hat, ist sie im Grunde ganz nett. Sie hat eben gedacht, ich sei ein Paparazzi und wolle ihren Fehltritt publik machen. Wo doch ihr Freund so eifersüchtig ist und nur darauf wartet, daß sie den Versu-

chungen des Showbusiness erliegt. Na ja, ich werde schweigen wie ein Grab.

Ich befürchte, ich bin doch älter, als ich dachte. Sonst wären mir diese verdammten Brüste gleichgültiger. In jedem Freibad sieht man mehr davon. Aber ich liege da und glotze. Wie ein Sabbergreis, der ins Schwimmbad geht und Mädchen beglotzt. Oder wie ein 29 3/4 Jahre alter, von seiner Freundin verlassener, gescheiterter Jungunternehmer, der vor vier Monaten zum letzten Mal Sex gehabt hat.

Dabei sind diese Brüste gar nicht mein Fall. Ich habe sie normalerweise lieber kleiner. So eine Handvoll. Das war schon immer so. Ein paarmal habe ich es mit vollbusigeren Mädchen versucht, aber aus irgendeinem Grund war mir das immer zu weich, und dann bin ich mir immer schäbig vorgekommen, weil natürlich keine Frau etwas für ihre Brüste kann. Keine Ahnung, warum mir das jetzt plötzlich gefällt. Vielleicht braucht man stärkere Reize, wenn man älter wird. Oder liegt es an meinem Notstand? In der Not streichelt der Teufel auch XL. Ich bezweifle ja, daß das alles echt ist. Bei der einen Schwester sicher nicht, die hat selbst beim Liegen richtige Hügel. Wieder eine Erfahrung, die ich noch vor mir habe. Obwohl die Vorstellung, Plastik unter den Fingern zu haben, leicht gruselig ist.

Gott sei Dank, da kommt Bettina. Sie sieht immer noch verkatert aus, steht ihr aber gut. Bei ihrem ersten Versuch, aus dem Koma zu erwachen, habe ich ihr weisgemacht, ich hätte mich ihretwegen geprügelt. Falls sie es süß fand, war sie zu entkräftet, es zu zeigen. »Na, wieder auf dem Posten?« frage ich. Sie legt sich auf die Liege neben mich, grunzt irgend etwas von Kopfschmerzen und schläft wieder ein. Also doch Brüste glotzen.

»Sag mal, T, darf ich dich etwas fragen?« fragt die Schwester mit den echten Hügeln.

»Nur wenn du mich nicht T nennst. Ich heiße in Wirklichkeit Judith.«

»Echt? Ich bin die Sandy. Und das ist meine Schwester Mandy. Also ich weiß gar nicht, wie ich anfangen soll ... du hast dich doch im letzten Jahr mit Danii für den *Playboy* ausgezogen ...«

»Ja, und?«

»Na ja, wir haben jetzt auch so ein Angebot, und ich weiß nicht, ob wir das machen sollen. Mandy meint, daß das gut für unser Image ist. Wir wollen nämlich jetzt mehr Dancefloor machen, schon noch volkstümlich, aber Dance floor eben. So wie der Heino. Aber ich finde es echt krass, mich auszuziehen.«

»Wieso? Ich bin doch auch noch dieselbe«, sagt Judith.

»Dann weiß doch plötzlich jeder, wie du nackt aussiehst. Wenn du zum Bäcker gehst, oder du lernst einen Jungen kennen, dann wissen die alle genau, was du für einen Body hast.«

»So wie ihr ausseht, müßt ihr euch doch nicht schämen. Bei uns jedenfalls ist es erst nach dieser Fotogeschichte richtig abgegangen. *Bildzeitung* Seite eins, Harald Schmidt, sogar im *Spiegel* haben sie ein Foto gedruckt.«

»Finde ich ja auch megageil. Aber ich denke zum Beispiel an meine Mutter. Die findet das wahrscheinlich nicht lustig, wenn sie von ihren Kollegen auf uns beide angequatscht wird. Was haben denn deine Eltern gesagt?«

»Meine Mutter war wahnsinnig stolz auf mich«, sagt Judith. »Aber ich bin auch ziemlich frei erzogen worden. So nach der Devise: Man soll nicht geizen mit seinen Reizen.«

»Laß dir ja nichts erzählen«, sagt die Schwester mit den Kunsthügeln, Mandy oder wie sie heißt. »Die tut nur so verklemmt. In Wahrheit hat sie bloß Panik, daß ihre Titten nicht so gut kommen wie meine.«

»Blöde Kuh.«

»Ist doch wahr. Die haben uns ein endgeiles Angebot gemacht, und du zickst rum.«

»Also, was zwischen euch beiden läuft, müßt ihr schon selbst regeln. Ich kann nur sagen, ihr habt beide einen tollen Body. Sonst hätten die euch doch gar nicht gefragt.«

»Meinst du?« fragt die mit den Echthügeln. »Ich bilde mir nämlich ein, bei mir hängt das schon ziemlich.«

»Das merkt doch keiner. Du mußt bloß deine Arme nach hinten oben heben, wie so Schmetterlingsflügel, dann wird das schon nach oben gezogen. Und wenn das nicht hilft, kleben sie dir die Brüste einfach fest. Mit so transparentem Klebeband. Die Ränder retuschieren sie auf den Fotos anschließend wieder weg.«

»Ehrlich?«

»Die wollen dich doch nicht so zeigen, wie du bist, sondern wie sie sich einbilden, daß Frauen aussehen sollten. Bei mir zum Beispiel haben sie die ganzen Sommersprossen gelöscht.«

»Und ich hab mich immer gefragt, warum die alle so perfekte Bodys haben.«

»Ist doch klar. Die zahlen gute Kohle, da können die nicht einfach drauflos knipsen. Ihr beide werdet garantiert eine

Lesbenszene machen müssen, Titte an Titte. War bei Danii und mir auch so. Das sehen die Jungs besonders gern.«

»Und wenn ich das nicht will?« fragt Sandy.

»Und wie du willst«, sagt Mandy. »Dir bleibt gar nichts anderes übrig.«

»Ist doch leicht verdientes Geld. Natürlich kannst du dich auch für so eine Fernsehzeitschrift fotografieren lassen. Da brauchst du dich nicht auszuziehen. Nur deine Brüste zusammenquetschen, damit sie größer wirken. Geht ganz einfach. Du mußt nur deine Oberarme seitlich gegen deinen Oberkörper pressen und ein wenig geknickt dastehen, wie der Glöckner von Notre Dame. Das bringt locker eine Körbchengröße mehr. Oder du hast keinen BH an und hältst dir die Titten mit den Händen zu und hebst sie dabei an. Das-Wonderbra-Prinzip, nur ohne Wonderbra. Aber ich finde, bei denen sieht man immer so künstlich aus. Die machen den Hintergrund immer erst mit dem Computer. Beim *Playboy* kommst du wenigstens auf die Malediven. Und außerdem zahlen die Fernsehzeitschriften nicht so gut.«

»Wie kriegen die eigentlich immer die Brustwarzen so hart?«

»Du bist voll von gestern«, sagt Judith. »Das ist ganz einfach. Du bekommst zwei Eiswürfel in die Hand gedrückt, und schon steht die Sache. Nippel-Viagra nennen sie das.«

»Hörst du auch, was ich höre?« fragt eine Stimme neben mir.

»Mach mal die Augen auf, dann kannst du es auch sehen«, sage ich.

»Und wie lange beobachtest du die drei Grazien schon?« fragt Bettina.
»Eineinhalb Stunden. Was soll ich denn tun? Ich war vor denen hier. Ich suche mir doch keine andere Liege, bloß weil die FKK machen.«
»Armer Junge. Mußt ja richtig ausgehungert sein, wenn dir diese Bomber gefallen. Oder hat der Kronprinz dein Geschmackszentrum getroffen? Weißt du nicht mehr, wie Brüste aussehen müssen? Dann sieh genau hin, Stefan, diese Chance bekommst du nur heute.«
Und dann legt sie ihr Oberteil ab. Einfach so. Ich glaube, ich brauche eine Dusche. So kalt wie möglich.

31

»Hey, was für ein Zufall. Ich wußte gar nicht, daß du hier bist. Kann ich mich ein bißchen zu dir setzen?« Er muß ja nicht wissen, daß ich nach dem Abendessen die halbe Insel nach ihm abgegrast habe.
»Gern. Und was für ein schöner Zufall, daß du gerade zwei Bier durch die Gegend trägst.«
Gott sei Dank ist es inzwischen so dunkel, daß er meine roten Ohren höchstens ahnt. Ich reiche ihm stumm ein Royal Tongan und setze mich neben ihn auf die Klippe. Auf dem pechschwarzen Meer leuchten nur die Laternen der Fischerboote, darüber hängt vollfett der Mond, so nah, als wolle er ein paar seiner Krater in die Südsee tunken.
Ich weiß schon wieder nicht, wie ich anfangen soll. »Ähm, Stefan«, beginne ich. »Mir ist aufgefallen, daß wir eigentlich gar nicht viel voneinander wissen.«

»Mir wäre bestimmt aufgefallen, wenn du irgendwas von mir hättest wissen wollen.«
Er schafft es immer wieder, mich wütend zu machen. »Herrje, nun sei doch nicht so zickig, das ist schließlich mein Part. Ich dachte nur, wenn wir schon die ganze Zeit zusammen verbringen müssen, wäre es einfach netter, wenn wir uns besser kennen.«
»Na schön, was willst du denn wissen?«
Hilfe. Das hatte ich mir, ehrlich gesagt, gar nicht so genau überlegt. »Ich weiß nicht. Was du so denkst über die Welt.«
»Die Welt war mir schon immer eine Nummer zu groß. Frag mich was Leichteres.«
»Na schön. Deine erste große Liebe.«
Er schweigt. Dann sagt er schließlich: »Ich sagte doch: was Leichteres. Oder hättest du auf die Frage eine Antwort?«
»Klar. Axel. Er war zehn. Ich habe seinetwegen vor der Schule immer die Zahnspange rausgenommen. Dann verließ er mich wegen einer anderen. Sie hatte ein Bonanza-Rad.«
»So sind sie, die Kerle. Ich entschuldige mich hiermit förmlich im Namen aller.« Er verbeugt sich. »Und seitdem hast du ein traumatisiertes Verhältnis zu Männern?«
»Nein, das habe ich erst, seit ich meinen letzten Freund in meinem Bikini erwischt habe.«
Stefan prustet Bier. »Nein! Er hat ...«
»Yup. Vor dem Spiegel. Stand ihm übrigens. Der Bikini, meine ich.«
»Meine Güte, du hast wirklich ein goldenes Händchen mit Männern.«

»Deshalb sitze ich ja jetzt hier mit dir. Aber laß sehen, dann eben was wirklich Einfaches: Was ist dein Lieblingsfilm? Halt, das weiß ich ja: Stirb *langsam,* richtig?«

»Alle drei Teile. Der dritte ist allerdings der beste.«

»Schon wegen Jeremy Irons ohne Hemd.«

»Das sind für dich Kriterien der Filmkritik?« lacht er.

»Ich habe dieselben Kriterien bei Fußballspielern, wenn dich das beruhigt.«

»Okay, dann frag ich jetzt: Wer ist dein Lieblingsfußballer?«

»Ze Roberto. Aber mehr wegen der Beine. Deiner?«

»Andi Herzog. Oder Toni Polster. Nein, Mario Basler.«

»Ein Deutscher? Jetzt schockierst du mich.«

»Er ist so genial, er könnte fast Österreicher sein. Was ist dein Lieblingsgeruch?«

»Hefegebäck. Ofenwarm. Deiner?«

»Dicke, neue Filzstifte.«

»Lecker.«

»Lieblingsgetränk?« Er scheint langsam Spaß an der Sache zu finden.

»Campari Soda mit grünen Oliven bei ›Camparino‹ in der Galleria Vittorio Emanuele gegenüber dem Mailänder Dom.«

»Meine Güte, Madame sind so weltläufig. Ich passe. Die einzige Antwort darauf ist: Bier. Eiskalt. Egal wo. Egal wann. Notfalls sogar mit Oliven.« Er nimmt einen tiefen Zug aus der Flasche.

»Wann warst du zum letzten Mal richtig glücklich?«

Er wird wieder still. »Was ist schon Glück?«

»Oh – eine Menge. Ein völlig legaler Parkplatz in der Innenstadt am Samstagmorgen gegen elf, ohne Parkuhr. Oder das zusammengeknüllte Seidenpapier aus neuen Schuhen herausnehmen. Oder eine fette Steuerrückzahlung. Oder Paparazzi-Fotos von Cindy Crawford mit Cellulite.«

Er lacht. »Weiber.«

»Wir sind nur etwas kreativer in Sachen Glück.«

»Moment mal. Also«, er überlegt, »der wattige Neuschnee in einer Stadt, die plötzlich alle Geräusche verliert. Nachts wachbleiben und glauben, man sei der einzige wache Mensch auf der Welt. Das dicke Grinsen, das man automatisch bekommt, wenn man Sahneeis ißt. Wassertropfen in den Nackenflaumhaaren von Frauen nach dem Schwimmen.«

»Nicht schlecht, du Romantiker«, sage ich. Nein, wahrhaftig nicht schlecht. Ich denke nach. »Tränen lachen und einfach nicht mehr aufkören können.«

»Hm. Die letzte Seite von einem 1200-Seiten-Roman lesen.«

»Nee, die erste.«

»Den Lamborghini im Autoquartett ziehen. Den Lammborghini.« Er lacht.

»Ein frischbezogenes Bett. Mit weißer Bettwäsche, die nach Heißmangel riecht.«

»Auf ein Klassentreffen gehen und feststellen, daß man am unpeinlichsten von allen ist.«

»Wunschdenken?«

»Wirklichkeit. Zehnjähriges Matura-Treffen im letzten Jahr.«

Ich überlege. »Matura? Ist das österreichisch für Abi?« Er

nickt. »Die siebzehnte Wiederholung von *Die Spur des Falken* nachts um zwei auf irgendeinem Kabelsender, dazu einen achtzehnjährigen Glenlivet.«
»Bier!« protestiert er.
»Glenlivet! Du hast ja keine Ahnung.«
»Schnapsdrossel! Es ist ja schlimmer als *Dinner for one* mit dir.« Er denkt stirnrunzelnd nach. »Okay, jemanden über einen See rudern.«
»Ah – über einen See gerudert werden …«
»Siehst du, wir kriegen es doch noch hin. Jetzt müssen wir nur noch einen See auftreiben. Und ein Boot.«
Wir gucken den Sternen beim Leuchten zu. »Stefan?«
»Miss Sophie?«
»Du wirst dich doch nicht in mich verknallen, oder? Das käme mir nämlich sehr ungelegen.«
Er lacht. »Keine Sorge. Bleib ganz du selbst, dann kann dir nichts passieren.«
Aua. Das war gemein. Und er weiß es. »Ich glaube, ich muß jetzt ins Bett.«
»Darf ich die Gnädigste zu ihrem Chalet geleiten?«
Es ist stockfinster. Die Petroleumleuchten, die die Tonganer immer vor die Hütten stellen, sind längst erloschen. Wir stolpern durch die Dunkelheit und laufen immer wieder beinahe gegen Palmen. Stefan greift sich irgendwann entschlossen meine Hand. Endlich finden wir meine Veranda. Er verabschiedet sich mit einem formvollendeten Handkuß. »Gute Nacht, Prinzessin.«
»Gute Nacht, mein Held.«
»Friede deiner Hütte. Bis du mal einen Palast kriegst.« Mit einer Verbeugung verschwindet er im Dunkeln. Sekunden

später höre ich ein dumpfes »Tock« und sein leises Fluchen. Mein Lächeln nehme ich mit ins Bett.

32

Klarer Fall von Phase 2. Sie ist verliebt in mich, aber sie sucht nach einem Notausgang. Sie grast die ganze Gegend nach mir ab und macht sich vor, sie ginge nur spazieren. Ihr Herz puckert, aber ihr Verstand sagt: Darf nicht sein, nie im Leben. Erst noch ein paar zusätzliche Tests, ob er es wert ist. Wahrscheinlich ist er es sowieso nicht wert. Sie fragt mich, was für mich Glück bedeutet, und hofft, daß ich etwas Saublödes sage, das ihr erlaubt, die ganze Sache abzuhaken. Wenn ich zum Beispiel sagen würde, Glück ist, jeden Morgen mit einem Blowjob aufgeweckt zu werden, wäre sie heilfroh. Dann wüßte sie nämlich, daß sie aufhören könnte, verwirrt zu sein. Glück, sage ich also, Glück ist, im Taxi ein Lied zu hören, bei dem man sich daran erinnert, wie man mit siebzehn war. Glück, sage ich, Glück ist, eine schöne Frau nach Hause zu begleiten – und dann allein heimzugehen. Jetzt ist sie noch verliebter und noch verwirrter. Soll sie doch sehen, was sie von ihren Spielchen hat.

Phase 2 ist schon ziemlich gut. In Phase 2 kann man den Frauen helfen, ihre Restzweifel über Bord zu werfen und zu Phase 3 überzugehen. In Phase 3 wissen sie bereits, daß sie mit einem ins Bett gehen wollen, warten aber noch den richtigen Zeitpunkt ab. Es darf nicht die nächstbeste Gelegenheit sein, weil sie sich sonst selbst für Schlampen hielten, und außerdem soll die Vorfreude noch ein wenig kribbeln. In Phase 3 kommt es darauf an, Gelegenheiten zu schaffen, in denen es sich sozusagen ganz von selbst ergibt, daß man einander endlich in die Arme sinkt. Man bringt sie nach Hause und beginnt vor der Haustür noch ein tiefes Gespräch, das man auf ihren eigenen Vorschlag hin drinnen noch fortsetzt. Man küßt sie beim Abschied nicht auf die Wange, sondern auf den Mund. Man berührt beim Reden ganz spontan ihre Hand. Man kann sich nicht losreißen von ihr, sondern kommt noch einmal zurück, um sich für den schönen Abend zu bedanken. Irgendwann muß es ihr selbst völlig unsinnig vorkommen, nicht mit einem ins Bett zu fallen. Genau diesen Augenblick, in dem man zum ersten Mal bemerkt, daß sie nur noch darauf wartet, dem Warten endlich ein Ende zu machen, läßt man vorbeigehen. Man ist eben ein wenig schüchtern. Man will eben mehr als nur Sex. Erst bei der zweiten oder dritten Gelegenheit, in der sie nur darauf wartet, daß es endlich passiert, läßt man es tatsächlich passieren: Phase 4. Man schläft miteinander. Endlich. Und weil sie so lange darauf gewartet hat, wird es ihr wie eine Erlösung vorkommen. Nicht, weil es im Bett so gut ist, sondern weil sie Antworten bekommt, statt sich weiter Fragen stellen zu müssen. Endlich fällt die Spannung von ihr ab. Endlich ist sie soweit, wie er schon in Phase 1 war. Bei ihr Phase 4, wie gesagt.

Am Morgen danach beginnt Phase 5: Wer geht zuerst ins Bad, was redet man beim Frühstück, wie fühlt es sich an, neben einem anderen Körper aufzuwachen, wie geht es weiter, wird etwas Ernstes daraus, oder bleibt es bei dieser einen Nacht?

So weit sind wir noch lange nicht. Bettina ist erst in Phase 2. Aber am Ende kriegen wir uns doch.

33

»Na, Mädchen?«

Ingolf reißt mit den Zähnen Isolierband von einer dicken Rolle ab und klebt sich das Nikotinpflaster wieder auf den Oberarm, das sich beim Schwimmen abgelöst hat. Die Rolle packt er sorgfältig wieder in seinen Kamerakoffer. Männer und Isolierband, das ist auch so eine Liebesgeschichte. Sie reparieren damit alles, was in ihrer kleinen Welt kaputtgeht: Autoscheiben, Sofapolster, Squashschläger, Lederjeans, Stereoanlagen und notfalls auch sich selbst. Und wenn das Band erst mal klebt, dann bleibt das auch kleben: permanentes Provisorium als Wille und Vorstellung. Wahrscheinlich gibt ihnen Isolierband einfach nur das Hochgefühl, eine Mischung aus Roadie, Klempner und Kidnapper zu sein, also der ideelle Gesamtmann.

»Ich wußte gar nicht, daß du dir das Rauchen abgewöhnen willst.«

»Will ich auch nicht«, sagt er und zündet sich eine Zigarette an. »Ich brauche nur den Extra-Nikotinkick, sonst schlafe ich noch ein auf dieser Insel.«

»Bist ein ganz Harter, Ingolf.«

Er wirft mir einen schnellen Blick zu. »Du bist aber auch nicht von Pappe, min Seuten.«

Ich gucke ihn bestürzt an. So hat mich lange keiner mehr genannt. Zuletzt mein Opa aus Westerdeichstrich, glaube ich. Vor zwanzig Jahren, als ich bei ihm immer in den großen Ferien an der Nordsee war. So ein richtiger Bilderbuch-Opa war das, und dann ist er eines Tages tot umgekippt, oben auf dem Deich. Seitdem kann ich kein Meer sehen, ohne ein bißchen zu schlucken.

»Wie meinst du das?«

»Ich beobachte dich jetzt schon seit fast zwei Wochen. Und mir ist schon lange nicht mehr so'n Gerät untergekommen wie du. Ich werde einfach nicht schlau aus dir. Bist du jetzt 'ne Harte oder 'ne Zarte? Manchmal denke ich, du brauchs' kein' ein' auf der Welt. Und dann denk' ich wieder, und ob, und wie du einen brauchst.«

»Ich brauche niemanden. Ich komme klar.«

Er grinst: »Das war'n büschen zu schnell, um wahr zu sein.«

Ich seufze. »Ach, Ingolf. Warum gebt ihr es nicht endlich auf, mich verkuppeln zu wollen. Ich hatte gehofft, daß es wenigstens dir egal ist. Stefan kommt für mich nicht in Frage. Schon weil alle Welt drauf lauert.«

Er guckt mich aus seinen hellgrauen Huskie-Augen an. »Das heißt, daß Stefan der tollste Mann der Welt sein könnte und du würdest nicht mal über ihn nachdenken, bloß wegen der Situation? Einer Situation, in die du dich freiwillig begeben hast, wenn ich dich mal kurz daran erinnern dürfte, Deern.« Er schüttelt den Kopf.

»Richtig. Nun trifft es sich aber, daß er bestimmt nicht der tollste Mann der Welt ist. Das macht die Sache doch wieder ganz übersichtlich, oder?«

»Und wer ist der tollste?«

Ich zucke die Achseln. »George Clooney wäre nicht übel.«

Er lacht. »Ich hätte dich für erwachsener gehalten. Dabei steckst du noch mitten im Bravo-Starschnitt-Alter. Was ist denn so schlimm an Stefan? Ich dachte, du magst ihn.«

»Guck ihn dir doch an, Ingolf. Das ist ein Träumer, ein Spinner. Ein ganz niedlicher Spinner, okay, aber doch nichts für mich. Klar mag ich ihn, aber er paßt überhaupt nicht zu mir.«

»Vielleicht ist er ja gerade deshalb der Richtige. Weil er gerade nicht so schnieke in deine schicke Edelstahl-Existenz paßt. Vielleicht brauchst du genau so einen, der sich nicht nahtlos unterbringen läßt in deinem Single-Leben. Ich glaube, das kapiert ihr Kinder gar nicht mehr so richtig: daß eine Beziehung nicht bedeutet, daß alles so weitergeht wie bisher, nur zu zweit. Da ändert sich viel. Du änderst dich. Und das ist nicht das schlechteste.«

»Fein. Aber dann möchte ich mich gefälligst wegen eines tollen Typen ändern und nicht für so einen netten Niemand wie Stefan.«

»Dumm' Tüch. Willst du meine Theorie hören? Den tollen Mann gibt es gar nicht. Der ist so was wie der Weihnachtsmann. Ein Mythos. Jemand, an den nur kleine Mädchen glauben.«

»Was versuchst du mir hier eigentlich beizubringen? Daß sowieso niemand hundertprozentig hinhaut und daß man das Suchen genausogut aufgeben kann und einfach bei demjenigen bleibt, der zufällig gerade auf dem Sofa sitzt? Man muß nur resigniert genug sein, dann klappt das schon?«

»Ach, Deern. Ich versuche dir gar nichts beizubringen. Ich möchte dich nur davon abhalten, dir selbst im Weg zu stehen. Ich weiß ganz gut, wie man sich sein Leben kaputtmachen kann, wenn man so hart drauf ist.« Er zündet sich noch eine Zigarette an und raucht schweigend ein paar Züge. »Ich hatte ... ich habe eine Tochter, ungefähr so alt wie du. Sie war immer ein bockiges Kind, hat die Schule geschwänzt, sich rumgetrieben, hat gesoffen und geklaut, bis sie eines Tages verschwunden ist. Und das Schlimme ist, daß ich mindestens genauso bockig war wie sie. Wir haben uns gegenseitig bis aufs Messer bekämpft. Jeder wollte gewinnen, um jeden Preis.«

»Und wo ist sie jetzt?«

»Weiß ich nicht. Ich suche sie seit zehn Jahren. Vielleicht finde ich sie eines Tages unter einer Brücke. Oder im Leichenschauhaus.«

Ich will was sagen, und Ingolf hebt die Hand. »Vergiß die Geschichte mal gleich wieder. Ich wollte hier nicht auf die Tränendrüse drücken, sondern dir nur sagen: Ich war hart gegen sie und gegen mich, und die Katastrophe kam um die Ecke gebogen.«

»Du hast mich vorhin an meinen Opa erinnert. Der hat mir immer Wolf Biermann vorgespielt, ›Du, laß dich nicht verhärten von dieser harten Zeit‹. Das mag ja alles richtig sein, das ist nur nicht so leicht, Ingolf.«

»Na, denk einfach mal nach.« Er packt umständlich seinen Koffer zusammen und erhebt sich. Bevor er verschwindet, dreht er sich noch mal um und grinst. »Und schönen Dank auch, daß ich dich an deinen Opa erinnere.«

»Blödmann.« Aber das sage ich ganz leise.

34

Fakalmolemole. Malo, malo, Freunde. Malo'aupito. Auf Kava geht tonganisch ganz leicht. Ganz egal, welche Babylaute man vor sich hin lallt, alles ergibt Sinn. Fakalmolemole heißt bitte, malo danke, malo'aupito vielen Dank. Fefe hake, fragt der Dicke neben mir. Ich nehme an, das heißt: Wie geht es dir? Malo, malo, es geht mir gut. Es geht mir sogar großartig. Dieses Kava-Zeug bekommt mir wirklich gut. Zuerst ist nur die Zungenspitze taub, dann die ganze Zunge, dann der Rachen, und plötzlich sitzst du da und bist mit der Welt versöhnt. Wenn ich nicht so schwach wäre, würde ich jetzt alle umarmen, die zehn tonganischen Dickmänner, Dreier, Ingolf und Tim. Ich bin aber eindeutig zu schwach. Das einzige, wozu meine Kraft noch reicht, ist, diese Kokosnußschale entgegenzunehmen, die mir unter die Nase gehalten wird, sie an meine durstigen Lippen zu führen und ex runterzukippen. »Nich lang schnacken, Kopf in'n Nacken«, wie Ingolf sagt. Geht auch nicht anders, das Zeug schmeckt widerlich. Wie Spülwasser mit einem Hauch Nelke, meint Tim. Wie Brackwasser, meint Ingolf, der alte Seebär. Ich weiß nicht. Ich finde ja, es schmeckt eher wie Sandkastenpfützen nach einem Sommergewitter. Einfach grauenhaft. Ist aber egal, Hauptsache, es kommt gut. Noch eine Schale? fragt Dreier. Io kataki, sage ich, ja bitte. Dreier, laß mich der Vorsitzende deines Fanclubs werden. Dir verzeihe ich sogar die Schlagerpiefkes. Die sind ja Gott sei Dank heute in aller Früh nach Deutschland zurück. Dreier, du schwitzendes Genie, du hast mir das Paradies gezeigt, malo, malo.

So also sehen tonganische Partys aus. Lauter Übergewichtige sitzen auf einer Bastmatte um einen Kessel, in dem eine bräunliche Brühe lauwarm gehalten wird. Der schlankste Typ rührt mit einem Kochlöffel in der Brühe, der zweitschlankste füllt mit der Brühe Kokosnußhälften, und alle anderen trinken die Brühe, bis sie einpennen. Zwischen den Runden singen sie langsame Lieder, deren Texte aus aneinandergeketteten Babylauten bestehen. Fale, mole, niu mata, fale malolo und immer so weiter. Für das Entertainment sorgen ein paar übergewichtige Mädels, die Zeitlupentänze vorführen, bei denen sie nur ihre eingeölten Schultern, Arme und Hände bewegen. Weder die Trinker noch die Tänzerinnen würden ein höheres Tempo vertragen. Manchmal steht einer der Jungs auf, nestelt einen Geldschein aus seiner Rocktasche und klebt ihn einer Tänzerin auf den Rücken. Ich weiß, daß ich sie vermissen werde, diese schimmernden Frauen. Morgen fliegen wir nach New York. Dort sind die Frauen schlank und schnell und schimmerlos. Dort sieht man die Sterne nicht, und die Männer sind auf Crack und führen Krieg. Kann ich nicht einfach hierbleiben?

35 Morgen fliegen wir. Heute saufen wir. Hübsch getrennt nach Männern und Frauen, wie sich das hierzulande bei Ausschweifungen gehört.

Jasmin und ich haben uns durch die obere Hälfte der Cocktail-Karte getrunken und sind bei Mai Tais hängengeblieben. Nach dem dritten haben wir uns den Rum und den Mandelsirup von der verwaisten Bar geholt und begonnen, die Mischungsverhältnisse etwas zu unseren Gunsten abzuwandeln. Was soll's, den Rausch können wir morgen auf dem langen Flug auskurieren. Seltsam, ich habe gar keine große Lust auf New York, obwohl es eigentlich meine Lieblingsstadt ist. Ich würde viel lieber noch ein Weilchen auf dieser Insel herumsumpfen.

Hier draußen auf der Terrasse haben wir von unseren Liegen aus einen traumhaften Blick auf unsere Jungs, wie sie im Kreis der Kolosse um die dampfende Kava-Schüssel hocken und im Schweiße ihres Angesichts Eingeborene spielen. Hier draußen auf der Terrasse ist es jedenfalls kühl. Und die Drinks sind auch besser.

»Weißt du, Jasmin«, sage ich mühsam – Teufel, diese Mai Tais –, »ich muß mich endlich mal bei dir bedanken. Ohne euch wäre ich niemals im Leben nach Tonga gekommen. Außerdem habe ich mich noch nie so dünn gefühlt wie heute abend. Allein das war die Reise wert.«

»Hach, ja«, sagt sie träumerisch, die Rumflasche im Arm, »für Frauen ist es ist hier das Paradies. Unter der Woche ordentlich viel essen, um schöner zu werden ...«

»... und am Samstag in Kokosöl baden ...«

»... und am Sonntag darf man sich von dieser Anstrengung wieder erholen.«

»Und der Kerl liegt derweil im Kava-Rausch und wird nicht weiter lästig. Hach, ja.« Wir seufzen im Duett.

Hinter uns poltert ein Stuhl zu Boden. »Halll-lllloo, die Damen!« Oha, schwer angeschlagen, unsere Herren. Stefan hat glasige Augen, Ingolf schwankt, Tim tastet sich vorsichtig an der Wand entlang, und alle halten sie angestrengt ihre hölzernen Trinkschalen fest.

»Na, Männer, seid ihr jetzt echte Männer?« Ich kichere. Viel Sinn macht das alles nicht, was ich hier von mir gebe. Egal, alles egal heute. So egal. Es geht mir einfach gut.

»Leute«, sagt Jasmin auf einmal wieder mit ihrer Reiseleiterinnenstimme, »dies ist unser letzter Abend auf Tonga, und wir werden ihn gebührend begehen. Es muß mal wie-

der was passieren, wir haben lange genug im Koma gelegen.«
Das klingt, wie fast alles fast immer bei Jasmin, äußerst gefährlich. »Was willst du denn machen?« frage ich matt.
»Wir spielen jetzt ›Tat oder Wahrheit‹. In Tims und Ingolfs Hütte, das ist die größte. Mir nach!« befiehlt sie. Sie greift sich die leere Rumflasche und eine Fackel. Wir folgen ihr stöhnend, aber willenlos.
Nur Tim ist wirklich begeistert. »Tat oder Wahrheit! Geile Idee, Jasmin! Ich mußte mit 16 dabei mal einen Jungen küssen und habe gemerkt, daß das unendlich viel schärfer war als die ganze Rumgrabbelei mit den Hühnern.«
In der Hütte das übliche Männer-Chaos: Bierflaschen, Kleiderberge auf dem Boden. Wir lassen uns ächzend im Kreis nieder. Ingolf holt noch ein paar Royal Tongans aus einem kleinen Kühlschrank.
Jasmin legt die Rumflasche in die Mitte. »Ihr wißt doch alle, wie das geht? Oder habt ihr es verdrängt? Einer dreht die Flasche, und der, auf den sie zeigt, muß sich für Tat oder Wahrheit entscheiden. Derjenige, der gedreht hat, stellt dann die Frage oder die Aufgabe. Kneifen gilt nicht – dies ist die Nacht der langen Messer, Leute. Ich will was von euch sehen.«
Mir ist ein bißchen mulmig zumute. Solche Spielchen fand ich schon immer blöd. Aber ich will heute nicht herumzicken. Wäre zu schade um den Abend.
»Ich fange an, okay?« sagt Jasmin. Wir nicken ergeben. Sie dreht die Flasche. Die Flasche zeigt auf mich. Natürlich.
»Tat oder Wahrheit?« fragt Jasmin.
»Die Wahrheit und nichts als die Wahrheit«, sage ich.

»Hier ist die Frage: Wie war dein letztes Mal?«
Oh, Gott. Jetzt ist eine dicke Lüge fällig.

36

»Das letzte Mal ...«, sagt Bettina, »laß mich nachdenken. Ach ja. Das letzte Mal war vor drei Wochen in London. Ich würde sagen: zwölf von zwölf Punkten.«
Sie will sich die Flasche schnappen und weiterdrehen, doch Jasmin protestiert. »Ein bißchen genauer, bitte. Wer war es? Wo habt ihr euch kennengelernt? Was habt ihr gemacht? Die ganzen schmutzigen Details eben. Das interessiert dich doch auch, Stefan, oder?«
Ehrlich gesagt, nein. Ich bin auf Kava. Da ist einem sogar das eigene sexuelle Vorleben schnuppe. Aber wenn es denn der Wahrheitsfindung dient, nicke ich eben.
»Na gut«, sagt Bettina, »aber werft mir morgen bloß nicht vor, daß ich eine Schlampe bin. Es war der klassische One-Night-Stand. Ich war aufgeputscht, weil ich es endlich geschafft hatte, den heißesten Londoner Designer für meine Firma an Land zu ziehen. Am Abend bin ich noch allein in meine Lieblingsbar losgezogen. Als mich dieser Typ dann angebaggert hat, habe ich ihm nach fünf Minuten gesagt, er könne sich seinen Text sparen, ich würde auch so mitkommen. Kaum waren wir in seiner Wohnung, haben wir uns die Kleider vom Leib gerissen und losgelegt. Nichts Spezielles, nur heißer, ausführlicher, ausdauernder Sex bis zum Morgengrauen. Wie er heißt, weiß ich, ehrlich gesagt, nicht mehr. Falls ich es je gewußt habe. Darf ich jetzt weitermachen ...?«

Ich glaube, ich spinne. Die lügt uns hier das Blaue vom Himmel herunter, und die lassen es ihr durchgehen.
Die Flasche zeigt auf Tim. Armes Schwein. Der Typ ist noch breiter als ich. Wie Bettina drauf ist, verlangt die von ihm sicher einen Strip. Darauf läuft doch dieses blöde Spiel hinaus. Am Ende werden wir alle nackt dasitzen und uns für unsere Peinlichkeit schämen.
»Wahrheit«, sagt Tim und lächelt herausfordernd.
»Was ich immer schon über schwulen Sex wissen wollte und nie zu fragen wagte: Tim, schluckst du oder spuckst du?«
»Bettinchen, du Sau«, tuntet Tim, »das könnte man ruhig ein wenig vornehmer ausdrücken. Oder redet ihr Heten so? Um der Wahrheit die Ehre zu geben: Ich bin Schluckspecht.«
Na, wie schön, daß wir jetzt endlich wissen, daß unser kleiner Assi seinen Götterkörper nicht auf feuchten Laken betten muß. Weiter und weiter kreiselt die Flasche, vorbei an Ingolf, vorbei an Bettina, vorbei an mir, vorbei …
»Tat«, sagt Jasmin sofort. »Ich bin nicht so blöd, euch meine Geheimnisse zu verraten.«
»Okay, Chefin, wie du willst«, sagt Tim. »Ich will sehen, wie gut du küssen kannst. Mit Zunge natürlich.«
»Und wen soll ich küssen?«
»Kannst du dir aussuchen, ich bin ja kein Unmensch.«
Jasmin blickt in die Runde. Jasmin steht auf. Jasmin geht auf Bettina zu.

37 »Du spinnst wohl!« platzt es mir heraus. Jasmin lächelt allerliebst. Na warte, kleine Kröte. Glaub doch nicht, daß du mich hier vorführen kannst. Ich atme tief durch und sage schnell: »Ich stehe nämlich sonst nicht auf langhaarige Frauen. Aber ausnahmsweise ...«

»Du wirst es überleben.« Sie beugt sich zu mir herunter, legt ihren Arm um meine Schultern und zieht mich an ihre Brust. Dann senkt sie mit einem maliziösen Lächeln ihren Mund auf meine Lippen und schiebt ganz zart ihre Zunge vor. Nur ein kleines bißchen. Ich bin so überrascht von ihrer Sanftheit, daß ich sie unwillkürlich zurückküsse. Sie lacht. Ich spüre, wie die Röte meinen Hals hinaufsteigt. Verdammt. Aber merkwürdig aufregend war das. Kribbelig. Mir sitzt ein Kloß im Hals. Ich muß an Tims Worte vorhin denken. Ich werde doch nicht ... Quatsch!

Jasmin hat sich schon wieder die Flasche gegriffen. Sie dreht sich lange und bleibt endlich bei Stefan stehen. Er zieht unbehaglich die Schultern hoch. »Tat.«

»Ziehe ein Kleidungsstück von Bettina an.«

Wir gucken uns gleichzeitig an und platzen los vor Lachen. »Kein Problem«, sagt er. »Reine Routine«, sage ich. Jetzt sind die anderen verwirrt. Ich löse mein Bikini-Oberteil unter meinem Hemd und reiche es ihm nonchalant. Er verbeugt sich und zieht sein T-Shirt aus. »Ingolf? Kannst du bitte mal hinten zumachen? Ich bin ein bißchen aus der Übung.«

»Ganz entzückend, Stefan«, lobe ich, »steht dir ausgezeichnet«, und wir lachen wieder. Langsam beginnt mir dieses Spiel zu gefallen. Jasmin runzelt die Stirn. »Na schön, Stefan. Du bist dran.«

Falsch. Er dreht, und ich bin dran. Schon wieder. Liebe Güte. »Wahrheit.«
Stefan räuspert sich. »Mit wie vielen Männern hast du schon geschlafen?« Donnerwetter: Er schafft es tatsächlich, so auszusehen, als ob ihn die Antwort nicht im geringsten interessiert.

38

Ich muß verrückt sein. Von allen dummen Fragen, die ich Bettina stellen könnte, ist das eindeutig die dümmste. Was mache ich eigentlich, wenn sie siebenundvierzig sagt?
»Moment«, sagt Bettina, »... auf der Uni ... und dann ... ich glaube, es waren achtzehn. Oder neunzehn. Höchstens einundzwanzig.«
Achtzehn geht in Ordnung. Wenn sie 32 ist, ist achtzehn völlig okay. Sagen wir, sie hat mit siebzehn angefangen, dann ist das ein Schnitt von eineinviertel Männern im Jahr. Wenn sie drei oder vier längere Beziehungen gehabt hat, sagen wir, zusammen acht Jahre, dann hat sie zwischen den Beziehungen ein bißchen herumgevögelt. Alle zwei Monate oder so. Völlig in Ordnung. Sie hat Erfahrung, aber nicht zu viel. Zehn von diesen Typen waren wahrscheinlich nicht besonders gut im Bett. Mit dreien hat sie aus Liebe geschlafen. Mit vier oder fünf ist es einfach passiert. Völlig in Ordnung. Sagen wir, sie hat noch vier dazugeschummelt, weil sie angeben wollte. Also vierzehn. Davon die Hälfte vor dem 23. Geburtstag ...
»Tut mir leid, falls ich dich schockiert habe«, sagt Bettina, »aber du wolltest es ja unbedingt wissen.«

»Nein, nein, kein Problem. Ich glaube, das Kava bekommt mir nicht so gut. Du bist dran.«
»Das Spiel fängt an, mir Spaß zu machen. Was darf's denn sein, Jasmin?«
»Wahrheit. Sonst rächst du dich noch für den Kuß.«
»Na gut, du Feigling. Wahrheit. Was war das Peinlichste, das dir je beim Sex passiert ist? Und vergiß bloß nicht die schmutzigen Details.«
»Muß ich darauf wirklich antworten?«
»Jasmin!«
»Schon gut. Tim, Ingolf, wenn ich mitbekomme, daß ihr das jemandem erzählt, werde ich persönlich dafür sorgen, daß ihr nie wieder einen Job bekommt. Also, ihr wißt ja, wie das manchmal so ist. Plötzlich ist man scharf und niemand zur Stelle, der damit etwas anfangen könnte. Also habe ich mir gedacht, warum machst du es nicht genauso wie die Männer und kaufst dir jemanden?«
»Jasmin, komm zur Sache.«
»Ich habe mir einen Callboy bestellt. Muß ich das wirklich erzählen?«
»Und wie du mußt!«
»Also, der Typ kommt in mein Hotelzimmer. Das habe ich extra gemietet, weil ich nicht wollte, daß er zu mir nach Hause kommt, hat mich 180 Mark gekostet. Der hieß zu allem Überfluß auch noch Dieter. Ich meine, der hat sich noch nicht mal einen Künstlernamen zugelegt, Fabio oder Dorian, der hieß einfach Dieter. Wenigstens sah er einigermaßen nett aus. Einsachtzig, guter Körper, gute Klamotten, tiefe Stimme. Zuerst haben wir über den Preis verhandelt. 200 Mark. Und dann hat er mich geküßt. So wie ich

dich vorhin. Eher verspielt. Zärtlich. So kuschelig. Ich wollte aber das Geilheitsprogramm. Rauf, ordentlich knallen, danke schön. Genau das, was Männer nicht mehr machen, seit sie gelesen haben, daß Frauen Zärtlichkeit wollen. Dann hat Dieter gefragt, ob er mich lecken darf. Na klar, habe ich gesagt, aber eigentlich war die Sache schon gelaufen. Ich meine, wenn ich mir einen Callboy hole, dann will ich nicht, daß er fragt, was er darf, dann soll er fragen, was ich will. Er leckte mich also, und genau wie das Küssen konnte er das auch nicht richtig. Viel zu vorsichtig. Nach zehn Minuten habe ich ein wenig gestöhnt, damit er denkt, ich würde ihn gern in mir haben. Das hat er auch begriffen. Nur, daß ich überhaupt nicht mehr scharf war. Nicht im geringsten. Und Dieter hat sich richtig Mühe gegeben. Schön langsam und sorgfältig. Irgendwann ist es mir zu blöd geworden. Du kannst ruhig kommen, habe ich gesagt. Das tat er dann auch. Ich meine, peinlicher geht es überhaupt nicht. Ich hab einem Typen 200 Mark bezahlt, damit er kommt. Könnt ihr euch das vorstellen? Anstatt ihn einfach wegzuschicken, habe ich ihn aufgefordert zu kommen. Oh, mein Gott, ist das peinlich.«

»Frauen«, seufzt Bettina. »Frauen!« ätzt Ingolf. »Heten«, stöhnt Tim.

Der nächste ist Ingolf. Ingolf wählt Wahrheit. »Wenn du jemanden in diesem Raum töten müßtest«, fragt Jasmin, »für wen würdest du dich entscheiden?«

»Für dich«, sagt Ingolf.

»Für mich? Warum?«

»Weil ich Bettina und Stefan noch nicht lange genug

kenne, um sie zu hassen. Und Tim brauche ich zum Kabelschleppen.«
»Bist du aber lahm heute abend«, sagt Jasmin.
»Ich bin Kameramann. Ich habe schon mit viel zu vielen Flaschen gedreht in meinem Leben. Außerdem muß ich morgen früh raus.«
»Unser Flug geht doch erst um vier.«
»Dürfte ich jetzt bitte drehen?« sagt Ingolf.
Sein Opfer ist Tim.
»Wahrheit.«
»Wie spät ist es?« fragt Ingolf.
»Kurz vor Mitternacht«, sagt Tim. »Was willst du wissen?«
»Hast du doch gerade gesagt«, sagt Ingolf, »kurz vor Mitternacht.«
Alle stöhnen, Tim schnappt sich die Flasche, die Flasche bleibt bei Ingolf stehen, der »Tat« sagt, wahrscheinlich, weil er hofft, daß Tim ihn ins Bett schickt.
»Ingolf, das war nicht nett, daß du Jasmin töten wolltest. Du weißt doch, wie unangenehm sie werden kann, wenn wir nicht lieb zu ihr sind. Ich verurteile dich dazu, der Chefin eine Minute lang die Füße zu küssen.«
»Du bist ja bescheuert«, sagt Ingolf. »Stefan, ich leg mich in deiner Hütte aufs Ohr. Du kannst mich ja aufwecken, wenn ihr fertig seid. Tut mir leid, Leute, ich glaube, ich habe zuviel von diesem Dreckwasser getrunken. Viel Spaß noch, und macht nichts, was ich nicht auch machen würde.«
»Das hättest du wohl gern, Schnarchsack«, lacht Tim und dreht die Flasche noch einmal. Auf Jasmin.

»Tat.«
»Okay, Chefin, für dich habe ich etwas besonders Schönes. Du darfst NERVÖS spielen. Du kannst dir aussuchen, mit wem. NERVÖS geht so, daß du jemandem die Beine streichelst und dabei immer höher gehst, bis er NERVÖS sagt. Vorher darfst du nicht aufhören.«
»Na, dann wollen wir doch mal sehen«, sagt Jasmin, »wie sich Stefans Beine so anfühlen.«

39

Da ist es wieder, dieses heimtückische kleine Lächeln. Jasmin hat sich vor Stefan hingekniet und schiebt sanft, aber bestimmt seine Beine auseinander. »Du hast doch sicher nichts dagegen, wenn wir das in der beidhändigen Variante spielen, oder, Stefan?«
Stefan schluckt und schüttelt stumm den Kopf. »Fein«, schnurrt sie. »Entspann dich.« Sie legt ihre Hände auf seine Knie. Dann umkreist sie langsam seine Kniescheiben. Lächelt ihn an. Jetzt schiebt sie ihre Hände sachte unter den Saum seines tonganischen Rockes. Streichelt ein winziges Stückchen an der Innenseite seiner Schenkel hoch. Und an der anderen Seite wieder hinunter. Dann wieder empor, ein Stück weiter. »Mmmh, diese samtige Haut ... Wie ist es für dich, Stefan?«
»Gut«, sagt er mit ungewöhnlich hoher Stimme. Er räuspert sich. »Gut«, sagt er etwas tiefer.
»Gut. Hast du eigentlich was drunter an? Aber das werden wir ja gleich feststellen.« Und wieder fährt sie ein Stück höher. Stefan guckt mich an. Ich gucke Stefan an. Stefan lächelt hilflos und zuckt entschuldigend die Achseln. Lang-

sam werde ich sauer auf Jasmin. Hör schon auf, du Schlampe. Wie weit willst du den armen Mann denn noch treiben?

Jasmin sieht meinen Blick und lächelt fein. Ihre Arme verschwinden inzwischen schon fast bis zu den Ellenbogen unter Stefans Rock. Bei jeder Bewegung schiebt sie ihren ganzen Körper langsam vor und zurück. Diese verfluchte Schlange. Ich werde nicht ganz schlau aus Stefans Blick. Hat er nun was drunter an oder nicht? Er preßt die Lippen aufeinander. Was heißt das? Gefällt es ihm? Gefällt es ihm nicht? Oder gefällt ihm nicht, daß es ihm gefällt?

Höher, immer höher, immer höher streicht Jasmin …

»Stopp!«

Stefan hat gerufen, was ich gedacht habe. Jasmin lacht und sagt: »In Ordnung. Du bist erlöst. Tim, einverstanden?«

Tim winkt huldvoll mit der Hand.

Jasmin dreht die Flasche. Ich. Wie schafft sie das nur immer? »Tat«, knirsche ich. Wirst schon sehen, was *ich* alles draufhabe, du Else.

Jasmin grinst. »Du kennst doch bestimmt die Orgasmus-Szene aus *Harry und Sally.* Die hätte ich gern von dir nachgespielt. Und stell dir bitte dabei vor, daß du es mit Stefan machst.«

40

Bettina setzt sich erst mal anders hin. Ganz nach vorn auf den Stuhl, so daß sie ihre Oberschenkel bewegen kann. Sie lehnt sich zurück, legt ihren Kopf in den Nacken, schließt die Augen und öffnet die Lippen. Sie preßt ihre Oberschenkel aneinander, läßt locker, preßt wieder. Und dann macht sie Geräusche. Ein wenig hört es sich an wie Wimmern, ganz leises Wimmern mit nur einem Hauch Stimme im Atem. Wie jemand, der leise vor sich hin wimmert, um seinen Schmerz in ein Geräusch zu verwandeln, das nicht mehr nach Schmerz klingt. Nein, es hört sich an wie Summen. Als ob sie summen würde. Fast ein Singen. Wie man singt, wenn man für sich allein ist und gar nicht merkt, daß man singt. Ein Lied, das sich verhakt hat und aus dem Körper raus muß. Ich glaube, ich muß zu ihr und sie in den Arm nehmen.

Nein, sie spielt nicht. Natürlich spielt sie. Aber sie spielt ihren eigenen Orgasmus. Die macht uns wirklich vor, wie sie sich anhört, wenn sie kommt. Eben nicht so wie im Kino. Warum, um alles in der Welt, macht die das? Eigentlich müßten wir jetzt alle aufstehen und schlafen gehen und uns dafür schämen, sie so weit getrieben zu haben.

»Okay?« fragt Bettina. »Oder war das zu künstlich?«

»Für den Anfang ganz gut«, sagt Jasmin. »Aber als Synchronstöhnerin bewirbst du dich besser nicht. Du bist dran.«

Die Flasche zeigt auf mich. Keine Mutproben mehr heute abend. Wahrheit, und dann ins Bett. Wenigstens ich will morgen nichts bereuen müssen.

Bettina sieht mich mit diesem Blick an, den nur Menschen haben, die sich in die Ecke gedrängt fühlen. Dir werd ich's zeigen, sagt dieser Blick. Glaub ja nicht, daß du davonkommst, sagt dieser Blick. Du hast meinen Orgasmus gesehen, jetzt bist du dran.

»Ich würde gern wissen«, sagt Bettina, »was du gut kannst im Bett. Und sei ja ehrlich.«

Was ich gut kann im Bett? Sie kann doch nicht glauben, daß man auf diese Frage eine ernsthafte Antwort geben kann. Soll ich sagen, daß ich den Kamasutra rauf und runter beherrsche? Oder daß Biggi jedesmal gekommen ist, vorausgesetzt, sie war nicht so gut im Simulieren wie Bettina? Weiß überhaupt irgend jemand auf dieser Welt, was er im Bett gut macht und was nicht? Ich weiß es nicht, tut mir leid. Ich glaube, ich bin ganz gut im Lecken. Glaube ich wirklich. Aber das liegt einfach nur daran, daß ich es gerne mag und es mir so nahe vorkommt. Ich glaube, ich bin ganz gut im Bewundern. Ich finde es eben so großartig, wenn eine mit mir schläft, daß ich sie gleich von oben bis unten hinreißend finde. Und dann ist man einfach in allem gut, egal, ob man unten liegt oder oben oder auf dem Küchentisch.

»Stefan, wir warten ...«

»Ich glaube, ich bin ganz gut in der tonganischen Schnorchelstellung. Äh, und ich bin höflich. Du würdest immer den Vortritt bekommen. Und danach dürftest natürlich du auf der trockenen Seite des Bettes schlafen.«

»Ihr mit euren leeren Versprechungen immer. Du bist dran.«

Die Flasche zeigt auf Jasmin. »Wahrheit«, sagt sie.

41

»Gut«, sagt Stefan. »Die Wahrheit interessiert mich zur Abwechslung mal wirklich. Die Frage lautet: Was läuft hier eigentlich gerade zwischen dir und Bettina?«

Jasmin wirft ihre Haare in den Nacken und schweigt.

Dann sieht sie Stefan ganz gerade ins Gesicht und sagt ernst: »Nichts. Absolut gar nichts. Das ist hier nur ein Spiel, Stefan, nichts sonst. Das schwöre ich.«
Ein Spiel also, ja? Das ist doch wohl ein Witz. Diese Frau ist doch wirklich eine unfaßbar falsche Schlange. Dieses verdammte, abgefeimte Luder, ach, ich könnte sie ... Sie dreht die Flasche. Ich. Ich. Natürlich wieder ich. Das ist kein Zufall mehr. Sie hat irgendeinen Trick drauf, die Flasche so zu manipulieren, wie sie will. Okay. Sie kann ihr Spiel haben.
»Tat.«
»Schön. Ich möchte gern ...« Sie läßt sich Zeit. Guckt an die Decke, lächelt ein bißchen in sich hinein, sucht nach einer Zigarette. Mach schon. Sag schon. Los. Sag es endlich.
»Hm. Laß mich überlegen.« Sie dreht eine Haarsträhne um ihren Zeigefinger und kräuselt die Stirn. Los. Los. Los.
»Na gut, ich glaub', ich hab's.« Sie lächelt. »Ich hätte gern, daß du mit Stefan ins Bett gehst.«

42

Lieber Gott, bitte, mach, daß sie nein sagt. Ich mag nicht mit ihr schlafen, jedenfalls nicht so, jedenfalls nicht jetzt, jedenfalls nicht, weil irgend so eine verrückte Kuh Spielchen mit ihr spielt, nicht jetzt, bitte, sag nein. Sag morgen ja, oder in einer Woche, aber nicht jetzt. Sag ja, weil du dich verliebt hast oder weil du scharf bist oder neugierig, aber nicht jetzt. Sag ja, wenn du mir danach noch in die Augen sehen kannst, sag ja, wenn ich nicht halb weggetreten bin, sag nein. Du weißt genau, daß es nur alles kaputtmachen würde, daß wir es morgen fürchterlich bereuen müßten, daß es nicht gut wäre. Schlaf lieber nie mit mir als jetzt, nicht jetzt, bitte, nicht deswegen. Lieber Gott, bitte, mach, daß ich jetzt aufwache und alles nur ein Traum war, lieber Gott, was muß ich machen, damit du machst, daß sie nein sagt?

43

»Deine Hütte oder meine Hütte?« höre ich mich sagen. »Ach, nein«, sage ich, »Ingolf schläft ja in deinem Bett. Dann also zu mir. Jasmin, Tim«, sage ich, »gute Nacht. Oder wolltet ihr zugucken?« Tim schüttelt hastig den Kopf, Jasmin winkt gnädig ab. »Wir sehen uns also morgen. Frühstück wie immer? Kommst du, Stefan?«

Ich habe keine Ahnung, was ich da rede. Es fällt mir einfach aus dem Mund. Meine Stimme klingt dabei ganz normal. Überhaupt fühle ich mich ganz normal. Die Mai Tais haben sich verzogen, mein Hirn liegt wieder im strahlenden Sonnenschein. Es ist alles ganz klar, sonnenklar: Es muß jetzt einfach passieren. Es wäre irgendwann sowieso passiert. Diese ganze Reise läuft doch auf nichts anderes hinaus, und je schneller wir es hinter uns bringen, desto besser. Wat mutt, dat mutt, hat mein Opa immer gesagt. Und das hier mutt. Es mutt einfach, ich weiß auch nicht, wieso. Doch: weil ich sonst geplatzt wäre.

Ich hasse es, in die Ecke getrieben zu werden. Ich hasse es, mich manipuliert zu fühlen. Ich hasse Jasmin. Jetzt tue ich zwar, was sie will, aber ich tue es, weil *ich* es will. *Meine* Entscheidung. Nicht meine Idee, aber meine Entscheidung. Sie hat mir einen echten Gefallen getan. Morgen

früh werde ich ihr ins Gesicht lachen und ihr für diese wunderbare Nacht danken, jawoll.
Und wahrscheinlich wird es sogar wirklich schön. Stefan ist bestimmt ein Lieber, und nach all dem Gerede der letzten Stunde habe ich richtig Lust bekommen. Meine Güte, wie lange ist es eigentlich wirklich her, daß ich zuletzt mit jemandem geschlafen habe? Sieben Monate, acht Monate? Ist das jetzt ein gutes oder schlechtes Zeichen, daß ich das nicht mehr weiß? Auf jeden Fall war es der kleine Student, der letzten Sommer im Büro ausgeholfen hat. Schöne Hände hat er gehabt. Betriebswirtschaft. Martin. Hat mir immer Kakteen mitgebracht. Irgendwann war's nicht mehr komisch.
Ich laufe wie auf Schienen durch die Nacht, Stefan immer hinter mir. Ich habe seine Hand genommen, weil er so langsam ging. Keine Zeit zum Trödeln, wir haben was zu erledigen, Süßer.
Hier draußen in der kühlen Luft wird mir fast ein bißchen schwindlig. Ich stolpere über eine Baumwurzel. Stefan hält mich fest. Wie in der Nacht neulich, als er mich nach Hause gebracht hat. Da war er so hinreißend, meine Güte. Aber er hat nichts von mir gewollt. Wieso eigentlich nicht? Ich hatte fest damit gerechnet, daß er mich zumindest zu küssen versucht. Ich hätte ihn natürlich ausgelacht, aber mindestens probieren hätte er es doch können. Jetzt klinge ich schon wie ein Leserbrief an Doktor Sommer. Aber ist doch wahr: Alles muß man selbst machen. Die Typen heutzutage warten einfach ab. Liegen faul rum, bis man sich entschließt, von der Palme zu fallen, ihnen direkt in den Schoß. Keiner rüttelt mehr am Baum.

Shit, die Mai Tais sind doch noch nicht ganz weg, jetzt habe ich schon Kokosnuß-Phantasien.
Meine Hütte. Ganz ruhig jetzt. Wir steigen die Stufen zur Veranda hoch. Drinnen zünde ich ein paar Kerzen an, kleine, parfümierte Reisekerzen in Aluminiumdosen, aus der *Donna Karan Home Collection.* Ich teste sie gerade für unser Sortiment. Bergamotte riecht ganz gut, Sandelholz ein bißchen künstlich. Aber der Duftkerzenboom hat seinen Höhepunkt sowieso überschritten. Vielleicht produziert Donna die Kerzen ja auch ohne Duft. Das könnte ich gleich in New York klären ...
Ähm, wo war ich? Stefan. Stefan setzt sich auf das Bett. Er sieht immer noch ein bißchen verstört aus. Ist in Ordnung, ist ja auch eine komische Situation. Wir machen es uns schön, ganz bestimmt.
Ich räume ein bißchen zusammen. Sieht eigentlich ganz gut aus hier. Ist wirklich schön, dieser Raum, ist mir noch gar nicht richtig aufgefallen. Bei Kerzenlicht habe ich ihn noch nie gesehen. Flackernde Schatten auf dem Palmengeflecht der Wände und auf den Deckenbalken. Interessante Architektur. Ohne einen einzigen Nagel gebaut. Phantastisch, wenn man es bedenkt, daß die Hütten auch bei Tropenstürmen ...
Stefan räuspert sich. Ach ja. Stefan. Ich ziehe mich aus. Macht mir gar nichts, ich ziehe mich aus wie immer. Keine Show. Er soll sich nicht einbilden, daß ich hier für ihn eine Show abziehe. Ich behalte meinen Bikini-Slip an. Dann hat er noch was zu tun. Manche brauchen das.
Ich gehe ins Bad und drehe den Wasserhahn auf. Um diese Zeit ist das Wasser aus der Solarheizanlage meistens schon

abgekühlt, aber heute scheint noch was da zu sein. Wahrscheinlich aber nicht genug für zweimal duschen. Also wasche ich mich nur schnell am Waschbecken, damit noch genug Wasser für Stefan bleibt. Oh, Gott, hoffentlich duscht er! Das wäre jetzt zu gräßlich, nach dieser schwitzigen Kava-Zeremonie ...

Mechanisch schöpfe ich mir kaltes Wasser ins Gesicht. Wach auf, wach auf, wach auf! Ich starre mein tropfendes Gesicht im Spiegel an. Blaß trotz der Sonnenbräune. Schmal. Angestrengt. Die Neonröhre hilft auch nicht sonderlich.

Okay, sage ich zu meinem Spiegelbild. Du hast es so gewollt. Du gehst da jetzt raus und amüsierst dich. Du wirst eine schöne Nacht haben, und morgen früh wird alles so sein wie immer. Du wirst sehen, es wird einfach phantastisch. Großartig. Wundervoll. Na los. Geh schon. Geh.

Ich starre noch ein paar Sekunden in den Spiegel. Dann gehe ich.

44

Sie faltet ihre Hose und hängt sie sorgfältig über den Stuhl. Sie faltet ihr T-Shirt und hängt es sorgfältig über den Stuhl. Sie steht nur noch in ihrem Bikini-Slip da. Es ist ein schwarzer Slip, ganz schlicht, nichts Besonderes.

Sie ist ganz geschäftig plötzlich. Sie tut, als gäbe es noch eine Menge zu tun, ehe wir ins Bett können. Sie schiebt ein liegengebliebenes Stück Unterwäsche unter das Bett. Sie sammelt die Zeitschriften ein. Sie schüttelt ein Handtuch aus. Ich schaue ihr zu, wie sie herumkramt. Sie läuft sich sozusagen ein wenig warm. Ich könnte jetzt gehen. Noch ist es nicht zu spät.

Sie geht ins Bad, und ich setze mich auf ihr Bett und höre den Geräuschen zu, die sie macht. Man hört nicht viel, nur ein wenig Plätschern. Genauso würde es sich auch anhören, wenn sie allein wäre. Ich glaube, sie ist gerne für sich allein. Wir haben bis jetzt nicht miteinander geredet. Kaum waren wir in ihrer Hütte, hat sie sich ausgezogen und ist ins Bad. Ich bin einfach nur da, und gleich werden wir Sex haben. Sonst hätte sie sich wohl nicht ausgezogen. Ich habe es verpaßt, rechtzeitig zu gehen. Wenn sie aus dem Bad käme und ich wäre nicht mehr da, wäre sie wahrscheinlich ziemlich verletzt. Sie wäscht sich ja schon für mich. Aus irgendeinem unerfindlichen Grund hat sie beschlossen, sich zu verschenken an mich. Es wäre wirklich gut, wenn mir ein paar schlaue Sätze einfielen. Mir fällt aber nichts ein.

Ich höre zu, wie Bettina Wasser laufen läßt. Es ist nur das Waschbecken, nicht die Dusche. Sie wäscht sich nur das Gesicht und natürlich untenherum. Eigentlich dachte ich, sie wird sich noch duschen. Das irritiert mich, denn ich weiß nicht, ob ich mich jetzt noch duschen kann. Vielleicht würde sie das blöd finden.

Sie kommt aus dem Bad und sagt: Du kannst jetzt. Das ist das erste, was sie bis jetzt gesagt hat. Sie will also wirklich mit mir schlafen. Das Merkwürdige ist, sie hat immer noch ihren Slip an, obwohl ich sicher bin, daß sie sich untenherum gewaschen hat.

Ich gehe jetzt ins Bad. Ich setze mich auf den Klodeckel und denke nach. Ich habe keine Ahnung, was ich machen soll. Sie ist so weit weg. Sie will es nur hinter sich bringen, damit es ihr nicht mehr im Weg steht. Ich weiß überhaupt nicht, wie ich es schaffen könnte, daß es schön wird für sie. Das erste Mal ist sowieso nie wirklich schön, aber normalerweise ist man ineinander verliebt und weiß, daß es besser wird mit der Zeit. Es wäre wirklich gut, wenn mir etwas einfiele, was für sie schön wäre. Aber mir fällt wirklich nichts ein.

Ich werde doch duschen. Ich glaube, das ist besser, als nicht zu duschen. Ich ziehe mich aus, stelle mich unter die Dusche und seife mich ein. Bettinas Seife riecht nach gar nichts. Es ist einfach nur Seife. Ich weiß auch nicht, wieso ich denke, daß das zu ihr paßt. Für sie ist alles nur, was es ist. Seife ist Seife, ein Tisch ein Tisch, und Sex ist Sex. Kein Liebesbeweis, kein Zeichen, nichts Symbolisches, einfach nur etwas, das man möglichst gut macht. Ich weiß nicht, ob ich das kann.

Ich lasse mir Zeit mit dem Duschen. Nicht, weil ich gründlich sein will, sondern weil ich versuche, doch noch geil zu werden. Ich bin es nämlich nicht. Ich weiß, ich müßte es sein, aber ich bin es nicht. Noch nicht einmal Ansätze einer Erektion. Wenn ich Glück habe, wird sich das legen, sobald wir in ihrem Bett liegen und einander nicht mehr ganz so fremd sind. Das ist immer so beim ersten Mal. Ich brauche ein wenig Reaktion, ein wenig Sicherheit.

Als ich wieder ins Zimmer komme, liegt Bettina nackt auf dem Bett. Sie sieht aus, als würde sie auf mich warten. »Hallo«, sagt sie leise, »komm endlich ins Bett.« Es hört sich ein wenig zerbrechlich an. Sie lächelt. Es sieht ein wenig zerbrechlich aus. Ich lege mich neben sie. Jetzt geht es darum, wer was tut und wer was zuerst. Ich lege ihr meine Hand auf den Bauch und streichele sie. Das ist das einzige, was mir einfällt. Ich kann ihr ja die Hand nicht gleich auf den Busen legen. Erst mal warten, was sie macht. Bettina macht gar nichts. Doch, sie atmet. Sie atmet mir ihren Bauch entgegen. Ich streichle also ihren Bauch. Es ist ein schöner Bauch, warm und glatt und seidig und doch nur ein Bauch. Ich weiß auch nicht, was mich daran so rührt. Ich gucke ihren Bauch an, während ich ihn streichle, und versuche, mich auf meine Hand zu konzentrieren, als könne sie wärmer werden, wenn ich mich nur auf sie konzentriere. Aber so ganz gelingt mir das nicht. Ich weiß nicht, wie ich von ihrem Bauch weiterkommen soll. Ich kann sie ja nicht gut die ganze Nacht da streicheln. Bettina liegt einfach nur so da und hat die Augen geschlossen. Vielleicht versucht sie, sich auf ihren Bauch zu konzentrieren. Vielleicht will sie mir aber auch nicht in die Augen schauen. Keine Ahnung, was in ihr vorgeht.

45

Keine Ahnung, was in ihm vorgeht. Ich will es auch lieber nicht wissen.

Er betritt den Frühstücksraum im selben Moment wie ich. Im letzten möglichen Moment. Alle anderen werden bestimmt längst weg sein. Habe ich gedacht. Hat er wohl auch gedacht. So was geht natürlich immer schief, das ist wie zu Beginn der großen Ferien, wenn alle mitten in der Nacht losfahren, um dem Stau zu entgehen, und dann morgens um vier auf der Autobahn stehen und Skat auf der Motorhaube spielen.

Die anderen sitzen natürlich noch da, entspannt beim fünften Kaffee. Sie haben Zeit. Dies ist eine Insel. Wir werden ihnen nicht entgehen. Wir setzen uns zu ihnen, auf dieselben Plätze wie immer. Auf dem Tisch stehen Platten mit Mangos und Ananas, wie immer. Frühstück wie immer.

Er trägt eine Sonnenbrille, so eine nette, altmodische. Das hat er nicht mal neulich mit dem blauen Auge getan. So schlimm ist es also. Mir kommt es vor, als ob ich ihn zum ersten Mal richtig sehe. Er kommt mir fast zerbrechlich vor, und das passiert mir eher selten bei Männern in olivgrünen Armee-Shorts. Ich versuche, seine Augen hinter der Brille zu erkennen. Mir fällt plötzlich auf, daß ich noch nicht mal seine Augenfarbe weiß.

Er war dann recht schnell gegangen, als klar war, daß nichts gehen würde. Ich war viel zu erleichtert, um irgend etwas Dummes zu sagen wie »Mach dir nichts draus« oder »Das kann doch jedem mal passieren«. Ich war zu feige, um ihn zu umarmen, er hätte es für Mitleid gehalten, dabei wäre es nur Dankbarkeit gewesen, und beides wollte ich ihm nicht zumuten.

»Na?« fragt Jasmin zum zweiten Mal. »Na?????« Fünf Fragezeichen, man kann jedes einzelne deutlich hören. Tim sagt nichts, aber er hat sich an meinem Gesicht festgesaugt. Ingolf hat sich den Ausgang des Spiels erzählen lassen, das sehe ich an seinem Blick. Er guckt mich durchdringend an und schüttelt den Kopf. Aber er sagt nichts. Muß er auch nicht. Er schiebt eine Packung Aspirin über den Tisch, fast verächtlich.

Ich würde mich so gern entschuldigen bei Stefan, dafür, uns beide in diese Lage gebracht zu haben. Aber nicht hier, nicht jetzt. Nicht vor den anderen. Das ist eine Sache nur zwischen uns. Und warum hat er eigentlich nicht gesagt, Quatsch, vergiß es? Wieso haben wir beide es so weit kommen lassen? Warum, wieso, warum? Es wird die Hölle werden die nächsten beiden Wochen. Ich dämliche Kuh.

»Na los, raus damit«, drängt Jasmin. Stefan nimmt die Sonnenbrille ab. Karamelbraune Augen. Wieso ist mir das noch nie aufgefallen? »Jasmin«, sagt Stefan ruhig, während er eine Mango zerteilt, »kein Kommentar zu letzter Nacht, das wirst doch sogar du verstehen, oder? Denk dir was Schönes, nimm es mal drei, zieh deine schmutzigen Phantasien ab, und du hast es ungefähr.«

Jasmin wirft mir einen scharfen Blick zu, und ich grabe in meinem Survival-Kit nach dem strahlendsten, nichtssagendsten Lächeln, demjenigen, das ich sonst nur bei völlig unentschlossenen amerikanischen Verhandlungspartnern einsetze. Sie kauft es. Zumindest fragt sie nicht weiter.

Schweigend beenden wir das Frühstück. »Ich mache noch ein paar Unterwasser-Shots«, knurrt Ingolf und verschwindet. Tim und Jasmin gehen packen.

»Stefan ...«, beginne ich.

»Hör zu«, sagt er und setzt die Sonnenbrille wieder auf, »wir müssen diese Sache noch 14 Tage durchziehen. Und das schaffen wir nur, wenn wir ganz schnell vergessen, was letzte Nacht passiert ist. Also kein weiteres Wort darüber, ja? Ich fühle mich nicht besonders gut, und das Reden macht es auch nicht besser. Aber eines wollte ich dir noch sagen: Es tut mir wirklich leid, dir diese Nacht verdorben

zu haben. Du warst großartig. Es war alles nur meine Schuld.«
Ich nicke sprachlos und stehe schnell auf, damit er nicht sieht, wie ich die Fassung verliere.
Verdammt. Jetzt werde ich mich doch noch in ihn verlieben müssen.

46

Liebe Biggi,
ich sitze im Flugzeug nach New York. Auch so eine Stadt, die ich mit Dir kennenlernen wollte. Na ja, hat leider nicht geklappt. Irgendwann werde ich mich sicher daran gewöhnt haben, mein Leben für mich allein zu leben. Wird schon werden. Abwarten und Tee trinken, wie Du immer sagst. Obwohl Kava sicher wirkungsvoller wäre beim Vergessenlernen. Kava ist die Droge hier. Eine Art Droge jedenfalls. Ein paar Schluck, und die Welt ist in Ordnung.
Eigentlich geht es mir wieder ganz gut. Tonga war großartig. Ein Paradies wie auf einer Kitschpostkarte. Den ganzen Tag Sonne, Meer, Horizont. Und nachts Sterne, die so tief hängen, daß man denkt, man müsse sich nur auf Zehenspitzen stellen und die Arme ausfahren, um ein paar von ihnen vom Himmel fangen zu können. Ganz ruhig bin ich geworden. Richtig versöhnt mit allem. Es bleibt einem ja nichts anderes übrig, wenn man den ganzen Tag in der Hängematte baumelt und in den Ozean starrt. So viel Ozean und im Vergleich dazu so wenig Ich. Alles wird gut. Sogar mit der Frau, mit der ich verkuppelt werden soll, habe ich mich arrangiert. Wir haben uns ausgesprochen

und dabei festgestellt, daß wir als Liebespaar erbärmliche Versager wären. Seitdem verstehen wir uns ziemlich gut. Rein freundschaftlich. Vielleicht besuche ich sie irgendwann in Hamburg. Ich glaube, Du würdest Bettina mögen. Sie ist auch so eine, die genau weiß, was sie will.
Manchmal habe ich ein richtig schlechtes Gewissen, weil es mir nicht mehr so dreckig geht wie noch vor einem Monat. Du müßtest noch immer leiden wie ein Hund, sage ich mir, wie kann es sein, daß du dir allmählich wieder ein Leben ohne sie vorstellen kannst? Hört sich dumm an, ich weiß. Aber vielleicht erleichtert es Dich ja. Im Grunde kann ich verstehen, warum Du Dich von mir getrennt hast. An Deiner Stelle hätte ich es auch nicht ertragen, dauernd nur vertröstet zu werden.
Meinst Du, wir schaffen es, Freunde zu bleiben? Meinst Du, ich darf Dich ausführen, wenn ich wieder in Wien bin? Und Dir alles haarklein erzählen? Das würde ich nämlich gerne. Du mußt keine Angst haben, daß ich lästig bin. Ich würde Dich sittsam nach Hause bringen und nicht versuchen, Dich rumzukriegen. Großes Ehrenwort.
Ich kann mir genau vorstellen, was Du gerade tust. Du stehst vor deinem Kleiderschrank und fragst Dich, was Du anziehen sollst zu Deinem ersten Nach-Stefan-Rendezvous. Burgkino und danach Loos-Bar. Nimm einfach das schwarze Kleid. Na ja, Du wirst so oder so schön sein. Gott, wirst Du schön sein. Ich glaub, ich hab Dir nie gesagt, wie schön es mit Dir war. Viel Glück.
Ich küsse Dich. Ganz sittsam,

Stefan

ZU MIR ODER ZU DIR?

47

»Nehmen Sie die Williamsburg Bridge, der Midtown Tunnel ist total verstopft um diese Tageszeit«, sage ich. Der Fahrer wirft mir im Rückspiegel einen müden Blick zu und nimmt die Abfahrt in Richtung Midtown Tunnel.

Willkommen daheim.

New York war immer meine Stadt. Ich bin vor Jahren mal aus Liebeskummer hierher geflüchtet und drei Tage lang durch die Stadt gelaufen, ohne daß mich einer angesprochen hätte. Als ich am vierten Tag aus dem Hotel kam und die Sonne schien und plötzlich alle Traurigkeit aus meinem System gewichen war, hatten mir bis zur nächsten Straßenecke schon drei Leute ein »Hi, how are ya?« zugerufen. Für dieses hellseherische Menschengespür liebe ich die Stadt, und für ihre Schnelligkeit, ihre Großzügigkeit, ihren Witz, ihre Gefahren und für die Tatsache, daß man nachts um elf im Deli um die Ecke dampfenden Nudelauflauf und frischgeschnittene Ananas kaufen kann und auf dem Heimweg ins Hotel ein Pfund Bücher. Und daß man dann alles auf dem Hotelbett ausbreitet und in sich hineinfrißt, die Nudeln und die Bücher, während eine Folge von *Emergency Room* läuft, die erst in zwei Jahren nach Deutschland kommen wird.

Alle anderen Städte habe ich teilen können. Ich war mit Männern in Paris, in London und Rom und Stockholm und Venedig, aber nicht in New York. New York ist mein Nest, meine Wolldecke, meine Schmollecke, meine Tank-

stelle, der Ort, wo ich tagelang nicht sprechen muß und mich doch mehr als irgendwo sonst als Teil der Menschheit fühle. Sentimental. Aber wahr.
Und jetzt sitze ich in einer Stretchlimo und muß mir die Stadt mit einem Mann teilen, der seit vierzehn Stunden nicht mehr als zehn Worte mit mir gewechselt hat, und einem Fernsehteam, das jedes dieser Worte mitzählt. Keine Ahnung, welche Auswirkungen das auf mein Verhältnis zu New York haben wird. Die Stadt wird es aushalten, aber ich?
Allerdings ist mir zur Zeit mein Verhältnis zu Stefan wichtiger. Verhältnis. Auch so ein Scheißwort, wenn einem gar nichts mehr einfällt. Verhältnis. Beziehung. Irgendwie mathematisch. A verhält sich zu B wie C zu D. Die Beziehung zweier Geraden ...
Normalerweise würde ich nach so einer Nacht wie unserer vorgestern irgendwas wie »Ich rufe dich an« sagen und mich dann nie wieder melden, bis man sich drei Jahre später auf einer Party begegnet und quer durch den Raum mit angestrengtem Grinsen zunickt. Aber wir müssen es noch zwei Wochen miteinander aushalten. Die Sache anständig zu Ende bringen. Keine Chance zur Flucht. Und ich weiß noch nicht mal genau, ob ich überhaupt fliehen will. Ich mag ihn doch, diesen verdammten Idioten. Wenn nur diese Nacht nicht gewesen wäre.
Wenn es eine Lösung gibt, dann hier in New York, der Hauptstadt der Notausgänge.

48 Ich war noch nie in New York. Ich war überhaupt noch nie dort, wo man unbedingt gewesen sein muß, nicht einmal in London oder in Paris. Nur auf Mykonos war ich, mit Biggi, aber das war eine Katastrophe. Und in Jugoslawien, als es das noch gab, mit meinen Eltern. Und jetzt ist da draußen New York. Als würde ich durch Filmkulissen rollen. Aus den U-Bahn-Schächten steigen Dampfschwaden, gelbe Taxis fahren Amok, Polizeisirenen heulen, und überall stehen Wolkenkratzer herum. Die Frauen tragen dicke Sportschuhe zu blauen Zickenkostümen, die Männer trinken im Laufen Kaffee aus Plastikbechern, und alle haben sie keine Zeit. Genau so habe ich mir das in meiner Vorstellung immer zusammengepuzzelt, genauso betäubend und genauso großartig.
Das einzige Problem ist, daß ich mit dieser Großartigkeit nichts anfangen kann. Was hat jemand in New York verloren, dem es nicht einmal im Bett gelingt, eine halbwegs ordentliche Leistung abzuliefern? Der sollte sich besser in seiner Wohnung verbarrikadieren und zwei Wochen nicht unter die Leute gehen, sich in seine Arbeit vergraben, endlich eine Psychotherapie anfangen oder sich besaufen. Alles wäre jetzt vernünftiger, als in einer Luxuslimousine durch New York chauffiert zu werden. Keine Frau auf der Welt kann sich vorstellen, wie man sich in einer solchen Situation fühlt. So klein, so schäbig, so ausgeliefert. Man möchte wissen, ob es ihr wirklich nichts ausgemacht hat, ob sie nicht doch enttäuscht ist, ob ihre gute Miene nur ein böses Schauspiel ist, und wenn man es wüßte, würde man es doch nicht glauben können. Das einzige, was man in so einer Situation glauben könnte, wäre ein nüchterner Hän-

dedruck. War nett, dich kennengelernt zu haben, hat leider nicht geklappt, und tschüß jetzt. Und dann würde man einen gepflegten Abgang hinlegen. Aber ich sitze in einem Filmstarschlitten neben der Frau, bei der ich mich blamiert habe, da draußen ist New York, und alles ist genauso, wie es sein sollte. Nur ich nicht. Und kein Notausgang in der Nähe.

49

Die Limousine stoppt vor einem Backsteingebäude in der Prince Street. PMS läßt sich nicht lumpen, es ist das Mercer, eines der hipsten Hotels, die es in New York gibt. Edel, minimalistisch, teuer – auf einer Dienstreise habe ich einmal einen Blick in die Lobby geworfen, aber weiter bin ich noch nicht gekommen.

Auch Stefan scheint beeindruckt, als wir einchecken. »Gefällt mir«, sagt er.

»Christian Liaigre«, sage ich.

»Französische Liebestechnik?« fragt Jasmin kichernd.

»Französischer Designer. Vergiß es«, murmle ich.

Jasmin wird allmählich zu einem Problem. Seit unserer Abreise von Tonga nervt sie mich mit Anspielungen, plumpen Vertraulichkeiten und Gekicher. Jeder ihrer Blicke sagt »Na siehste wohl«, jeder ihrer Rippenstöße heißt »Hab doch gleich gewußt, daß du auch nur aus Fleisch bist«. Jetzt suhlt sie sich im Glauben, die größte Manipulateuse aller Zeiten zu sein und ihrem Sender wieder ein Eins-a-Traumpaar geliefert zu haben. Ich würde ihr zu gern die Wahrheit sagen, aber dann wäre Stefan noch mehr blamiert als ich selbst, und das könnte ich ihm niemals antun.

»Ich hatte ursprünglich Einzelzimmer für euch gebucht, aber jetzt darf es doch bestimmt ein Doppel sein, oder?« fragt Jasmin. Oh, nein, darf es nicht. Aber wie soll man ihr das jetzt klarmachen? Hilflos schaue ich Stefan an.

»Jasmin, es wäre uns lieber, wenn wir Einzelzimmer behalten könnten«, sagt er ruhig. »Das Schönste am Anfang ist doch das Prickeln, das ›Zu dir oder zu mir?‹. Das verstehst du doch sicher«, sagt er mit entwaffnendem Lächeln. »Und außerdem«, er beugt sich vertraulich zu Jasmin hinüber, »gibt es ein paar Frauen in meinem Leben, die behaupten, daß ich schnarche. Ich persönlich halte das für reine Einbildung, aber wir wollen doch nichts riskieren, nicht wahr?«

Sauber. Ein begnadeter Rausreißer. Wiener Schmäh, spät kommt er zum Einsatz, aber um so wirkungsvoller. Von dem möchte ich nicht angelogen werden, nie würde ich darauf kommen, daß er nur flunkert. So souverän ist der auf einmal, ich weiß gar nicht, wo er's herholt.

Ein bißchen zu souverän sogar.

Vielleicht will er mich einfach nicht in seiner Nähe.

Verdammt.

50

»Na, alles in Ordnung mit euch beiden?« fragt Ingolf.

Auch das noch. Das verschärfte Verhör. Nur weil ich ihm geholfen habe, die Ausrüstung auf sein Zimmer zu schleppen.

»Was willst du wissen?«

»Keine Sorge, Junge. Eure Bettgeschichten interessieren

mich nicht. Ihr seid nur beide plötzlich so schweigsam … Und deine Show gerade mit den Einzelzimmern glaubt dir auch niemand.«

»Was ist daran so schwer zu kapieren? Wir haben einfach keine Lust, daß mitten in der Nacht ein durchgeknalltes Kamerateam die Tür aufreißt und uns in voller Aktion filmt.«

»Ach, Jung, mir mußt du doch nichts vormachen. Das merkt doch ein Blinder, daß zwischen Bettina und dir dicke Luft ist. Na gut, Jasmin hat eure Geschichte gefressen. Aber das liegt nur daran, daß sie selbst keine Ahnung davon hat, wie wirkliche Liebespaare aussehen.«

»Und du weißt das natürlich? Na klar, du bist ja auch schon über fünfzig.«

»Ich will dir doch nichts Böses. Du mußt doch zugeben, daß euch dieser ganze Fernsehkram völlig kalt ließe, wenn zwischen euch wirklich die große Liebe ausgebrochen wäre. Aber ihr beide kommt mir eher vor, als wärt ihr schon zwanzig Jahre verheiratet und hättet euch zum Modell Kameradschaftsehe durchgerungen.«

»Verschon mich mit deinen Belehrungen. Ich bin schon volljährig.«

»Ich habe zwei geschlagene Wochen lang den Mund gehalten. Da wirst du doch wohl eine kleine Predigt ertragen. Also, was ist los?«

»Ganz einfach: Nichts ist los. Wir haben nicht miteinander geschlafen. Wir sind nicht ineinander verknallt. Wir haben bloß gedacht, wenn wir so tun, als ob, hätten wir endlich Ruhe vor Jasmin. Und jetzt machst du Streß. Das ist los.«

»Schade eigentlich. Ich dachte …«

»Was? Daß wir tun, was ihr von uns wollt? Ich dachte, du bist so ein großer Menschenkenner. Dann sag mir doch endlich, warum Bettina ausgerechnet mit mir etwas anfangen sollte? Der Mann, für den die schwach wird, bin ich ganz sicher nicht.«

»Ich würde sagen, die Frau ist verliebter in dich, als du denkst. Die kann es bloß nicht so zeigen. Die würde sich eher die Zunge abbeißen, als dir ihre Gefühle zu zeigen. Wir im Norden sind so, wir wollen alles mit uns selbst abmachen. Wahrscheinlich wartet sie darauf, daß du die Sache in die Hand nimmst. Und du vergeigst es, weil du ihr ihre Kratzbürstigkeit glaubst.«

Wenn er wüßte, wie sehr ich die Sache vergeigt habe. Aber das werde ich ihm ganz sicher nicht auf die Nase binden. Außerdem täuscht er sich sowieso. Wenn Bettina etwas nicht ist, dann verliebt. Verliebtsein ist etwas anderes, als mit jemandem ins Bett zu gehen, weil man Wettschulden begleichen will. Dachte ich jedenfalls immer. Aber vielleicht sind die im Norden ja anders.

»Wie kommst du denn bloß darauf, daß Bettina verliebt in mich ist?«

»Ich kenne diese Sorte. Außen eisig, aber innen köchelt die Sehnsucht. Und bis zu diesem dämlichen Spiel, das sich Jasmin ausgedacht hat, hast du sie schön köcheln lassen. Ist dir nicht aufgefallen, wie sie dich manchmal angeguckt hat? Und wenn eine Hamburgerin so herzhaft mit einem Mann lachen kann wie Bettina mit dir, dann ist sie schon völlig hin und weg von ihm. Wir gehen nämlich zum Lachen normalerweise in den Keller.«

»Blödsinn. Wir hatten einfach Spaß.«

»Ich bin mir ganz sicher, daß sie darüber nachdenkt, wie es mit dir wäre. Du beschäftigst sie. Du bist ganz anders als die Männer, die sie sonst immer hat, und das macht sie einerseits nervös, aber andererseits ist sie fasziniert davon. Wenn du dich nicht ganz dämlich anstellst, kannst du sie bestimmt kriegen. Also, ich an deiner Stelle würde sie nehmen.«

»Mal sehen. Sag mal, Ingolf, die Sache bleibt doch unter uns. Wir haben wirklich keine Lust mehr auf Jasmins Spielchen.«

»Du kannst dich auf mich verlassen. Aber es würde helfen, wenn ihr euch beide nicht ganz so stockfischig benehmen würdet. Ganz blöd ist die Chefin auch wieder nicht. Und danke, daß du mir beim Schleppen geholfen hast.«

Vielleicht ist Ingolf ja doch in Ordnung. Und schön wäre es schon, wenn er recht hätte.

51

Wie gut, daß wir so viel zu tun haben in New York. Jasmin hat uns noch schnell die Terminpläne in die Hand gedrückt. Heute abend Dinner im angesagten Balthazar, morgen tagsüber frei für uns, Locationsuche für die Crew rund um die Touristenorte – Empire State Building, Freiheitsstatue, Tiffany's – und so weiter und so weiter. Sieht so aus, als ob die großen Ferien endgültig vorbei sind.

Ich bin gerade dabei, auszupacken, als das Telefon klingelt. »Stefan hier. Ich bin viel zu aufgekratzt, um bis zum Essen im Hotel zu bleiben. Ich weiß ja nicht, was du vorhast, aber hättest du Lust, mit mir ein bißchen spazierenzugehen? Du kennst dich hier doch aus, und ich wüßte nicht, wohin ich gehen sollte.«

Herrje. Nicht die große Aussprache jetzt. So nötig sie wäre, aber dafür habe ich wirklich nicht die Nerven. Andererseits kann ich schlecht nein sagen, und vielleicht will er sich ja wirklich nur ein bißchen umsehen.

Wir treffen uns in der Lobby.

Was macht man bloß mit einem, der noch nie in New York war? Was könnte er sehen wollen, was wäre gut für ihn? Ich fühle mich plötzlich so verantwortlich für ihn. Ich möchte, daß es was wird mit den beiden. Mit Stefan und New York. Er soll sich verlieben in die Stadt. »Wohin möchtest du denn gern? Nach Italien oder nach China?«

Er stutzt und grinst: »Geht Rußland?«

»Geht auch, aber nicht zu Fuß.«

»Dann Italien. Das einzige Land außer Österreich, wo man anständigen Kaffee bekommt.«

Wir laufen in Richtung Little Italy. Über den Broadway bis zur Mulberry Street, dann rechts runter bis zur Grand. Schick geworden hier. Lauter neue Cafés, die bei meinem letzten Besuch noch nicht da waren. Aber das Ferrara gibt es noch, Gott sei Dank. Wir kaufen ein halbes Pfund Amaretti-Kekse und ziehen weiter ins Marechiaro. An der Wand hängt immer noch Tony in Öl und Tony Arm in Arm mit Frank Sinatra, in der Musicbox laufen immer noch »My Way« und Arien von Mario Lanza. Daran merke ich, daß ich älter werde: daß mir Orte, die sich nie ändern, kostbar werden.

»Hier sieht es aus wie in einem Scorsese-Film«, staunt Stefan. »Siehst du den Typ mit dem Goldkettchen und der verdächtigen Beule unter der Jacke? Weiß das FBI von diesem Laden?«

»Das FBI hat wahrscheinlich ein Zimmer im ersten Stock gemietet und ein Guckloch in den Boden gebohrt«, sage ich. »Ist dir aufgefallen, wie sauber die Straßen hier sind? Es heißt, daß die Mafia jeden Hund, der auf die Straße scheißt, mit Beton an den Füßen in den East River wirft.«

Wir trinken Averna und essen Amaretti. Vom Kellner lasse ich mir Streichhölzer bringen. »Es gibt da einen alten italienischen Brauch«, sage ich. Ich zerknülle das dünne Einwickelpapier der Amaretti und zünde es an. »Wenn das Papier hochsteigt und in der Luft verbrennt, hat man einen Wunsch frei.« Die Papierkugel sinkt kokelnd zu Boden. »Verdammt.«

»Und jetzt?«

»Jetzt müssen wir wunschlos glücklich sein.«

»Oder unseren Kummer in einem zweiten Averna ertränken.«

»Ich weiß was Besseres«, sage ich. Mir ist plötzlich eingefallen, was ich ihm zeigen könnte. Wir gehen den Broadway hinunter, an Chinatown vorbei, bis zur Liberty Street. »Da drüben. Die Federal Reserve Bank.« Er guckt mich verständnislos an. »Na, komm schon. *Stirb langsam 3*. Der große Coup. Die Goldreserven im Keller. Jeremy Irons im Unterhemd.« Sein Gesicht hellt sich auf. »Das gibt es wirklich?« fragt er entzückt.

»Na sicher. Und da hinten ist die Wall Street. Die gibt es auch wirklich. Eigentlich ein kleines Sträßchen.« Wir schwimmen mit im Strom der dunkelgrauen Männer, die in der Dämmerung aus ihren Büros schwappen, und lassen uns in Richtung Battery Park treiben, zur Südspitze Manhattans. »Ich schenk dir jetzt was«, sage ich, und auf einmal bin ich aufgeregt wie ein kleines Kind. »Ich schenk dir Manhattan für lau.«

Im letzten Moment springen wir auf die Fähre nach Staten Island. »Zum Heck«, sage ich, »der Blick zurück ist das Wichtige.«

Während die Fähre sich langsam in die Bay dreht, beobachte ich Stefan aus den Augenwinkeln. Erst schaut er nur mäßig interessiert zur Fähranlegestelle zurück, dann rechts hinüber zur Insel mit der Freiheitsstatue. Ich sehe den Schock auf seinem Gesicht, etwas so oft Gesehenes zum ersten Mal wirklich zu sehen. Sie ist so unvermutet riesig, die Freiheitsstatue, so gewaltig. Er dreht sich zu mir um und will etwas sagen, aber ich nicke nur.

Der Himmel über Manhattan färbt sich violett, in den beiden Türmen des World Trade Center gehen die ersten Lichter an. Immer weiter entfernen wir uns vom Ufer, immer mehr wird Manhattan zur Postkarte. Ich muß gar nicht hinsehen. Ich schaue lieber Stefan zu, wie er ganz still wird vor Staunen.

Die Staten Island Ferry ist eines der unglamourösesten Verkehrsmittel, die ich kenne. Eine Pendlerbahn zu Wasser. Die Fahrt dauert eine halbe Stunde und hat seit Jahrzehnten 25 Cent, gut 40 Pfennige gekostet. Neuerdings ist sie umsonst. An Bord sind wie immer müde Sekretärinnen aus den Brokerbüros und ein paar Buchhalter. Eine Frau bittet jemanden über Handy, schon mal das Teewasser aufzusetzen. Ein Mann schneidet sich in aller Ruhe seine Zehennägel. Und keiner guckt mehr auf den unglaublichen Steinwald namens Manhattan, der dort drüben aus dem Wasser wächst. Nur Stefan schaut und schaut und kann gar nicht mehr aufhören.

Ich kenne sonst nur Männer, die sich auskennen, die alles schon gesehen und erlebt haben. Ich merke gerade, wie blind ich selbst schon geworden bin für die Welt. Ich kenne sie zu gut, und irgendwie ist sie mir dadurch abhanden gekommen. Wie schön wäre es, wenn alle Dinge wieder neu wären. Wenn man jeden, den man kennt, noch mal kennenlernen dürfte, jeden bekannten Ort neu entdecken, jeden Duft neu riechen würde. Drüben ist jetzt Abend. Die Stadt glänzt und glüht und spiegelt sich in Stefans Augen. Er atmet tief durch und sieht mich zum ersten Mal seit Tonga wieder richtig an.

»Danke«, sagt er leise und drückt meine Hand.

»War mir ein Vergnügen«, sage ich. Und das stimmt sogar.

52

Wir haben die falschen Schuhe, die falschen Freunde, die falschen Gesichter. Wir gehören nicht dazu. Für Leute wie uns ist das Balthazar nicht gedacht. Im Balthazar essen nur Leute, die dazugehören. Wir nicht. Wir müssen draußen bleiben.

Der Typ, der uns aussortiert hat, sieht aus wie alle Türsteher: zu viele Muskeln, zuviel Haargel, zuviel Sonnenbank. Keine Ahnung, warum wir vor solchen Idioten kuschen. Wahrscheinlich ist unsere Generation süchtig nach Demütigungen. Außerdem: Wenn es keine Türsteher mehr gäbe, wüßten wir gar nicht, welche Erfolgserlebnisse wir überhaupt noch haben könnten.

»Und jetzt?« fragt Bettina. Keine Antwort. Alternativen hat Jasmin nicht vorgesehen. Gleich fängt sie an zu heulen. So menschlich habe ich sie noch nicht gesehen. Ein Leben lang geschuftet für ihre Karriere, und dann schafft sie es nicht einmal in ein Restaurant. Abgewiesen. Wie die Mauerblümchen damals in der Tanzschule, an denen bei Herrenwahl alle vorbeigelaufen sind. »Laß uns abhauen«, sagt Bettina, »ich friere.«
Wie sagt Ingolf so schön: Es ist zwar ein Scheißjob, aber einer muß ihn ja machen. »Bestellen Sie Ihrem Chef«, sage ich zum Türhüter, »daß wir ihm nächstes Jahr leider den Stern wieder abnehmen müssen. Aber so, wie euer Laden brummt, werdet ihr es sicher auch ohne schaffen.«
Der Tester-Trick. Wirkt immer. Türsteher haben panische Angst vor ihren Chefs, und die wiederum haben panische Angst vor Testern. Tester sind genauso wie ich. Unangekündigt und unscheinbar. Falsche Klamotten, falsche Schuhe, falsches Gesicht, aber ein Gaumen, der töten kann, wenn er beleidigt wird. Möglicherweise steht ja am Samstag in der *New York Times,* im Balthazar wäre der Wein gepanscht, der Fisch versalzen und der Salat in Essig ertrunken. Türsteher sind viel zu blöd, um zu wissen, daß ein wirklicher Tester niemals um Einlaß bettelt, sondern sich damit begnügt, nach Hause zu gehen und einen Verriß zu schreiben, der den Laden in den Konkurs treibt. Je hungriger, desto besser. Dann fällt der Verriß um so grausamer aus.
»Tut mir leid, Sir«, sagt Pickelgesicht, »ich weiß auch nicht, was mit mir los ist. Muß an den Tropfen liegen, die ich heute beim Augenarzt bekommen habe.«

Der Chefkellner, an den er uns tuschelnd übergibt, ist verzweifelt. Der einzige freie Tisch für fünf Personen liegt knapp vor dem Klo. Nur keine Kompromisse jetzt. »Ich würde gern meinen Wein riechen statt Ihre Gäste, wenn das möglich ist«, sage ich mit meinem maliziösesten Lächeln. Der Chefkellner macht einen Tisch frei, an dem gerade eine Sechsergruppe ihre Vorspeisen serviert bekommt. Widerstandslos lassen sie sich umplazieren. Wir müssen wichtiger als sie sein. Sonst würde Maître das nie mit ihnen tun.

Jasmin und Bettina starren mich an, als hätte ich gerade den Laden gekauft. Merkwürdig, mir fielen auf der Stelle zwei Dutzend Dinge ein, die bewundernswerter sind, als einen Restaurantplatz zu ergattern. Eigentlich ist eine Welt, in der es darauf ankommt, im richtigen Restaurant, in der richtigen Disco, in der richtigen Boutique und beim richtigen Friseur gewesen zu sein, eine erbärmliche Welt. Aber ich kann nicht bestreiten, daß mir diese Blicke guttun. Wahrscheinlich bin ich genauso erbärmlich.

Ein Kellner kommt mit der Speisekarte. Ich krümme mich, als wären gerade meine Magengeschwüre geplatzt. Niemand mutet mir zu, meine Zeit mit Speisekarten zu verschwenden. Wenn ich lesen will, kaufe ich mir ein Buch.

»Sagt einfach, worauf ihr Lust habt«, sage ich zu den anderen. »Hummer«, sagt Jasmin. Ich könnte sie erschlagen dafür. »Kartoffelpüree«, sagt Bettina. Ich könnte sie küssen dafür. »Und ihr, Jungs?« – »Dasselbe wie du«, sagt Ingolf. Schön, sie haben es begriffen.

»Einmal Hummer, einmal Kartoffelpüree und dreimal

Wiener Schnitzel«, sage ich zum Kellner. »Und zwei Flaschen 78er Cask 23.«
Der Kellner geht ab. Aufrichtig verstört und aufrichtig beflissen. Wie es sich gehört, wenn Gäste kommen.
»Was ist denn in dich gefahren?« lacht Bettina. »Du kannst ja ein richtiges Arschloch sein.«
»Tut mir leid«, sage ich. »Ich habe die Schnauze voll von diesem Exklusivitätsgetue. Für mich ist das bloß schlechtes Benehmen. Und wer sich schlecht benimmt, muß erzogen werden. Ich habe das übrigens zum ersten Mal gemacht. Euretwegen. Sonst esse ich aus Prinzip nur in Restaurants, in denen ausnahmslos jeder gut behandelt wird.«
»Für eine Premiere war das ziemlich gut«, sagt Bettina. Na klar, ich wußte ja, daß sie sich Anspielungen auf meine Premieren nicht entgehen lassen wird. Oder bin ich schon paranoid?
»Diese Show gerade habe ich von einem Freund abgekupfert. Terry Durack, dem gefräßigsten Menschen, den ich kenne. Er hat eine Zeitlang als Koch gearbeitet, nur um sich nach seiner Schicht gratis den Bauch vollschlagen zu können. Vor zwei Jahren hat er so viel geerbt, daß er nie wieder arbeiten muß. Das einzige, was er noch tut, ist, jeden Tag mindestens zweimal essen zu gehen. Und Restaurants zu erziehen. Seine Mission nennt er das. Terry ist noch viel härter als ich. Er läßt dem Koch Briefe in die Küche bringen, in denen steht, daß das Essen morgen besser sein muß. Bevor er auch nur einen Bissen serviert bekommen hat, natürlich.«
»Hört sich auch nicht gerade nach gutem Benehmen an«, sagt Bettina.

»Da täuschst du dich. Nichts lieben Köche mehr, als bei ihrer Ehre gepackt zu werden. Warum, glaubst du, sind die meisten großen Köche richtige Kotzbrocken? Weil sie für Banausen arbeiten müssen, denen man gefahrlos jeden Matsch vorsetzen kann, bloß weil in der Zeitung steht, dieses und jenes Restaurant wäre angesagt. Die sind dankbar dafür, wenn jemand daherkommt, der gleich klarmacht, daß er sich auskennt.«

Zögernd nähert sich der Chefkellner. »Sir …«

»Ja …«, sage ich sehr ungnädig.

»Ich fürchte, wir haben ein Problem. Niemand in unserer Küche weiß, was Wiener Schnitzel sind.«

Eine halbe Minute später stehen wir lachend auf der Straße. Nicht ohne zweihundert Dollar Trinkgeld aus Jasmins Spesenkasse dagelassen zu haben. Arschlochzulage. Die haben sie sich redlich verdient.

»Ich habe vorher so ein kleines Suppenlokal gesehen«, sage ich, »Soup Nutsy oder so ähnlich. Ich würde euch gerne einladen.«

53

Es ist fünf Uhr morgens, und ich bin hellwach. Jetlag. Wenn ich nach Osten fliege, ist es immer am schlimmsten. Aber es ist ja egal: Heute ist unser freier Tag. Zwanzig Minuten später stehe ich auf der Straße. Ich liebe große Städte am frühen Morgen. Es ist noch kühl, aber die Mauern sind warm. Leichter Dunst liegt über dem Asphalt, goldenes Licht schleicht um die Häuserecken, und es ist so still, daß man die Stadt fast im Schlaf atmen hören kann.

Der kleine Coffeeshop an der Ecke hat schon geöffnet. Ich bestelle einen Bagel ohne alles und einen Tee. Die Kellnerin bringt beides und kehrt dann eilig in die hintere Sitzecke zurück, wo auch schon jemand zu frühstücken scheint. »Come on«, sagt sie mit Reibeisenstimme, »do the Arnold again.«
»Ai wüll bi back«, sagt eine Stimme drohend in breitestem Österreichisch, und die Kellnerin bellt vor Vergnügen.
»Guten Morgen, Stefan«, rufe ich, und sein Kopf biegt um die rote Kunstlederbank.
»Hey. Wie lange bist du schon hier?«
»Gerade gekommen. Die erste Hälfte vom *Terminator* habe ich anscheinend verpaßt.«
Er lacht und trägt seinen Kaffeebecher zu meinem Tisch. »Ich konnte nicht schlafen, und da dachte ich, ich mache mich bei den Eingeborenen beliebt. Und du?«
»Jetlag. Aber ich mache mich lieber unbeliebt, indem ich den Eingeborenen die besten Sachen wegschnappe. Ich wollte auf den Flohmarkt an der Sixth Avenue, hast du Lust mitzukommen?«
Das ist mir so schnell aus dem Mund gefallen, daß ich gar nicht darüber nachdenken konnte, ob das wirklich so eine gute Idee ist. Mit Männern einzukaufen steht auf der Liste meiner Lieblingsbeschäftigungen gleich hinter Kloschrubben und Zahnwurzelbehandlung. Ich habe noch keinen getroffen, der nicht nach zehn Minuten gelangweilt ist, nach zwanzig Minuten unqualifizierte Bemerkungen macht (»Du hast doch schon drei schwarze Jacketts«) und nach einer Stunde vorschlägt, daß man sich doch in der Spielwarenabteilung bei den Computerspielen treffen könnte.

Aber zu spät. Stefan verabschiedet sich von der Kellnerin mit einem perfekt geknödelten »Hasta la vista, Baby«, und sie drückt uns im Rausgehen eine Tüte mit Schokomuffins in die Hand.

An der Ecke 24th Street haben meine alten Freunde Zesty Meyers und Evan Snyderman ihr kleines Wohnzimmer aufgebaut: vier rote Saarinen-Sessel um einen Florence-Knoll-Tisch, das Ganze auf einem schwindelerregend psychedelischen Teppich aus den Sechzigern. »Hi, Betty, long time no see«, ruft Zesty. Evan, wie immer entspannt in seiner Breuer-Liege, hebt maulfaul seinen Kaffeebecher.

»Hallo, Jungs. Versucht nicht, mir was anzudrehen, ich bin eigentlich auf Urlaub hier.«

»Als ob dich das je von einem guten Deal abgehalten hätte«, grinst Zesty. Er hat recht. Ich kaufe ein komplettes Iroquois-Service von Russel Wright in Muskatbraun für einen Sammler aus Düsseldorf und ein paar Holmegaard-Schalen von Per Lütken. Skandinavisches Glas geht immer, besonders in Hamburg. Zesty verspricht, alles noch in dieser Woche abzuschicken.

Stefan hat die ganze Zeit stumm dabeigestanden. »Das ist also dein Job«, sagt er.

»Das ist mein Job. Wobei ich nicht ständig über die Märkte laufe. Viele Händler schicken mir Fotos von interessanten Stücken per Internet.«

»Und was ist, wenn dir keiner zu Hause dieses Gerümpel abkauft?«

»Dann war das mein Job.«

Wir schlendern weiter durch die Dämmerung. Für so was wie den legendären Annex-Markt sind Jetlags erfunden

worden. Um diese Zeit sind fast nur Wiederverkäufer und fanatische Sammler unterwegs, die im Winter sogar mit Taschenlampen zwischen dem Gerümpel nach Schätzen tauchen. Wenn die Touristen gegen elf kommen, sind die guten Sachen längst weg.
Plötzlich sehe ich ihn, unter einem staubigen Lampenschirm aus den frühen Siebzigern. Ich sinke vor ihm auf die Knie.
Es ist ein Kinderstuhl von Charles und Ray Eames, aus der allerersten Zeit, 1945/46, als die Eames' noch bei Evans bauen ließen. Tatsächlich, da ist die Plakette: »Evans Products Company, Venice, California«, halb verborgen unter einer orangeroten Farbschicht. Irgendeinem Vater muß der Stuhl in den sechziger Jahren zu langweilig gewesen sein, und er hat ihn kurzerhand gestrichen. Kein Problem, das läßt sich restaurieren. Jetzt nur die Nerven behalten. Erst kaufe ich dem Händler eine uninteressante Vase für zehn Dollar ab. Da kriegt er schon mal gute Laune. Dann frage ich in leicht desinteressiertem Ton: »Und was wollen Sie für den klcinen Stuhl da hinten?«
»Ach, das alte Ding. Geben Sie mir einen Zwanziger, wenn es Sie glücklich macht.«
Es macht mich glücklich. Ich hoffe nur, er sieht meine zitternden Finger nicht, mit denen ich nach Geld suche. Ich klemme mir den Stuhl unter den Arm und ziehe Stefan hinter mir her. Ich muß mich beherrschen, daß ich nicht renne. In einem Hauseingang bleibe ich stehen und schreie laut los, mein Stuhlbaby fest in den Armen.
»Okay«, sagt Stefan. »Erklär es mir, möglichst langsam. Was ist hier gerade passiert?«

»Ein original Eames. Eine Rarität. Von dem Stuhl wurde nur eine Versuchsserie gebaut, fünftausend Stück, und fast keiner davon hat die Verbannung ins Kinderzimmer überlebt. Ich weiß nur von einem einzigen anderen Exemplar, und das steht im Vitra-Designmuseum. Das Ding hier ist ein Vermögen wert. Museen werden winselnd an meiner Tür kratzen. Nicht daß ich ihn je verkaufen würde.«

»Für mich sieht der aus wie ein Kartoffelchip auf Beinen.«

»Vielleicht ist dies der richtige Zeitpunkt, um dir schonend beizubringen, daß ich zu Hause dreiundzwanzig Stühle habe. Auf manchen kann man sogar sitzen.«

Er blickt mich fassungslos an. »Dreiundzwanzig?«

»Erst sind mir ein paar herrenlose Stühle zugelaufen, und dann haben sie sich vermehrt, als ich gerade nicht hingeguckt habe.«

»Du hältst dir Stühle als Haustiere?«

»Na ja, immerhin haben sie Beine und einen Rücken und Arme. Freundliche kleine Dinger. Aber Stühle, Stefan, Stühle sind die Krone der Schöpfung. Die Gesellenstücke der Menschheit. Die direkte Verbindung von Hirn und Hintern. Von Mensch und Material. Stühle sind bewußtseinsverändernde Drogen. Setz dich in einen Lounge-Chair von Eames, und du fühlst dich großzügig und belesen und versöhnt mit der Welt. Setz dich auf einen Philippe-Starck-Stuhl, und du wirst rund zehn Prozent unangenehmer sein, als du sein willst.« Ich sehe seinen Blick und muß lachen. »Keine Sorge, der Anfall ist gleich vorbei. Jetzt gehen wir zur Feier des Tages in meine Kirche und essen was Anständiges.«

54 Wenn das ihre Kirche ist, will ich mit ihr beten. Den ganzen Rosenkranz rauf und runter und dann noch mal von vorne. Aber vorher brauche ich dringend noch ein bißchen Kommunion. Auf dem Altar warten ungefähr dreihundert Sorten Käse, zweihundert Sorten Schinken, hundert Sorten Brot, fünfzig Sorten Kaviar, fünfundzwanzig Sorten Eier, von russisch bis verloren. Und anschließend gibt es noch Nachtisch. Ich übertreibe, aber nur unwesentlich. Von allem, was man gerne hätte, ist mindestens doppelt soviel da, wie man sich vorstellen kann. Der Palm Court im Plaza Hotel ist kathedralenhoch und so überladen mit Kitsch, wie man es sonst nur in alten Technicolor-Filmen sieht. Mitten im Raum plätschert ein Springbrunnen, aus dem Boden wachsen Säulen und richtige Palmen. Ein Streichquartett spielt Gershwin-Lieder. An den Tischen zelebrieren glückliche Familien Überfluß. Doktorhüte werden gefeiert, Großmütter ausgeführt, Happy-Birthday-Choräle angestimmt. Vor lauter Staunen kommt man gar nicht zum Essen.

»Das habe ich dir nicht zugetraut«, sage ich dankbar.

»Was?«

»Daß du so kitschige Plätze magst.«

»Wieso denn nicht?«

»Weil du immer so sortiert wirkst. Bis vor zehn Minuten habe ich mir eingebildet, daß es dir gar nicht nüchtern genug zugehen kann. Daß es dich stört, wenn das Leben so üppig vor sich hin mäandert.«

»Mäandern ist ein schönes Wort. Wie Pirouette.«

Sie beißt in ihren Bagel. Kann man Pirouetten beißen? Bettina kann es. Ich glaube, sie kann alles.

»Bettina?«

»Ja?«

»Ist dir klar, daß du die einzige Frau auf der Welt bist, die sich einen Kinderstuhl anschafft, ohne das dazugehörige Kind zu haben?«

»Und ich weiß nicht mal, ob ich Kinder haben will oder nicht. Bis jetzt tickt die biologische Uhr jedenfalls noch nicht.«

»Hast du je mit einem Mann zusammengewohnt?«

»Um Gottes willen. So weit bin ich nie gekommen in meinen Liebesgeschichten. Außerdem bin ich so viel unterwegs, daß eine gemeinsame Wohnung mit mir völlig sinnlos wäre.«

»Bist du dir sicher, daß das keine Ausrede ist?«

Sie lacht. »Natürlich ist das eine Ausrede, aber wenigstens eine gute. Manchmal versuche ich mir vorzustellen, wie es wäre, wenn mich jemand erwarten würde. Ich könnte mich freuen, nach Hause zu kommen. Ich könnte ihm Männersachen mitbringen, irgendwelche Computerkabel, die es nur in Amerika gibt, oder einen Football. Und er würde mich immer vom Flughafen abholen. Aber dann bekomme ich gleich wieder Schiß, daß ich eines Morgens neben ihm aufwache, und plötzlich ist die Magie weg, und ich würde mich wieder aufs Wegfahren freuen statt aufs Nachhausekommen.«

An unserem Tisch zieht eine Prozession Kellner mit Geburtstagstorten vorbei, auf denen Wunderkerzen sprühen. Ich muß an meinen Dreißigsten in drei Monaten denken. Keine Freundin. Und statt des Plaza nur diese neue Wohnung, in der wahrscheinlich immer noch Umzugskartons herumstehen werden. Wozu sollte ich es mir auch gemütlich machen in einer Wohnung, in der nur ich herumgeistere?

»Und du?« fragt Bettina.

»Ich habe immer mit Frauen zusammengewohnt, seit meiner Matura. Zuerst in WGs, dann mit Freundinnen. Wahrscheinlich sagt das irgend etwas über mich aus. Aber seit vier Monaten lebe ich allein. Manchmal fühle ich mich richtig einsam. Nur meine eigenen Schritte hören zu können ist auf Dauer traurig.«

»Ich habe gelesen, daß alleinstehende Männer früher sterben, aber alleinstehende Frauen länger leben. Ihr profitiert eben von der Liebe, und uns bringt sie um.«

»Wahrscheinlich liest du das Falsche. Ich glaube, es liegt daran, daß ich drei Geschwister habe. Bei uns war dauernd etwas los. Und jetzt kann ich mich an diese Stille nicht mehr gewöhnen. An Wochenenden ist es besonders schlimm. Manchmal führe ich schon Selbstgespräche. Hast du eigentlich Geschwister?«

»Nein, ich bin Einzelkind. Wenn du jetzt blöde Bemerkungen machst, bekommst du keine Mascarpone-Creme. Wieso interessiert dich auf einmal dieser ganze Kram, ob ich Kinder haben will und so weiter? Das ist ja unheimlich, wie neugierig du plötzlich bist.«

»Weil ich mit dir im Bett war. Jetzt muß ich mich nicht mehr fragen, wie es ist, mit dir im Bett zu sein, und kann mich für dich interessieren. Es tut mir übrigens leid, wie das gelaufen ist.«

»Hör schon auf. Wenn es dazu führt, daß du dich für mich interessierst, kann es nicht ganz falsch gewesen sein. Und jetzt will ich endlich Nachtisch. Soll ich dir was mitbringen?«

55 »Ist dir eigentlich klar, daß wir uns zum ersten Mal wie ganz normale Leute benehmen?« fragt Stefan. »Durch eine Stadt spazieren, essen gehen, harmlose Fragen stellen – ich meine, ich wußte zwar schon, welche Geräusche du beim Orgasmus machst und beim Kotzen, aber alles andere ist mir ganz neu. Wir arbeiten uns in die umgekehrte Richtung vor. Die allerletzte, allerintimste Frage, die ich dir stellen werde, lautet wahrscheinlich: ›Äh, wie heißt du eigentlich?‹«
Wir sitzen jetzt schon seit drei Stunden auf einer Bank im Central Park und gucken den Baseballspielern auf der Wiese hinter dem Metropolitan Museum zu. Samstagnachmittage in New York sollten unter Naturschutz gestellt werden. Oder zum Weltkulturerbe erklärt werden. So heiter, so entspannt, so schwerelos ist es nirgendwo sonst auf der Welt, wenn eine große Stadt sich für ein Wochenende zurücklehnt.
Und diese Schwerelosigkeit steckt an. Wir reden und reden, und alle Knoten in meinem Magen sind geplatzt. Nichts steht mehr zwischen uns, so kommt es mir jedenfalls vor. Alles ist beseitigt, sogar die Nacht in Tonga, sogar die *Tour d'Amour.* Ich sitze einfach nur mit einem äußerst netten, wirklich witzigen, wider Erwarten interessanten Mann auf einer Bank im Park. Einem, der mich rührt. Der Rest ist egal.
Komisch, daß man immer erst so spät den Anfang findet.

Wieso verliebt man sich in jemanden? Das habe ich nie begriffen. Stefan zum Beispiel. Vor zwei Wochen war der für mich eine Bundeswehrhose mit schlechten Manieren und einem unbegabten Friseur. Unter normalen Umständen – auf der Straße, auf einer Party – wäre er niemals auf meinem Radarschirm aufgetaucht. Ich hätte ihn einfach nicht registriert. Er wäre ein Passant in meinem Leben gewesen, ein Statist in einer Massenszene. Disco, Bahnhof, Sommerschlußverkauf. Für eine Nanosekunde ein verschwommener Fleck in meinem Augenwinkel, und vorbei.
Und jetzt weiß er schon mehr von mir als alle Männer vor ihm zusammen. In nur zwei Wochen. In denen ich ihn die meiste Zeit wie ein Pfund Hack behandelt habe.
Wie viele Männer lernt man überhaupt gut genug kennen, um eine Idee von ihrer Persönlichkeit zu bekommen und sich dann vielleicht, möglicherweise, unter Umständen in sie zu verlieben? Vielleicht tausend. Wenn es hochkommt. Das macht bei drei Milliarden Männern auf der Erde eine Chance von 0,0000003 Prozent, den Richtigen zu treffen. Das liegt knapp über der Chance auf einen Sechser im Lotto. Und doch hört niemand auf zu spielen, und jede Woche wird wieder einer Millionär.
Lange Zeit habe ich gedacht, daß man im Umkehrschluß zumindest die Nieten aussortieren kann. Mit Kriterien wie: Schneidet er seine Spaghetti mit dem Messer klein? Knackt er mit den Knöcheln? Ißt er kleine Kinder zum Nachtisch? Gebraten oder gekocht? Und dann macht einer alles richtig, er hat die richtigen Schuhe an, man ist verknallt, alles ist schön, und am Ende steht er in meinem Bikini vor dem Spiegel. Nur mal so als Beispiel.

Und wenn ich ehrlich bin, habe ich mir immer mehr Mühe gegeben, herauszufinden, was mit einem nicht stimmt, als zu entdecken, was toll an ihm ist. Als ob ich immer nach Gründen gesucht hätte, mich nicht verlieben zu müssen. Was für eine Zeitverschwendung. Was für eine blöde Kuh ich doch war.
»Was grinst du denn so?« fragt Stefan.
»Ach, nichts. Ich mußte nur gerade an jemanden denken, den ich mal gut kannte.«
»Und?«
»Ich glaube, wir verlieren uns gerade aus den Augen.«

56

»Miss Burghardt«, sagt der Portier, »ich habe einen Umschlag für Sie und Mister Ross. Mrs. Funk bestand darauf, daß Sie den Empfang quittieren ...«
»Die Frau ist wirklich mit allen Wassern gewaschen«, sagt Bettina. »Wahrscheinlich ist das unser Einsatzplan für morgen, und sie will sicherstellen, daß wir pünktlich auf der Matte stehen zum Liebespaar-Simulieren.«
»Ist doch leicht«, sage ich, »wir haben ja schon Routine darin.«
»Weißt du, was mich nervt? Daß die sich sicher wieder nur die Klischees einfallen lassen, die sowieso schon jeder hundertmal gesehen hat. Wahrscheinlich werden wir auf dem Empire State Building stehen und romantisch glotzen müssen, genau wie in *Schlaflos in Seattle.*«
»Den habe ich nie gesehen.«
»Dann mußt du gerade solo gewesen sein. Der war doch Pflichttermin für alle Paare.«

»Ich habe auch *Titanic* nicht gesehen. Ich weiß doch sowieso, wie es ausgeht. Am Ende fährt das Schiff gegen einen Eisberg, und alle sind tot. Und vorher reden sie stundenlang. Dazu muß ich wirklich nicht ins Kino.«

»Wieso habe ich mir eigentlich eingebildet, du bist ein Romantiker?«

»Nicht im Kino. Romantisch sein kann ich selbst. Bomben entschärfen nicht. Zu dir oder zu mir?«

»Wie meinen der Herr?«

»Wo wollen wir unseren Einsatzplan studieren? Bei dir oder bei mir?«

»Bei dir zur Abwechslung.«

Na gut. Obwohl in meinem Zimmer mein Batman-Pyjama auf dem Bett liegt. Der peinlichste Pyjama der Welt. Wieso ich den überhaupt mitgenommen habe, weiß ich auch nicht. Den trage ich nämlich nur, wenn ich ganz sicher bin, daß ihn niemand zu Gesicht bekommt. Und jetzt liegt er schön sichtbar auf meinem Bett. Sehr toll, Mister Ross.

»Stefan, da ist Geld drin. Und zwar richtig viel.«

»Geld?«

»Das sind sechstausend Dollar. Ich glaube, ich spinne.«

»Meinst du, die sind abgehauen, und das ist unser Schweigegeld?«

»Warte, da ist noch ein Extrakuvert. Mal sehen ... aha ...«

»Jetzt lies schon vor ...«

»›Hallo, ihr beiden Süßen!‹ Gott, die Frau kann nicht einmal Briefe schreiben. Also: ›Ihr habt Euch sicher über das viele Geld gewundert. Dann ist uns die Überraschung ja gelungen. Die sechstausend Dollar sind Euer Taschengeld für morgen. Eine kleine Aufmerksamkeit von unserer

Sponsorenbank. Ihr wißt ja, Direktbank, die Bank, die niemals schläft. Euer Auftrag lautet: Bis morgen um acht müßt Ihr alles ausgegeben haben. Da treffen wir uns in der Lobby, damit wir Eure Beute filmen können. Also, viel Spaß bei Eurem Kaufrausch. Wenn Ihr wüßtet, wie sehr ich Euch beneide. Jasmin. PS.: Und vergeßt nicht, zu teilen. Die meisten Beziehungen scheitern am Geld.‹«

Wir grinsen um die Wette.

Bettina gewinnt knapp.

Wir breiten die Dollarscheine auf meinem Bett aus. Keine fortlaufenden Seriennummern, kleine Scheine. Lauter Zwanziger und Fünfziger.

Wir legen uns auf das Geld und prusten los.

»Wie im Kino«, lacht Bettina.

»In dem Film war ich auch«, lache ich.

Das Telefon läutet.

»Jasmin«, sage ich, »wetten?«

Es ist Biggi.

Verdammt, es ist Biggi.

»Biggi?« sage ich. »Wie bist du an meine Nummer gekommen?«

»Hallo, Stefan«, schluchzt Biggi. Oder lallt sie? Sie muß betrunken sein.

»Ich habe beim Sender angerufen und denen vorgelogen, daß deine Schwester einen Unfall hatte.«

»Was ist los, Biggi?«

Nur keinen Streß jetzt. Höflich bleiben und sie abwimmeln.

»Ich habe deine Briefe bekommen«, lallt Biggi.

»So schnell?«

»Ich muß mit dir reden. Über uns beide.«
»Über uns beide?«
Bettina starrt mich an, als hätte ich etwas im Gesicht. Ich muß fürchterlich aussehen.
»Wer?« formt Bettinas Mund.
Wie komme ich da bloß wieder raus?
»Du fehlst mir«, lallt Biggi.
»Wie meinst du das?« frage ich. Mir sind schon bessere Texte eingefallen.
»Wie ich das meine?« lallt Biggi. »Blöde Frage. Du fehlst mir eben. Der ganze verdammte Stefan-Mist. Die Wohnung ist so leer ohne dich.«
»Und was soll ich jetzt tun?«
»Mit mir reden.«
»Soll ich gehen?« flüstert Bettina. Ich schüttele den Kopf.
»Ich glaube, das ist nicht der richtige Zeitpunkt«, sage ich.
»Warum redest du eigentlich so gestelzte Scheiße die ganze Zeit? Störe ich dich gerade?«
»Nein, du störst mich nie«, seufze ich.
Bettina sieht mich an, als hätte sie gerade beim Roulette dreitausend Dollar verloren. Oder sechstausend.
»Ich habe dich im Fernsehen gesehen«, lallt Biggi. »Mit dieser Frau.«
»Ja, ich weiß.«
»Die paßt richtig gut zu dir, finde ich. Ihr habt so verliebt ausgesehen. Händchenhaltend am Strand und so. Zum Kotzen.«
»Zwischen mir und ihr ist nichts. Alles nur Show. Wir spielen denen das Liebespaar vor, damit sie uns in Ruhe lassen.«

Bettina hat begonnen, unser Geld auf zwei Stöße zu sortieren. »Hast du mit der Kuh schon gevögelt?« lallt Biggi.
»Nein. Wie kommst du denn darauf?«
»Es hat aber so ausgesehen, als hättet ihr«, schluchzt Biggi laut.
Bettina steckt meine dreitausend Dollar in das PMS-Kuvert und versucht vergebens, es wieder zuzukleben.
»Warum redest du nicht mit mir?« fragt Biggi.
»Weil ich gleich weg muß.«
»Du willst dich einfach nicht mit mir auseinandersetzen.«
»Wir sehen uns doch in Wien.«
Bettina geht ins Bad. Ganz leise, damit Biggi sie nicht hört.
Biggi schluchzt.
Ich komme mir gemein vor, weil ich will, daß sie endlich auflegt, statt mir dieses Interkontinentalschluchzen anzutun.
Bettina ist aus dem Bad zurück. Jetzt steht sie am Fenster und starrt auf die Straße.
»Jetzt sag doch was, Stefan«, schluchzt Biggi.
»Ich kann aber nicht«, sage ich.
»Wenn du so weitermachst, fange ich noch an, dich zu hassen«, schluchzt Biggi.
»Ich dich auch«, sage ich.
Bettina schüttelt den Kopf und geht aus dem Zimmer. Ohne ein Lächeln für mich. Verdammt.
»Stefan?«
»Ja, Biggi«, sage ich.
»Ich bin so froh darüber, daß ich mich von dir getrennt habe.«
»Ja, Biggi.«

»Ich lege jetzt auf, Stefan.«
»Ja, Biggi.«
Und dann legt sie endlich auf.

57

Das wäre ja auch zu schön gewesen. Ich wußte, daß an dem Mann ein Haken ist. Biggi. Ruft genau im richtigen Moment an. Bevor ich einen wirklichen Fehler begangen habe.

Sein Blick. Sein Tonfall. Als ob er mich so schnell wie möglich loswerden wolle. »Ich dich auch.« Er sie auch. Er sie auch was? »Wir sehen uns dann in Wien.« Ja, seht euch nur. Viel Spaß dann noch. »Zwischen ihr und mir ist doch nichts. Alles nur Show.« Ach ja? Schön, wenn er das so sieht. Wird schon stimmen. Auf jeden Fall wird ab sofort wirklich nichts mehr zwischen uns sein. Wenn überhaupt je was war. »Zwischen uns ist nichts« – eigentlich ein toller Satz. Sprich ihn aus, und er wird dadurch wahr. *Self-fulfilling prophecy.*

Wieder so ein Loser. Wieder so einer, der es nicht geregelt kriegt. Der alle Eisen im Feuer behält, nur so, nur für den Fall. Ich habe noch nie einen Mann getroffen, der in der Lage ist, sich auf anständige Weise von einer Frau zu trennen. Wenn für Männer eine Beziehung vorbei ist, gehen sie fremd. Wenn es ihnen ernst ist mit der Neuen, lassen sie sich erwischen. Und selbst wenn sie Schluß machen wollen, ohne daß eine Neue im Spiel ist, würden sie nicht im Traum daran denken, das auch zu sagen. Lieber treiben sie ihre Frauen so lange durch stumme Lieblosigkeit in den Wahnsinn, bis die den entscheidenden Schritt machen.

Und dann spielen sie den armen Verlassenen. Wahrscheinlich kommt demnächst wieder so ein Wissenschaftler und behauptet, das Nicht-Schluß-machen-Können sei genetisch bedingt, ebenso wie Untreue. Das Steinzeitprogramm, möglichst viele Weibchen zu begatten, um das Erbgut nicht verkommen zu lassen. Ein archaischer Urimpuls, gegen den man nichts machen kann. Wie Gänsehaut. Wie Magenknurren. Es ist sozusagen die Erfüllung des evolutionären Auftrags, daß alle Typen Feiglinge sind und achtzig Prozent aller Scheidungen von Frauen eingereicht werden.
Ich muß erst mal etwas trinken. An die Bar. Bloß nicht aufs Zimmer, sonst ruft er noch an, und ich werde schwach und gehe ran. Oder er ruft nicht an. An die Bar also.
Biggi. Wenn ich das schon höre. Das paßt. Daß er mal mit einer Biggi zusammen war. Oder zusammen ist. Biggi. Macht bestimmt Aerobic und trägt Blümchenkleider und findet Brad Pitt gaaaanz süß.
Die Hotelbar ist verlassen um diese Zeit, nur ein Mann mit einer Baseballmütze sitzt am Tresen. Die Happy-Hour-Trinker sind schon weg, die After-Dinner-Trinker noch nicht da. Meine Lieblingsstunde in Bars. »Einen doppelten Glenlivet. Und eine doppelläufige Schrotflinte.« Der Barkeeper sieht mich mitleidig an und schiebt mir erst mal eine Schale mit Erdnüssen zu, bevor er den Whisky holt. Gut so. Grundlage schaffen. Wird eine lange Nacht.
»Ich habe eine Uzi oben in meinem Zimmer. Wenn ich damit aushelfen kann ...« Der Baseball-Typ. Man sollte in Amerika keine Witze über Waffen machen, schon hat man diese Ballermänner am Hals. Ich werfe ihm einen schnellen

Blick zu. Nein, er scheint in Ordnung zu sein. Er grinst und hebt sein Glas. War ein Scherz. Okay.

Moment mal. Ich werfe ihm noch einen Blick zu. Das kann nicht sein.

Das ist unmöglich.

Das ist unglaublich.

Das ist George Clooney.

So was passiert doch wirklich nur in ganz schlechten Romanen.

58

Ich suche Bettina. Weil ich ihr das mit Biggi erklären will, obwohl es da nicht viel zu erklären gibt. Sie hat das einfach in die falsche Kehle bekommen. Ich kann ja nicht wissen, daß Biggi mich in New York anruft. Ich kann doch nicht auflegen oder so tun, als wäre sie falsch verbunden. Das macht man einfach nicht.

Als ich sie endlich gefunden habe, sitzt sie an der Hotelbar und unterhält sich mit einem Mann, der original so aussieht wie George Clooney. Demonstrativ gut unterhält sie sich mit ihm. Für mich gibt es nur genervte Blicke. Rollende Augen, zusammengepreßte Lippen, das komplette Abwehrprogramm. Als wäre mein bloßer Anblick eine einzige Zumutung für sie. Schon gut, dann warte ich eben in der Halle auf dich. Irgendwann mußt du ja kommen.

Worüber sie wohl redet mit diesem Clooney-Klon? Der Typ sieht wirklich genauso aus, nicht zu fassen. Wahrscheinlich liegt es am Haarschnitt, aber den tragen ja im Moment alle. Die haben sich richtig gut unterhalten. So befreit hat sie in meiner Gegenwart nie gelacht. Dabei war

der Tag mit ihr richtig schön. Den Kaufrausch morgen kann ich wohl auch vergessen.
Na endlich, da ist sie. Gleich kommt sie an mir vorbei, und dann bringe ich die Sache in Ordnung. Eine halbe Minute, und alles ist wieder gut. Worauf wartet sie eigentlich? Komm schon, hier bin ich, der zerknirschte Mann im Fauteuil. Vielleicht geniert sie sich ja, weil sie so überreagiert hat. Ist doch egal, wir vergessen das einfach.
Scheiße, da ist dieser Typ von der Bar. Sie hat auf ihn gewartet. Das gibt's doch gar nicht. Sie hat bloß gewartet, bis er bezahlt hat. Und jetzt gehen sie zum Lift. Gemeinsam. Und so wie sie lachen, kann ich mir bestens vorstellen, was sie vorhaben. Daß Bettina nicht lange fackelt, hat sie ja zur Genüge bewiesen.
Wenn jetzt über der Lifttür die 4 stehenbleibt, ist alles in Ordnung. Die 4 ist unsere Etage. Dann geht sie in ihr Zimmer, und ich rufe sie nachher noch an, und wir sprechen uns aus. 3. 4. 4, 5, 6. Er wohnt auf 6. Natürlich auf 6. Und sie ist zu ihm.

59

Es gibt einen Gott, und er liebt mich. Ich trinke Whisky mit George Clooney. Das glaubt mir doch zu Hause wieder keiner. Er nennt mich »Miss Germany«, und ich bin noch nicht mal beleidigt.
Beim dritten Glas haben wir das Für und Wider von Eis im Malzwhisky abgehandelt, das Für und Wider von Topfpflanzen im allgemeinen, das Liebesleben der Hängebauchschweine, rote Augen auf Fotos, die gräßlichsten Erfindungen der Welt (er: Spannbettlaken, ich: Stretchbody

mit Druckknopfverschluß zwischen den Beinen) und ob man ein schlechtes Gewissen haben muß, wenn man eine Putzfrau hat. Derzeit sind wir, der Himmel weiß wie, bei Penistransplantationen. »Es wird nicht klappen«, sagt George abschließend. »Schon weil man nie einen Spender finden wird, der *so* tot ist.« Der Barkeeper nickt heftig.

Er ist nur für zwei Tage in New York, um seine Tante Rosemary zu besuchen und mal wieder durch eine Stadt zu stromern, »wo man nicht gleich verhaftet wird, wenn man zu Fuß geht«, wie er sagt, anders als in Los Angeles. Eigentlich wollte er heute abend einen alten Schulfreund treffen, aber der hat kurzfristig abgesagt. Ich frage ihn nach der Adresse des Freundes. Damit ich ihn in mein Testament aufnehmen kann.

Mit einer kleinen Kopfbewegung deutet er nach rechts. »Da hinten sitzt einer und starrt uns an. Wobei mir scheint, daß er eher Sie als mich auf dem Korn hat – sehr angenehm zur Abwechslung. Das ist nicht zufällig der Typ, für den Sie die Schrotflinte brauchten?«

Na, herrlich. Stefan. Der hat mir gerade noch gefehlt. »Doch, ist er.«

»Was hat er Ihnen getan?«

»Lange Geschichte.«

»Was halten Sie davon, wenn wir ihn ein bißchen ärgern? Los, lachen Sie, als ob ich Ihnen gerade einen phantastischen Witz erzählt hätte.« George zwinkert mir zu. »Na los, Germany. Sie schaffen das.«

Ich lege den Kopf in den Nacken und lache. Mir ist zwar nicht danach, aber für George tue ich doch alles. Und für Stefan erst recht.

»Nicht schlecht. Haben Sie schon mal an eine Schauspielkarriere gedacht? Jetzt lege ich meine Hand auf Ihre Schulter, und Sie strahlen mich an. Gut. Er guckt schon ziemlich giftig.«
Wir albern noch ein bißchen herum. Aus dem Augenwinkel sehe ich Stefan sein Bier zahlen und gehen.
»Er ist weg«, sagt George. »Nein, warten Sie, er lungert in der Lobby herum. Jetzt geben wir ihm den Rest, was meinen Sie? Kommen Sie. Wir fahren jetzt hoch in meine Suite. Aber schön auffällig.«
George. Clooney. Lädt. Mich. Auf. Sein. Zimmer. Ein. Hörst du das, Stefan? Hörst du das, Rest der Welt? Das ist zwar nur ein blöder Traum. Aber es gibt überhaut keinen Grund, warum der Traum so schnell zu Ende sein sollte.

60

Wenigstens gibt es im amerikanischen Fernsehen keine Werbung für Telefonsex. Nur Talkshows, in denen betrogene Ehemänner herumheulen. John aus Little Rock, Arkansas. Und die Ehefrau sitzt mit ihrem feisten Geliebten da und sieht aus wie nach vierzehn Tagen Schönheitsfarm. Aber vielleicht ist das ja noch schlimmer als Telefonsexwerbung. In der geht es nur um Dienstleistungen, nicht um Gefühle. Manchmal wäre ich richtig froh, wenn ich keine Gefühle hätte. Eine Maschine sein, das wäre jetzt genau das richtige. Dann würde ich mir auch glauben können, was ich mir vorbete: daß es mir doch völlig egal sein müßte, was Bettina in der sechsten Etage macht. Wir sind kein Paar. Also kann sie machen,

was sie will und mit wem sie will. Das Paar spielen wir ja nur fürs Fernsehen. Und jetzt hat Bettina eben Feierabend. Kein Grund, zu flennen.
Baden nützt auch nichts. Habe ich schon probiert. Mit Liebeskummer in der Badewanne zu liegen erinnert einen nur daran, daß man Liebeskummer hat. Man liegt da, weil man sonst nirgendwo hin kann. Und das einzige, was man spürt, ist kälter werdendes Wasser.
Durch meinen Kopf wandern lauter Konjunktive. Wenn Biggi nicht angerufen hätte. Wenn wir in Bettinas Zimmer gegangen wären statt in meines. Wenn der Typ nicht wie George Clooney, sondern wie Jürgen Drews ausgesehen hätte. Wenn der Typ Ingolf gewesen wäre. Wenn wir auf Tonga geblieben wären. Wenn ich auf Tonga nicht schlappgemacht hätte. Wenn ich mich nicht doch in Bettina verknallt hätte. Ein richtiger Konjunktiv-Stau ist das. Hätte, wäre, wenn. Und kein einziger Indikativ.
Ich muß raus hier. Einfach nur raus. Durch die Stadt laufen und mich irgendwo betrinken. Vielleicht habe ich Glück, und ich werde überfallen. Vielleicht schlägt mir ja jemand die Gefühle aus dem Kopf. Oder ich lasse mir einen George-Clooney-Schnitt verpassen. Frauen gehen doch auch immer zum Friseur, wenn sie Liebeskummer haben.

61

Hören Sie, da wir schon hier sind, wollen wir nicht ein bißchen Doktor spielen?« sagt George und zieht die Vorhänge zu. »Es würde mir Spaß machen, Sie wiederzubeleben.«
Äh. »Jetzt habe ich in der Aufregung schon einen Hör-

sturz. Für einen winzigen Moment dachte ich, Sie hätten irgendwas von Doktorspielen gesagt.« Meine Stimme kiekst ein bißchen. Schlechter Soundeffekt.
George lacht. Wenn George Clooney lacht, geht die Sonne auf, besonders bei zugezogenen Vorhängen. Ich hoffe, in seinen Verträgen steht eine Klausel, die ihm gegen Konventionalstrafe mindestens zwanzig Minuten ungeschnittenes Lachen pro Film vorschreibt. »Habe ich. Aber ich dachte eher an eine kleine psychologische Behandlung. Ich sehe doch, daß mit Ihnen etwas nicht stimmt.«
Plötzlich schießen mir die Tränen in die Augen. »Ach, George. Es ist alles so durcheinander. Ich weiß überhaupt nicht mehr, was ich eigentlich will.«
»Das habe ich mir doch gleich gedacht. Verliebt also. Verliebt in Mr. Schrotflinte?« Er kniet vor der Minibar und mixt uns auf dem Teppich zwei Drinks.
»Ich will aber nicht verliebt sein.« Jetzt rührt er die Drinks mit dem Zeigefinger um und leckt ihn genüßlich ab. Ich werde gleich ohnmächtig. Völlig in Ordnung. Wenn ich mich schon lächerlich machen muß, dann hier und jetzt. »Nicht in ihn jedenfalls.«
»Warum nicht?« Er reicht mir das Glas.
»Weil er nicht mein Traummann ist. Können wir nicht von was anderem reden?«
»Klar können wir. Aber können Sie an etwas anderes denken?« Guter Punkt. Ich starre in mein Glas.
»Wenn ich Ihnen eine Erfahrung aus meiner langen und erfolgreichen Karriere als Traummann anvertrauen darf«, sagt George mit diesem Der-Doktor-kommt-gleich-Lächeln, »dann die: Der Traummann ist immer der, nach

dem man Sehnsucht hat. Und die Rolle ist bei Ihnen anscheinend vergeben.«

Ich schüttele trotzig den Kopf. George lacht. »Sehen Sie, das ist es, was aus der schönen amerikanischen Idee vom *pursuit of happiness* geworden ist: Jeder will glücklich *werden*, keiner will es *sein*. Alle jagen dem Glück hinterher, keiner will einsehen, daß er es längst in der Tasche hat.«

»Gibt es eigentlich einen Grund dafür, warum plötzlich alle Männer mit mir reden wie mein Opa aus Westerdeichstrich? Ich komme mir vor wie zwölf. Können Sie nicht zumindest pro forma versuchen, mich rumzukriegen?«

»Hey. Sie sind phantastisch. Sie herumzukriegen wäre mir eine Ehre und ein Vergnügen. Aber leider kommen Sie mir auch vor wie zwölf, wenn Sie sich nicht endlich eingestehen, daß Sie diesen struppigen Kerl da unten lieben.«

»Aber er mich nicht! Der hat noch eine Freundin in Wien.«

»Ach, Germany. So wie der Sie angesehen hat, würde ich sagen, Wien ist von seiner Landkarte gestrichen. Wie heißt er denn?«

»Stefan. Stefan Ross.«

George verschluckt sich fast an seinem Drink. »Keine Witze bitte. Ross? Wie meine Rolle in *Emergency Room?* Doug Ross?« Jetzt verschlucke ich mich beinahe. »Halten Sie das für ein Zeichen? Von wegen Traummann?«

»Wenn das kein Zeichen ist, fresse ich einen OP-Tisch.«

Vielleicht hat er ja recht. Oh, bitte, mach, daß er recht hat. Mir wird schon ganz schwindlig von diesem Wahnsinn. Ich bin auf einmal so müde, so unglaublich müde. Meine Lider fühlen sich plötzlich an wie ein Paar Kanaldeckel.

Ich merke gerade noch, wie mich jemand auffängt, dann wird alles dunkel.

62 Ich bin in Chinatown. Ich möchte nichts mehr verstehen müssen. Nur noch auf chinesische Schriftzeichen starren, die mir nichts sagen. Oder dem Singsang der Leute zuhören und mir einbilden, sie reden bloß übers Wetter. Ich glaube, wir wären alle viel glücklicher, wenn wir uns nicht andauernd verstehen müßten. Wir könnten uns aufs Schauen beschränken. Wenn uns etwas gefällt, lächeln wir, und wenn es uns sehr gefällt, streicheln wir es.

Zuerst bin ich in ein Wettbüro gegangen. Ich stand mit ein paar Dutzend Chinesen vor einem riesigen Bildschirm, auf dem ein Pferderennen lief, und je näher es dem Ziel ging, desto aufgeregter sangen sie. Das Rennen könnte in Hongkong gewesen sein, jedenfalls war die Bandenwerbung chinesisch, aber genau weiß ich das natürlich nicht. Plötzlich fand ich es aufregend, mit einem Jockey zu fiebern, der in Hongkong seinem Pferd die Sporen gibt. Wenn ich gewußt hätte, wie man auf chinesisch wettet, hätte ich glatt meine dreitausend Dollar gesetzt. Wahrscheinlich sprechen die Chinesen von Chinatown alle Englisch, aber ich will niemanden verstehen müssen. Beim vierten Rennen habe ich bereits ein Pferd angefeuert. Es tat gut dazuzugehören.

Danach bin ich in eine Videospielhalle. Ich wollte herausfinden, ob es wirklich gegen Liebeskummer hilft, wenn man Monster tötet. Aber ich bin mir bloß kindisch vorgekommen beim Töten. Also bin ich wieder hinaus auf die Straße, um zu schauen. Ich habe mich mit meinen Blicken

regelrecht an den Dingen festgesogen. Zum Beispiel habe ich vor dem Schaufenster einer Apotheke gestanden und mir ein Glas angesehen, in dem eine Schlange eingelegt war. Vielleicht ist das ja eine chinesische Medizin gegen Liebeskummer. Jedenfalls bin ich ruhiger geworden. Man klammert sich an den Dingen fest und fühlt sich verankert. Ich glaube, daß es Bettina so ähnlich geht mit ihren Stühlen. Wenn sie verzweifelt ist, sieht sie ihre Stühle an und denkt, wenigstens gibt es ein paar Stühle, die schön sind. Gleich ist sie ein bißchen weniger verzweifelt.
Schließlich habe ich mich in ein Restaurant gesetzt. Essen ist nie verkehrt, wenn es einem schlecht geht. Man merkt dabei, daß man im Grunde immer noch völlig normal funktioniert. Man leidet, aber der Körper ißt, als ob ihn das Leiden nichts anginge. Schade, daß Bettina nicht hier ist. Sie würde das Restaurant sicher mögen. Jetzt sind die beiden wahrscheinlich schon längst mit dem Vögeln fertig und wissen nicht, was sie miteinander anfangen sollen. Und ich sitze hier und habe es gut. Alle paar Minuten läuft eine Frau mit einem Teewagen vorbei, auf dem Bambuskörbe mit kleinen weißen Knödeln gestapelt sind. Man zeigt einfach auf einen Korb und bekommt neue Knödel. Manche sind mit Krabben gefüllt, manche mit Huhn und manche mit einer schwarzen Paste. Es ist, als würde man lauter kleine Geschenke essen. Ich glaube, Chinesen sind sehr glückliche Menschen.
Irgendwann sind keine Teewagen mehr gekommen. Ich bin sitzengeblieben, so satt wie seit Jahren nicht mehr. Dann kam Kung Shing zu mir, der Besitzer des Restaurants. Er hat sich einfach zu mir an den Tisch gesetzt und

geschwiegen. Wir haben grünen Tee getrunken und dem Rauch unserer Zigaretten nachgesehen und geschwiegen. Wenn ich gewußt hätte, ob das für Chinesen in Ordnung ist, hätte ich ihn umarmt, so schön war es, daß er neben mir saß.

Schließlich hat er sich vorgestellt. »Ich heiße Kung Shing«, sagte er. »Ich heiße Stefan Ross«, sagte ich. »So schlimm?« fragte er. »Schlimmer«, sagte ich. »Eine Frau«, sagte er. »Eine Frau«, sagte ich. »Ist sie es wert?« fragte er. »Auf alle Fälle«, sagte ich. »Sie ist das hundertprozentige Mädchen.« Plötzlich fiel mir auf, daß ich doch mit jemandem zu sprechen begonnen hatte, und mußte lachen. »Warum lachen Sie?« fragte Kung Shing. »Weil Sie es geschafft haben, daß ich mit jemandem spreche«, sagte ich. »Sehr schön«, sagte Kung Shing und schenkte mir Tee ein.

Das war vor eineinhalb Stunden. Wir sitzen immer noch da, trinken Tee und schauen dem Rauch unserer Zigaretten nach. Aber dazwischen reden wir. Ich habe ihm von Bettina erzählt, er mir von seinen Knödeln. Schon als Kind, erzählt er, wollte er nie etwas anderes werden als der beste Dim-Sum-Koch der Welt. Schönes Wort, hört sich gleich viel besser an als Knödel. »Ich saß mit meinem Großvater im Teehaus«, sagt Kung Shing, »sah den Männern beim Spielen zu und malte mir aus, wie meine Dim Sums schmecken würden. Ich habe meinen Großvater geliebt. Manchmal bringe ich ihm Dim Sums an sein Grab.«

»Nach China?« frage ich. »Nein, hier in New York«, sagt Kung Shing, »ich bin noch nie in China gewesen.« Dann schweigen wir wieder.

»Was ist sie für eine Frau?« fragt Kung Shing. »Sie hat eine zu große Nase«, sage ich, »sie geht, als wäre sie auf der Flucht, sie erschrickt mitten im Lachen, weil sie Angst hat, daß sie zu laut ist, sie verteidigt sich, ohne angegriffen worden zu sein, sie hat schöne Brüste und meergrüne Augen. Wenn man ihr sagen würde, daß man sie liebt, würde sie es abschütteln, weil sie es für einen schlechten Witz hält, sie zu lieben, aber sie schläft mit Männern, wenn sie verzweifelt ist.«

»So schlimm?« fragt Kung Shing.

»Noch schlimmer«, sage ich, »sie ist das hundertprozentige Mädchen.«

»Ich beneide Sie«, sagt Kung Shing.

»Ich Sie auch«, sage ich, »ich würde gerne irgend etwas im Leben so gut können wie Sie Ihre Dim Sums.«

»Sie können verzweifelt sein«, sagt Kung Shing. »Das ist schon ziemlich gut.«

»Ich muß gehen«, sage ich. »Ich hab seit vierundzwanzig Stunden nicht geschlafen. Danke, daß Sie mit mir gesprochen haben.«

»Ich danke Ihnen«, sagt Kung Shing. »Und vergessen Sie nicht Ihren Glückskeks. Manchmal wirkt es.«

»Morgen«, sage ich. »Erst schlafen, dann Schicksal.«

63

Draußen ist es hell. Nebenan schnarcht ein Mann. Wo bin ich hier, um Himmels willen? Ich liege in einem fremden Doppelbett, irgend jemand hat mich ordentlich mit einer Daunendecke zugedeckt. George. Ach, Quatsch. Das war doch wieder nur ein Traum.

Kein Traum. Die Suite von gestern nacht. Auf einem Stuhl

liegt meine Jeans, ordentlich zusammengefaltet. Das Schnarchen, das muß *er* sein. George Clooney schnarcht. Der Himmel bebt. Die Engel weinen.
Langsam fällt mir alles wieder ein. Schrotflinte. Whisky Stefan. *Pursuit of happiness.* All das. Vorsichtig schleiche ich mich zur angelehnten Schlafzimmertür und spähe hindurch. George Clooney liegt auf dem Sofa. In einem gestreiften Pyjama. Schnarchend. Absolut unwiderstehlich.
Leise gehe ich zum Schreibtisch und schreibe ihm eine Nachricht. »Dear George – danke, daß Sie nicht mein Traummann sind. Das werde ich Ihnen nie vergessen. Love, Germany.«
Mit den Schuhen in der Hand schleiche ich zum Ausgang, vorbei an einem raumhohen Spiegel. Oha: Alarmstufe rot. Zerknitterte Bluse, verschmierter Mascara, Haare wie ein explodiertes Sofakissen. Ich sehe aus wie der leibhaftige Morgen danach. Schnell weg hier. Leise ziehe ich die Tür hinter mir ins Schloß. Komisch, hat es hier gerade geblitzt? Nein, nichts. Mit dem Fahrstuhl fahre ich in den vierten Stock hinunter. Ich steige gerade aus, da hält der Fahrstuhl aus dem Erdgeschoß. Stefan. Er starrt mich an. Er sieht fürchterlich aus. Als ob er die ganze Nacht kein Auge zugetan hat. Er starrt auf die Schuhe in meiner Hand. Und lächelt etwas bitter.

64

Bettina hat noch dieselben Sachen wie gestern abend an und ihre Schuhe in der Hand. Sie hat eine zu große Nase und meergrüne Augen und ein schlechtes Gewissen.

»Hallo, Stefan«, sagt sie, aber nur, weil sie nicht gut gar nichts sagen kann.
»Hallo«, sage ich und würde ihr am liebsten eine knallen.
»Wie geht es dir?« fragt Bettina, als ob sie es nicht sehen könnte. »Ich glaube, ich habe zuviel getrunken«, sage ich, obwohl das nicht stimmt. »Ich war in Chinatown.«
»War's schön?« fragt Bettina.
»Ja«, sage ich und weiß, daß ich gleich losheulen werde.
»Was immer du denkst«, sagt Bettina, »du denkst das Falsche.«
»Wenn du meinst«, sage ich.
»Ich habe dich doch davor gewarnt, dich in mich zu verlieben«, sagt Bettina.
»Und ich hab mich nicht dran gehalten«, sage ich.
»Ich dachte, du bist nicht verliebt«, sagt Bettina.
»Bin ich auch nicht. Ich bin bloß besoffen und möchte schlafen«, sage ich.
»Das geht aber nicht«, sagt Bettina, »ich will doch mit dir einkaufen gehen.«
»Ich glaube nicht, daß das eine gute Idee ist«, sage ich.
»Du weinst ja«, sagt Bettina.
»Gar nicht wahr«, sage ich.
»Hey, Stefan«, sagt Bettina, »du glaubst doch nicht wirklich, daß ich mit diesem Typen geschlafen habe.«
»Und wenn schon«, sage ich, »es geht mich nichts an.«
»Wofür hältst du mich eigentlich?« sagt Bettina. »Ich schlafe doch nicht mit jemandem, wenn ich dabei die ganze Zeit an dich denken müßte.«
Ich hoffe, sie merkt, daß das, was ich gerade in meinem Gesicht versuche, ein Lächeln ist.

65 Wir treffen uns um zwölf in der Lobby. Ausgeschlafen. Mit klaren Augen. Ohne Verlegenheit. Es ist, als ob ein heftiges Gewitter abgezogen wäre. Die Luft ist klar. Die Sonne scheint. Die Welt ist in Ordnung. Alles wird gut. Und zur endgültigen Gesundung werden wir jetzt einen Haufen Geld ausgeben. Die New Yorker haben schließlich sogar einen Ausdruck für die heilende Kraft des Einkaufens: *retail therapy.*

»Wohin?« fragt Stefan auf der Straße. »Im Einkaufen bist du ja die Fachfrau.«

»Wenn es schnell und schmerzlos gehen soll, dann müßten wir zur Madison Avenue«, sage ich und winke ein Taxi heran. »Aber wir wollen die Sache ein bißchen sportlicher angehen. Zu Loehmann's, bitte.«

Das Taxi hält kurz darauf an der Ecke 7th Avenue und 16th Street.

Wir betreten das Shangri-La der Schnäppchenjäger, den geheimen Ort, an den sich die großen Designerkleider der letzten Saison zum Sterben hinlegen: Donna Karan, Ralph Lauren, Dior, Jil Sander. Großer Spaß, kleines Geld.

Der *back room,* das Allerheiligste mit den besten Klamotten, ist brechend voll. »Mmh«, sage ich schnüffelnd. »Ich wittere frischen Kaschmir.«

Stefan lacht. Nicht lange. Zwanzig Minuten später stehen wir wieder auf der Straße, ich mit zwei Tüten, er mit einem halben Nervenzusammenbruch. »Du hättest mich warnen müssen. Diese Weiber da drinnen werden einen bleibenden Schaden bei mir hinterlassen. Wenn ich in zehn Jahren Frauen in Designerjacketts serienweise mit der Axt erschlage, bist du schuld.«

»Entschuldige. Kein schöner Anblick, ich weiß. Ich hätte dir sagen sollen, daß ich den schwarzen Gürtel im Kampfshoppen habe. Es hat wahrscheinlich mit dem Job zu tun, aber ich muß das Schnäppchen jagen. Sonst würde ich mich fühlen, als ob ich einen Löwen im Zoo abknalle. Irgendwie unehrenhaft.«

»Schön, dann habe ich jetzt eine Mutprobe für dich. Wir fahren ins teuerste Geschäft der Stadt. Und du wirst den vollen Preis für irgendwas zahlen. Schließlich haben wir einen Auftrag zu erfüllen.«

»Aaaaaargh! Das kannst du mir nicht antun! Ich würde zu Staub zerfallen wie Dracula bei Tagesanbruch!« Aber die Vorstellung gefällt mir. Der volle Preis. Wie exotisch. Ich überlege kurz. Barney's? Saks? Takashimaya? Bergdorf Goodman? »Zu Henri Bendel«, sage ich.

Bendel ist nur was für beinharte Shopperinnen. Allein der Blick des *doorman* – vom Kopf zu den Schuhen und zurück in einer Nanosekunde – hat schon gestandene Societydamen in Tränen ausbrechen lassen. Solche Geschäfte rühren immer an meine dunkelsten Instinkte. An einem Nachmittag vor zwei Jahren habe ich hier mal siebzehn Chanel-Kostüme anprobiert, nachdem ich mich am Handy laut mit »Graf« gemeldet und der wartenden Verkäuferin mit dickstem deutschem Akzent ganz beiläufig zugeworfen habe: »Das ist meine Schwester Steffi. Wir haben uns hier verabredet.« Hey, wie da die Kostümchen aus dem Hinterzimmer flogen, die sonst nur die Spezialkundinnen zu Gesicht kriegen. Und wie da der Champagner floß. Leider habe ich unter all den Chanels dann doch nicht ganz das Richtige gefunden – zu schade. Und leider hat Steffi es auch nicht mehr geschafft. Bestimmt wieder Probleme mit der Patellarsehne.

All das erzähle ich Stefan im Taxi. Aber nach seinem Auftritt vorgestern im Balthazar muß ich mich nicht sorgen, daß er bei Bendel auf Grund läuft. Wir segeln mit der Grandezza zweier europäischer Milliardenerben, die sich heute morgen nur aus reiner Exzentrik für angeschmuddelte T-Shirts und Khakis entschieden haben, die französische Wendeltreppe hinauf in die Designerabteilung.

Während ich mit einem Schwung Abendkleider über dem Arm in der Umkleidekabine verschwinde, dreht Stefan am M.A.C.-Tresen Lippenstifte auf und zu. Für Biggi zweifellos. Verdammt. Und ich dachte, ich hätte diese Frau schon aus meinem Hirn verbannt. Wenn ich bloß wüßte ...

Eine Viertelstunde später gebe ich auf. Kein Kleid dabei. Vielleicht ist es der Fluch des vollen Preises. Vielleicht ist es auch nur Biggi.

Vor den Umkleideräumen wartet Stefan. »Und? Was gefunden?« Ich schüttele den Kopf. Er lächelt so komisch. Und zieht hinter seinem Rücken einen Bügel mit einem merkwürdigen Lappen hervor. Wie eine müde Fahne in völliger Windstille hängt der Stoff am Bügel, die Farbe seltsam zwischen Forellenbauchsilber und Elefantenrüsselgrau changierend. »Tust du mir einen Gefallen? Ziehst du das mal für mich an?«

Ich ziehe zweifelnd die Augenbrauen hoch, aber drehe mit dem Teil noch einmal um. Was soll's, ein Kleid mehr oder weniger macht jetzt auch nichts mehr.

Und dann stehe ich vor dem Spiegel, und in dem Spiegel steht eine Frau, die ich noch nie gesehen habe. Sie hat entfernte Ähnlichkeit mit mir. Aber das bin ich nicht. Das ist eine Zauberfrau. Eine Erscheinung. Eine Göttin. Ein Star. Ein Wahnsinn. Der Lappen hat sich an meinem Körper in ein Kleid verwandelt, wie ich es noch nie gesehen habe. Schimmernd, fließend, schwingend, anschmiegsam, wie von einer anderen Welt. Es paßt so genau, als wäre es mir an den Körper geschwappt wie eine warme Welle. Dieses Kleid meint mich, mich persönlich. Bestimmt ist hinten ein Etikett eingenäht: »Ausschließlich von Bettina Burghardt zu tragen«. Und doch macht mich dieses Kleid, das ich niemals in Erwägung gezogen hätte, zu einer Frau, die ich nicht für möglich gehalten hätte. Und Stefan hat es für mich ausgesucht. Er muß mich kennen, wie ich mich nicht einmal selbst kenne. Das ist erschreckend. Beglückend. Erschreckend beglückend.

Ich traue mich kaum aus der Umkleidekabine heraus. Was wird er sagen? Was hat er gesehen in diesem Kleid? Was in mir? Fast habe ich Angst, ihn zu enttäuschen. Ich öffne die hohe Tür der Kabine und sehe ihn an, wie er mich ansieht. Er sagt nichts. Sein Blick sagt alles.

Wir stehen ein paar lange Augenblicke voreinander, bis wir beide gleichzeitig nervös zu lachen beginnen. »Gut?« frage ich. Er nickt. »Dann ist es das wohl«, stottere ich. Er nickt wieder. »Ich mag es gar nicht mehr ausziehen«, sage ich.

»Behalt es an. Ich habe es schon bezahlt.«

»Was?« Erschrocken starre ich auf das Preisschild am Ärmel. »3000« steht da in feinster Handschrift auf einem winzigen Etikett. Dreitausend Dollar! Sein ganzes Geld! »Das ist ... aber ... nein, aber ... das kannst du doch nicht tun, Stefan«, hasple ich.

»Das habe ich schon getan«, sagt er ruhig. »Ich konnte nicht anders. Es war das richtige für dich.«
»Aber das ist doch Wahnsinn!«
»Eben«, lächelt er. »Wahnsinn, wie du aussiehst.«
Ich merke, wie mir langsam die Schamröte den Hals hochsteigt.
Das ist ... So was Verrücktes hat noch keiner für mich getan. Dreitausend Dollar für ein Kleid. Einfach so.
Einfach so.
Ich heule gleich. Statt dessen küsse ich ihn.

66

Auf meinen Lippen detonieren kleine Knallfrösche. Von links nach rechts, von unten nach oben und dann überall.
Sie hat mich geküßt. Einfach so. Vor allen Leuten. Und ich stehe da und explodiere vor mich hin.
Ganz fern sagt eine Stimme etwas zu mir.
»Aufwachen«, sagt Bettinas Stimme. »Wir haben noch viel vor.«
Ach ja? Wenn es nach mir ginge, könnte ich ruhig hier stehenbleiben und weiter explodieren. Es kribbelt noch immer. Kleine Nachbeben in meinem linken Mundwinkel. Ein wenig so, wie wenn man beim Zahnarzt war und die Betäubung nachläßt. Plötzlich merkt man, daß man tatsächlich Lippen hat.
Als mich eine Verkäuferin beunruhigt fragt, ob ich einen Stuhl brauche, gebe ich mir einen Ruck. »Nein, danke, es ist nichts. Nur ein kleiner Schwächeanfall. Ist schon vorbei.«

Gar nichts ist vorbei. Es hat gerade erst begonnen. Und klein war dieser Anfall auch nicht.
Wir laufen und laufen.
An den Wolkenkratzern vorbei.
Ich beschließe, Wolkenkratzer zu lieben. Es muß ein schönes Gefühl sein, Wolken zu kratzen. Oder eine Wolke zu sein und zur Spitze des Empire State Buildings sagen zu können: Könntest du mich bitte in der Mitte kratzen, es juckt gerade höllisch, ja, genau da, sehr gut.
»Wohin willst du?« fragt Bettina.
»Auf das Empire State, bitte«, sagt der Mann, der bis vor kurzem noch Stefan hieß. »Ich weiß, daß es nicht besonders originell ist, aber ...«
»Die besten Dinge sind nie originell«, sagt Bettina.
Stimmt. Küsse zum Beispiel.
Sie zeigt mir die Stadt. Ich sehe nur Bettina. Alles, worauf sie zeigt, wird sofort schön. Weil sie so schön ist in ihrem Eifer, mir die Stadt zu zeigen.
»Du kannst so schön zeigen«, sage ich.
Alle Sätze ergeben plötzlich Sinn. Wie in Liedern. »Mir wird kalt, Stefan.«
»Dann laß uns ins Warme. Zeig mir einfach deinen Lieblingsplatz in New York.«
»Ich weiß nicht, ob es dir dort gefallen wird.«
O doch. Du hast ja nicht die geringste Ahnung, wie sehr es mir dort gefallen wird.

67 Morgen werde ich tot umfallen, und es wird mir überhaupt nichts ausmachen. Denn ich werde heute gehabt haben. Und besser als heute kann es nicht kommen.

Ich habe ihn ins Naturkundemuseum gebracht, in den Tiefseesaal, wo es so finster ist wie auf dem Meeresboden, wir stehen vor einem gewaltigen Schaukasten, in dem ein Pottwal und ein Riesenkrake in Originalgröße um Leben und Tod kämpfen. Das Schild davor erzählt von den »großen Schlachten, die in totaler Dunkelheit stattfinden«, und genau so fühle ich mich. Totale Dunkelheit. Große Schlacht.

Ich bin immer noch wie betäubt von dem, was Stefan getan hat. So durcheinander war ich lange nicht mehr. So irre geworden an allem, was ich fühle und denke. Knallvoll mit Glück. Und Angst. Neben mir höre ich Stefan atmen. In dem bläulichen Unterwasserlicht, das aus den Schaukästen dringt, kann ich ihn kaum sehen, aber ich spüre ihn genau. In meinem silbrigen Kleid fühle ich mich wie eine Meerjungfrau zwischen all diesen Fischen hier unten, so fremd und doch so in meinem Element.

Er muß doch hören, wie laut mein Herz klopft. Was mache ich jetzt nur? Wenn ich ihn noch mal küsse, denkt er nur, es sei wegen des Kleides. Ist es ja auch. Aber nicht so, wie er denken wird. Was denkt er bloß?

Plötzlich geht das Licht an, und wir fahren zusammen wie ertappte Schulkinder. Er hat mich anscheinend ebenso im Dunkeln angestarrt wie ich ihn. Ein Lautsprecher knackt. »Meine Damen und Herren, das Museum wird in wenigen Minuten schließen. Bitte begeben Sie sich zu den Ausgängen. Wir danken Ihnen für den Besuch.«

Draußen setzen wir uns in ein Taxi und gucken uns erst mal an. Der Taxifahrer fragt: »Wo soll's denn hingehen?« Wir gucken uns wieder an.

»Sag du«, sagt Stefan.

»Nee, sag du«, sage ich.

»Mir ist es egal«, sagt Stefan. »Irgendwohin, wo es schön ist.«

»Wird's heute noch was?« fragt der Taxifahrer.

Stefan beugt sich vor. »Fahren Sie uns bitte zum romantischsten Ort von New York.«

»Und wo soll der bitte sein?«

»Das entscheiden Sie. Fahren Sie uns zum romantischsten Ort, den Sie kennen.«

Auf dem Gesicht des Taxifahrers macht sich ein Lächeln breit. »Ist das Ihr Ernst? Okay.« Er steuert den Wagen in Richtung Süden. »Ich weiß ja nicht, ob ihr jungen Hüpfer was damit anfangen könnt. Ich war früher immer mit meiner Frau da, aber seit sie es mit der Hüfte hat ...«

In der 52nd Street hält er den Wagen an. »Bitte sehr. Der romantischste Ort von New York: der Roseland Ballroom.«

Sonderlich romantisch sieht das Roseland nicht aus, eher wie ein heruntergekommener Rockschuppen. Ein Plakat neben dem Eingang kündigt ein Metallica-Konzert in der nächsten Woche an, ein anderes einen Halbschwergewichtskampf. Doch auf dem Bürgersteig stehen Frauen in Tellerröcken, am Arm pinkfarbene Samthandtäschchen und panisch um sich blickende Männer.

Der Grund für ihre Panik dringt aus der geöffneten Tür. Eine Big Band.

»Klasse. Tanztee«, sage ich und füge mit zitternder Omastimme an: »Daß ich das noch erleben darf.«

Stefan reicht mir seinen Arm, und wir schreiten ins Roseland. In der Lobby hängt eine kleine Chronik hinter Glas: In den zwanziger Jahren war es eine Dancehall, wo man für zehn Penny pro Tanz eine Frau durch die Gegend schieben durfte. In den Vierzigern haben hier drei Big Bands pro Nacht gespielt, auf drei Bühnen. Duke Ellington, Count Basie, Tommy Dorsey. Auf einer großen Wandtafel daneben stehen in Messing die Namen all der Ehepaare, die sich beim Tanzen im Roseland kennengelernt haben.
»Wir hätten den Taxifahrer fragen müssen, wie er heißt«, sage ich. »Vielleicht steht er ja auch hier drauf.« Für ein paar Minuten suchen wir nach Namen, die wie Taxifahrer klingen, dann trauen wir uns in den Tanzsaal.
Es ist wie eine Zeitreise. Wahrscheinlich hat es hier vor fünfzig Jahren auch schon so ausgesehen: Eine hohe Decke wölbt sich über der gut gefüllten Tanzfläche, eine Bar drückt sich rechts an die Wand, die Band spielt an der Stirnseite. Gerade beginnt ein neuer Song. »I can't believe you're in love with me« von Chet Baker.
»Liebling, sie spielen unser Lied«, sagt Stefan und zieht mich auf die Tanzfläche.

68

Ich kann tanzen. Ich weiß auch nicht, wie mir das passieren konnte, aber ich kann tanzen. Richtig tanzen, mit meinen Händen an den richtigen Stellen und einem beseelten Lächeln auf den Lippen. Dabei habe ich damals vor dem Maturaball immer die Tanzschule geschwänzt, weil ich es affig fand, mit dieser blöden Schnepfe Ulla Poschardt herumschunkeln zu müssen. Bloß weil wir beide die größten in unserer Klasse waren. Und nun tanze ich, als hätte ich jahrelang heimlich geübt. Mein Walzer paßt zwar überhaupt nicht zu dem Swing, den sie im Roseland spielen, aber wen stört das an einem Tag wie diesem? In meinen Armen fühlt Bettina sich an wie jemand, der immer schon zu mir gehört hat. Links, zwei, drei, ich will walzern, bis wir ohnmächtig zusammenbrechen. Als wäre es das letzte Mal.

Es ist ja auch das letzte Mal. In eineinhalb Wochen bin ich wieder in Wien. In eineinhalb Wochen bin ich wieder normal. Einer, der sich in öden Clubs herumtreibt, die voll sind mit Menschen, die das Leben als Paar affig finden. Einer, der nicht tanzen kann. Die Sehnsucht wird toben in mir, und die Sehnsucht wird Bettina heißen. Bloß nicht daran denken jetzt, links, zwei, drei.

»Was hast du gerade gedacht?« fragt Bettina.

»Daß ich dich vermissen werde, glaube ich.«

»Glaubst du oder denkst du?«

»Sagen wir, ich weiß es ganz einfach.«

»Vorsicht. So fängt es immer an.«

»Was?«

»Das Verliebtsein. Man vermißt den anderen schon, wenn er noch gar nicht weg ist.«

»Stimmt doch gar nicht. Das Verliebtsein beginnt, wenn man den anderen ständig fragt, was er gerade denkt.«

»Ratte.«

»Jetzt hast du dich verraten«, sage ich.

»Große Ratte«, lacht Bettina. »Wo hast du übrigens so gut tanzen gelernt?«
»Das frage ich mich auch. Es muß im Schlaf über mich gekommen sein. Aber du bist auch nicht schlecht.«
»Jetzt weiß ich, wie das Verliebtsein anfängt. Mit Retourkutschen.«
»Mußt du eigentlich immer das letzte Wort haben?«
»Wenn du den Mund hältst, nicht.«

Zu Befehl, Gnädigste. Es ist mir sowieso lieber, nicht reden zu müssen. Den Schwachsinn, der mir von der Zunge perlt, würde ich nicht einmal mir selbst zumuten. Damit fängt nämlich das Verliebtsein wirklich an: daß man nur noch hirnverbrannten Unsinn miteinander redet. Wahrscheinlich gibt es deswegen so wenige Romane übers Verlieben und so viele über Liebeskummer.
»Stefan?«
»Ja?«
»Ich habe so ein schlechtes Gewissen dir gegenüber.«
»Wieso denn? Ich habe dich ja auch für eine blöde Zicke gehalten.«
»Ist ja außerordentlich interessant, Herr Ross.«
»Und du mich für einen zwar liebenswerten, aber total verpennten Schwätzer, der es nie zu etwas bringen wird. Und jetzt sind wir im Roseland und tanzen Linkswalzer.«
»Wie kommst du eigentlich auf liebenswert? Und außerdem rede ich doch gar nicht davon.«
»Au weia. Vergiß das mit der blöden Zicke. Also, wieso hast du ein schlechtes Gewissen?«
»Wegen des Kleides, du Idiot.«

»Zu teuer, zu verrückt, zu unverdient. Ich weiß. War mir ein Vergnügen.«
»Stefan, du verarschst mich. Du kannst dir gar nicht vorstellen, wie peinlich es mir ist, daß du dein ganzes Geld für mich ausgegeben hast.«
»Hör doch auf damit. Sonst bilde ich mir ein, schon wieder alles falsch gemacht zu haben.«
»Ich würde dir gerne auch etwas schenken.«
»Ach, Bettina. Bloß keinen Streß jetzt«, sage ich und drükke sie ein wenig fester an mich, damit ich sie besser riechen kann. Ihren Geruch werde ich auch vermissen, so viel steht fest.
»Schon gut. War ja nur so eine Idee. Aus irgendeinem Grund überfordert es mich, wenn jemand einfach nur nett zu mir ist. Typisch weiblich wahrscheinlich. Wir wollen euch einfach nichts schuldig bleiben. Es tut mir leid.«
Plötzlich habe ich eine Idee.
»Na gut, du darfst mir etwas schenken. Ich glaube aber nicht, daß du das hinkriegst. Mein größter Kinderwunsch. Ich habe ihn jedes Jahr dreimal auf den Wunschzettel geschrieben, zu Weihnachten, zu Ostern und zum Geburtstag. Bekommen habe ich es natürlich nie.«
»Würdest du mich bitte nicht so auf die Folter spannen ...«
»Ich hätte gern ... also, ich hätte gern einen Bernhardiner.«
»Okay«, sagt Bettina, ohne mit der Wimper zu zucken, »dann holen wir jetzt einen Bernhardiner für dich. Aber eines sage ich dir: Gassi gehen mußt du mit ihm.«

69 »Darf ich vorstellen, Stefan: dein Bernhardiner. Bernhardiner: Das ist Stefan.«

Das Vieh ist riesig. Kalbsgroß, mit flauschigem braunweißem Fell, treuen Knopfaugen und einer lachsrosa Zunge. Was fehlt, ist ein Faß um den Hals, aber vielleicht habe ich auch nur zu viele Luis-Trenker-Filme gesehen.

»Wow«, sagt Stefan ergriffen und streichelt ihn vorsichtig. »Oder besser: Wau. Wirklich wunderschön.«

»Klasse«, sage ich zur Verkäuferin, »packen Sie ihn bitte ein.«

Die Stofftierabteilung bei FAO Schwarz an der 5th Avenue gehört zu den sieben Weltwundern, solange man unter zehn ist. Allerdings ist das Fabelhafte an diesem Spielzeugladen, daß jeder, der durch die Tür kommt, automatisch wieder neuneinhalb wird.

Und Neuneinhalbjährige haben keinerlei Sinn für Zeit. Ich war schon oft hier und habe es noch nie geschafft, in weniger als zwei Stunden wieder rauszukommen. Mit dem Bernhardiner im Schlepptau streifen wir selig durch die vier Stockwerke. In der Star-Wars-Abteilung lassen wir Chewbacca gegen Jabba the Hut kämpfen, im Stock darüber liegen wir auf dem Boden und spielen Autorennen. In der Barbie-Abteilung klappen wir pinkfarbene Traumhäuser auf und zu, im Raum nebenan versuchen wir, den Flohwalzer vierfüßig auf dem berühmten Fußbodenklavier zu spielen. Und im ersten Stock streiten wir uns, welches ferngesteuerte Boot wir für den See im Central Park kaufen würden und welche Frisbee für die große Wiese. Am Ende entscheide ich mich doch für den limitierten Darth-Vader-Nußknacker für zweihundertzwanzig Dollar. »Eine beherzte Wahl, Madame«, lobt Stefan im schleimigsten Wiener Hotelportierston. »Sie verrät Geschmack, Stil und Eleganz.«

Ich erinnere mich nicht, wann ich zuletzt so viel Spaß an einem einzigen Tag hatte. Stefan und ich verständigen uns nur noch mit Blicken. Magisch. Als ob wir uns schon seit Jahren kennen würden. Und doch ist da mehr. Oder warum sonst kriege ich so rote Ohren, als wir Barbie und Ken in ihrem Malibu-Beachhouse in kompromittierende Positionen biegen?

Noch zehn Minuten bis zum Ladenschluß. »Jetzt wird es ernst«, sage ich. »Wir haben jetzt noch genau ... mal sehen ... achthundertdreiundsiebzig Dollar. Was machen wir denn jetzt noch schnell mit der Kohle?«

»Verschenken wir sie doch einfach«, schlägt Stefan vor.

»Großartige Idee!« Aber gar nicht so leicht zu verwirklichen. Erst versuchen wir, zwei Kindern Zwanzig-Dollar-Scheine zuzustecken. Beide alarmieren schreiend ihre Mütter, und wir entgehen nur mit Mühe einer Millionenklage wegen Unzucht mit Minderjährigen.

Schließlich ziehe ich den Geschäftsführer in eine Ecke. Wir hinterlassen das Geld an der Hauptkasse: Jeder, der sein Spielzeug bezahlen möchte, bekommt es umsonst, bis das Geld alle ist. Wir verstecken uns für eine Weile hinter dem Dinosaurierstand und freuen uns über die ungläubigen Gesichter. Nichts macht Leute so fertig wie unvermutete Nettigkeit ohne jede Dankbarkeitsverpflichtung.

»Weißt du, was«, sage ich, als wir gehen, »wir sollten den Club der Netten gründen. Den Verein der Anonymen Nettoholiker. Eine Untergrundbewegung, die konspirativ freundlich ist zu wildfremden Leuten. In Guerillataktik: völlig überraschend zuschlagen, irgend etwas Gutes tun und unerkannt wieder verschwinden.«

»Au ja, laß uns Robin Hood spielen«, sagt Stefan. »Regel Nummer eins: Sei edel, hilfreich und gut. Regel Nummer zwei: Laß dich nicht dabei erwischen. Genial!«

Es dauert ein bißchen, bis endlich ein Taxi anhält, das zwei Irre mit einem hüfthohen Plüschhund mitnehmen möchte. Wir quetschen uns mit dem riesigen Vieh auf die Rückbank.

Auf der Fahrt ins Hotel haben wir schon die Vereinssatzung und einen flammenden Aufruf entworfen (»Sie suchen ein Hobby, das sonst keiner hat? Dann treten Sie den Anonymen Netten bei, und bringen Sie die Welt um den Verstand«) und betreten gerade kichernd die Lobby, als der Anblick von Jasmin uns jäh stoppt. Sie guckt demonstrativ auf die Uhr.

»Tschuldigung, Mutti«, sage ich, »ich weiß, wir sind spät dran.«

»Sehr witzig. Wo sind die Sachen? Doch nicht etwa dieses gräßliche Plüschsofa von einem Hund?«

Stefan will was sagen, aber ich lege ihm die Hand auf den Arm. »Viel besser, Jasmin: Den Hund gab es als Dreingabe zu diesem Darth-Vader-Nußknacker.«

Findet sie nicht komisch. Selbst das Kleid findet sie nicht komisch. »Hättet ihr nicht ein bißchen was Buntes kaufen können? Geht das nicht in eure Schädel rein, daß wir inzwischen Farbfernsehen haben?« Sie seufzt genervt. »Okay. Morgen geht ihr noch mal shoppen. Mit Kamera. Ihr müßt den Kram nicht mal kaufen. Wir brauchen Bilder,

Bilder und noch mehr Bilder. Die schneidet Köln dann schon zusammen.«

Wir nicken ergeben und fahren hoch in unseren Stock. Aber ich will noch nicht, daß dieser Tag vorbei ist. Er muß weitergehen, immer weitergehen. Im Aufzug stehen wir stumm nebeneinander. Vor meinem Zimmer stehen wir stumm nebeneinander. Soll ich ihn fragen, ob er noch mit reinkommt? Nein, dann fühlt er sich bestimmt unter Druck. Und nach der Sache auf Tonga ... Aber daran denkt er wahrscheinlich gar nicht mehr. Abgehakt. Aus die Maus. Nie wieder mit Burghardt. Ich habe es vermasselt. Selbst schuld.

Und doch, wenn ich jetzt sehe, wie er diesen dusseligen Bernhardiner so festhält mit diesen schönen Unterarmen ... Was mache ich jetzt bloß?

70

Jetzt ist es soweit.

Wir stehen vor Bettinas Hotelzimmer und wissen nicht weiter. Phase achtzehn, schätze ich: Man hat die erste Chance vergeigt, hätte gern eine zweite, weiß aber nicht, wie man die Rede darauf bringen soll.

Normalerweise müßte jetzt einer wie Kai Pflaume auftauchen und das für uns regeln. Vor möglichst viel Publikum, damit wir nicht mehr zurückkönnen. Wir haben aber bloß einen Bernhardiner dabei. Wenn ich nur wüßte, wie ich ihn als Kind immer nennen wollte, dann könnten wir ihn jetzt mit dem Inhalt der Minibar taufen. Wahrscheinlich war das sowieso ein blöder Kindername, Poldi oder so.

Na gut, dann werde ich jetzt gehen. Besser gleich, als noch

zehn Minuten stumm herumstehen und nicht wissen, was ich sagen soll. Ich habe wirklich nicht die geringste Ahnung, was man in Phase achtzehn sagt. Laß uns versuchen, ob ich heute einen hochkriege? Unter meinem Bett ist eine Wasserader, darf ich bei dir auf deinem Teppich übernachten? Und warum sage ich ihr nicht einfach, daß ich mich in sie verliebt habe?

»Und jetzt?« fragt Bettina.

»Es ist schön mit dir«, sage ich.

Wieder so ein Satz, der nirgendwohin führt. Wenn ich gesagt hätte, daß ich unglücklich bin, könnte sie mich bitten, ihr das zu erklären. Aber ich bin ja glücklich. So glücklich, daß ich vor lauter Verzweiflung heulen könnte. Da treffe ich die hundertprozentige Frau, und dann wird natürlich nichts aus uns. Nur, weil wir nicht wissen, wie das mit den zweiten Chancen geht.

»Ich habe mich auch schon lange nicht mehr so glücklich gefühlt«, sagt Bettina. »Danke für den allerkitschigsten Tag, den ich je hatte.«

»Na gut«, sage ich, »dann gehe ich jetzt. Mein Hund muß sowieso noch einmal um den Block.«

Wenn du mich jetzt bitte zurückhalten würdest, wäre ich dir sehr dankbar dafür.

»Gut«, sagt Bettina.

Wenn du jetzt bitte sagen könntest, daß ich nicht gehen soll, wäre das ziemlich nett von dir.

»Dann gehe ich jetzt«, sage ich, »du bist ganz sicher todmüde.«

Wenn du mich jetzt bitte anbrüllen würdest, daß du nicht daran denkst, müde zu sein, und daß ich mich gefälligst

nicht so dämlich anstellen und dich endlich küssen soll, wäre ich dir außerordentlich verbunden.
»Also gut«, sagt Bettina, »dann bis morgen.«
»Morgen ist auch noch ein Tag«, sage ich.
»Danke für das Kleid«, sagt Bettina.
»Danke für den Bernhardiner«, sage ich.
Das war es dann wohl. Bettina sucht schon in ihrer Handtasche nach ihrer Schlüsselkarte.
»Ich glaube, du hast meine Karte«, sagt Bettina. »Ich habe sie dir doch gegeben, als ich das Kleid angezogen habe.«
Wenn ich sie verloren habe, wird dir nichts anderes übrig bleiben, als bei mir zu schlafen.
Ich durchsuche meine Taschen. »Ach, da ist ja mein Glückskeks«, sage ich, »den habe ich völlig vergessen. Habe ich gestern in Chinatown geschenkt bekommen, als ich so fertig war.«
»Mach schon auf«, sagt Bettina.
»Nein, er ist doch für dich.«
»Ehrlich?«
»Du darfst es mir aber nicht sagen, sonst klappt es nicht. Wie bei Sternschnuppen.«
Bettina bricht den Glückskeks auseinander, zieht den Zettel heraus, liest, sieht mich an, lächelt, liest wieder, lächelt.
»Na, dann komm«, sagt Bettina.
»Was?«
»Komm schon, du Hund.«
»Bitte, was?«
»Du schläfst heute nacht bei mir«, sagt Bettina.
»Nein«, sage ich, »das tue ich nicht.«

»Doch«, sagt Bettina. »Auf dem Zettel steht: Weise den einsamen Hund nicht von deiner Tür.«

71 Es war so.

Wir lagen auf dem Bett, ganz eng nebeneinander. Den Bernhardiner unter unseren Köpfen. Jeder ein Bier in der Hand. Die Fernbedienung zwischen uns. Und die Sehnsucht. Die Angst. Die Nähe. Das Erstaunen. Die Verlegenheit. Das Herzklopfen. All das zwischen uns wie eine hohe, glasklare Wand.

Im Fernsehen dieser Film. Irgendein alter Film mit Katharine Hepburn und Spencer Tracy. Ich schaute gebannt hin, aber ich sah nichts. Vor meinen Augen spielte ein anderer Film. Einer mit Ballkleidern und Riesenkraken und einem Mann, der mitten in einem Spielzeuggeschäft auf dem Boden liegt und Autorennen spielt.

In meiner Kehle klopfte mein Herz. Ich versuchte es vorsichtig wieder herunterzuschlucken. Ging nicht. Es blieb da einfach stecken und klopfte weiter.

Im Film küßten sich Katharine Hepburn und Spencer Tracy. Wir guckten uns an. Wir küßten uns. Ganz logisch war das auf einmal. Ganz richtig fühlte sich das an. Ganz warm waren seine Lippen, ganz weich. Er küßte mich und schaute mich an. Und küßte mich wieder.

Dann lagen wir ganz nah beisammen, er in meinen, ich in seinen Armen. Lange. Fest. Ruhig. Der Abspann lief. Ich suchte nach der Fernbedienung. Endlich fand ich sie, begraben unter Stefan. Er hat es gar nicht bemerkt, sagte er und lachte.

Dann ging es weiter, ich weiß nicht, wie. Einfach weiter. Ohne Angst. Ohne Verlegenheit. Ohne Witze. Ruhig und ernst und klar. Er öffnete sehr vorsichtig mein Kleid, und ich ließ mich ausziehen wie ein kleines Kind, das noch nicht müde ist, aber schon ganz schwer.

Und jetzt liege ich hier. Das Liegen fand ich immer mühsam. Das Geschehenlassen meine ich, das Machenlassen. Ich habe immer so schnell die Geduld verloren. Vielleicht wollte ich auch immer nur schnell fertig werden, schnell von gespannter Sehnsucht zu enttäuschter Erwartung gelangen, weil ich ja wußte, daß es doch wieder nur so enden würde.

Aber jetzt liege ich hier und habe es vielleicht zum ersten Mal in meinem Leben nicht eilig. Es wird schön, was immer auch passieren wird. Stefan kennt meinen Körper, ich weiß nicht, woher. Er kennt die Kuhle über dem Schlüsselbein und weiß, wie man sie küßt. Er kennt die Stelle an der Innenseite der Oberschenkel, an der es von kitzlig zu Kitzel übergeht. Er weiß um mich Bescheid. Weiß, daß ich nichts mehr liebe als eine warme Hand, die ruhig auf meinem Bauch liegt und sich mit mir hebt und senkt. Weiß, was es bedeutet, wenn ich meinen Rücken durchbiege, weil ich es nicht mehr ertragen kann, was er mit mir macht.

Es ist, als ob ich mit allen Poren atme. Nie war ich so konzentriert auf mich, auf ihn, auf alles, was ich fühle. Bei anderen Männern gehen meine Gedanken immer spazieren, schleichen sich banale Ideen, Erinnerungsfetzen, Pläne für morgen dazwischen, und immer wieder muß ich mich zur Ordnung rufen. Nicht bei ihm. Nicht bei Stefan. Ich bin ganz hier. Ganz bei ihm und ganz bei mir. Es ist, als ob ich nach einer langen Reise in meinen Körper heimgekehrt wäre, so aufgehoben und zufrieden fühle ich mich in ihm. Meinen Orgasmus sehe ich schon von ferne kommen. Zuerst ist er noch in meinem Bauch, unter seiner Hand, und wartet ein wenig, als ob er noch Anlauf nehmen müßte, und dann kommt er näher, und dann ist er da. Und ich muß lachen und weinen zugleich und schäme mich überhaupt nicht. Stefan hält mich fest.

72 »Jetzt bin ich dran«, sagt sie. »Leg dich einfach hin, und mach deine Augen zu. Und wehe, du bewegst dich.«

Ich lege mich hin und mache die Augen zu und bewege mich nicht.

Bettinas Hände ziehen Wellen auf mir. Sie sind näher und ferner, und manchmal hören sie ganz auf. Und immer genau dann, wenn ich mich zu fragen beginne, ob sie ganz aufgehört haben, setzen die Wellen wieder ein. Und hören wieder auf. Und setzen wieder ein.

Manchmal tut sie gar nichts. Sie liegt neben mir, und ich kann sie bloß ahnen. Ich ahne, daß sie mich ansieht, von oben bis unten nur ansieht, als wolle sie mich auswendig lernen. Das ist sein Bauch, sagt sie sich, und das ist sein Mund, und das ist sein Schwanz, und das sind die Haare auf seiner Brust. Ich ahne, wie ihre Blicke über mich laufen, hin und zurück und wieder hin. Manchmal höre ich sie atmen, und ich atme mit ihr, ein und aus und ein und aus und wieder ein.

Sie sitzt im Schneidersitz neben mir, zumindest ahne ich

das, ich habe versucht, ihrem Körper mit meiner Hand zu folgen, aber sie hat meinen Arm genommen und ihn wieder neben mich aufs Bett gelegt. Das ist ihr Spiel. Ich darf nichts tun.

Sie beugt sich über mich, das ahne ich jedenfalls, denn plötzlich fühle ich ihre Haare auf meinem Körper, sie streichelt mich mit ihren Haaren. Wenn ich meine Augen öffnen dürfte, könnte ich sehen, wie ein Vorhang von Haaren auf mich fällt. Doch ich bin blind und darf sie bloß fühlen, ihre Haare und ihre Hände, die auf meiner Haut Geschichten schreiben, die gleich wieder ausgelöscht werden von neuen Geschichten. Ich weiß genau, wie sie aussieht dabei. Sie ist ganz versunken, sie spielt ihr Spiel mit mir, und manchmal beißt sie sich auf die Lippen, nur ein wenig, nicht schmerzhaft, wie man es eben tut, wenn man in etwas versunken ist.

Sie hat mich im Mund jetzt, und es ist schön, eher zart und sachte, wie wenn man sich küßt, und manchmal hört sie wieder auf damit und sieht mich wieder bloß an, und es macht mir nichts aus. Ich weiß, daß ich sie gleich wieder fühlen werde, die Wellen setzen wieder ein, und ich atme ruhig weiter und warte auf sie. Sie nimmt mich wieder in den Mund und kräuselt mit ihrer Zunge Geschichten auf mir, die gleich wieder verblassen, als würde ihre Zunge mit Geheimtinte schreiben.

Sie läßt sich Zeit mit dem, was sie tut, sie will nicht, daß es zu Ende geht. Sie hört auf, wenn sie bemerkt, daß ich unruhiger atme. Sie pustet auf ihren Speichel auf meiner Haut, Gänsehautstraßen laufen über mich, ich ahne, daß sie jetzt lächelt, während von draußen das Licht auf ihren Körper fällt, Streifen aus Schatten und Licht, und wenn ich sie nicht bald berühren darf, verliere ich den Verstand. Sie nimmt mich wieder in den Mund und fühlt mich mit ihren Lippen, sachter und dann wieder fester, und hört wieder auf damit, sie ahnt jetzt, wann es zu viel ist für mich, sie hat mich auswendig gelernt.

Sie kommt wieder hoch und liegt neben mir und atmet, ein und aus und wieder ein, sie liegt bloß da und atmet, wir berühren uns nicht, nur dieses Atmen, und ich atme mit ihr. »Du bist mir zu weit weg da unten«, sagt sie, und ihre Stimme hört sich ein wenig fremd an nach all dem Schweigen, und dann küßt sie mich. »Wie geht's dir?« fragt sie, und ich lächle, und sie nickt und sagt: »Mir auch.«

73

Und schließlich, nach all der Sanftheit, ist es Zeit. Ich lasse mich vorsichtig auf ihn gleiten und beginne mich zu bewegen. Erst in winzigen Bewegungen, millimeterweise vor und zurück und wieder vor, ganz langsam. Ich beuge mich tief über ihn wie ein Jockey über einen Pferdehals im langsamsten, gestrecktesten Zeitlupengalopp. Die ganze Zeit schaue ich ihm in die Augen, genieße seine Kraft und spüre meine Macht über ihn, bis ich sehe, wie sich seine Augen füllen und sein Gesicht zerfließt und sein Mund sich öffnet, und dann komme ich auch.

Danach liege ich lange stumm im Dunkeln auf Stefans Bauch. Seine Hände streichen über meinen Rücken. So nah habe ich mich noch nie jemandem gefühlt. Und schon beginnen meine Gedanken wieder zu rasen

Was jetzt? Wie geht es weiter? Wie wird es morgen? Viel-

leicht war das nur ein besonders schöner Tag mit einer besonders schönen Nacht. Vielleicht wollte er ja einfach nur die Scharte von Tonga auswetzen. Vielleicht ...
Ich weiß nie, was man nach dem ersten Mal sagen soll. Und schon gar nicht nach gutem Sex. Kommentare verkneift man sich besser, Komplimente klingen hohl, Liebesbeteuerungen verlogen. Und doch muß man irgendwann was sagen und sagt dann immer Dinge wie »Bist du auch so durstig?« oder »Es wird schon hell draußen«. Warum gibt es für die wirklich wichtigen Momente im Leben keinen Knigge?
»Du bist so schön«, sagt Stefan.
Das kann er, der Österreicher. Weiß immer, was er sagen soll, in jeder Situation.

74

Ich bin hellwach, obwohl ich sicher nicht länger als zwei Stunden geschlafen habe. Als wir feststellten, daß jede weitere Berührung den sofortigen Stromtod zur Folge gehabt hätte, wurde es draußen gerade hell. Sogar jetzt noch kribbelt meine Haut wie elektrisch. Ich glaube, so habe ich mich zum letzten Mal gefühlt, als ich defloriert wurde. Stimmt nicht, damals habe ich eher gar nichts gefühlt, nur die Tage danach so blöde in die Landschaft gegrinst wie Peter Alexander in seinen schlimmsten Filmen. Folglich muß ich heute nacht entjungfert worden sein, ganze zwölf Jahre nach meinem ersten Mal. Na ja, ich war eben schon immer ein Spätzünder.
Bettina also. Ich glaube, ich bin gar nicht dazu gekommen, ihr zu sagen, daß ich sie liebe. Es lag mir die ganze Zeit auf

der Zunge, aber leider war meine Zunge die ganze Zeit auf ihr. Oder in ihr. Dabei hätte ich es ihr wirklich gern gesagt, damit es endlich raus ist. Wahrscheinlich würde sie es sowieso übergehen, als hätte sie es gar nicht gehört. Weil sie ganz sicher denkt, daß es erstens viel zu kitschig ist und zweitens viel zu früh. Aus irgendeinem Grund tun wir uns mit dem Ich-liebe-dich-Sagen immer viel schwerer als mit allem anderen, selbst wenn es uns auf der Zunge brennt. Aber ich liebe sie wirklich. Ich liebe sie, wie sie daliegt und schläft. Sie sieht so warm und samtig aus dabei. Nur ihre Füße sind kalt, das habe ich gerade überprüft. Aber das ist bei jeder Frau so. Darum lieben Männer Frauen. Weil sie kalte Füße haben, die man nachts wärmen kann. Wahrscheinlich hat Gott das absichtlich gemacht. Damit auch die Frauen auf etwas angewiesen sind und wir uns unentbehrlich und liebevoll vorkommen dürfen.
Wenn wir jetzt in Wien wären, würde ich mich klammheimlich aus dem Bett stehlen und Frühstück organisieren. Ich würde Tee für sie kaufen und eine Ananas, um sie an Tonga zu erinnern, und dann würde ich ihr noch eine dieser fiesen Frauenzeitschriften besorgen, nach denen sie so süchtig zu sein scheint, damit sie bei ihrem Tee und ihrer Ananas gepflegt über die Hungerhaken in den Modegeschichten ablästern könnte. Und dann würde ich ihr all meine Lieblingsplätze zeigen, sogar die, die mir peinlich sind.
Wie soll das eigentlich weitergehen mit uns? Mit Telefonrechnungen, die uns in den Bankrott treiben, Flieg-und-Spar-Wochenendflügen und Ferien, in denen wir schon am ersten Tag daran denken müssen, wie traurig wir am letz-

ten sein werden? Mit Liebesbriefen, die nach ein paar Monaten spärlicher werden, und irgendwann gibt es nur noch Postkarten und irgendwann gar nichts mehr? Oder beschließen wir gleich nach unserer Heimkehr, daß es zwar schön war, aber einfach keinen Sinn hat auf diese Entfernung?
Ich will nicht, daß das aufhört mit uns. Ich will, daß das niemals aufhört mit uns. Ich will, daß ich jeden Morgen so aufwachen kann. Ich will, daß ich ihr jeden Abend die Füße wärmen kann, wenn sie todmüde nach Hause kommt, und dann stecke ich sie ins Bett und bringe ihr Kartoffelpüree und erzähle ihr von meinen Kindergeburtstagen und wie ich ihre dreiundzwanzig Stühle abgestaubt habe. Ich will, daß das jetzt weitergeht.

75

Jemand klopft an die Tür. Von der Lautstärke her nicht das Zimmermädchen. Ich schrecke hoch. Stefan ist schon wach. Hat mich angeschaut. Was für eine Nacht, meine Güte ...
Das Klopfen wieder. Im selben Moment klingelt das Telefon. »Moment«, brülle ich in Richtung Tür. Am Telefon ist Tim. Mit hysterischer Stimme schreit er: »Hast du den Fernseher an? Schnell. Kanal 11.«
Ich muß lachen. »Ach, Tim. So was klappt doch nur im Film. Jemand ruft an und sagt, schnell, Kanal 11, der Held schaltet an, und in genau *dem* Moment beginnt die Nachrichtensendung. Haha. Warum sagst du nicht einfach, was du gerade gesehen hast?«
»Klugscheißerin. Also gut: Was ich gerade gesehen habe,

ist ein Bericht über eine Geschichte auf der Klatschseite der *New York Post* von heute.«

»Ein Bericht über eine Geschichte ...«

»Du hältst jetzt mal die Schnauze.« So aufgeregt habe ich ihn noch nie erlebt. »In der *Post* ist ein dreispaltiges Foto von dir, wie du dich in aller Herrgottsfrühe aus der Suite von George Clooney schleichst. Mit deinen Schuhen in der Hand. Und nicht gerade frisch frisiert. Eher gut gebürstet.«

Tausend Dinge schießen mir gleichzeitig durch den Kopf. Liebe Güte, Burghardt, dein Talent für Schlamassel. Das glaubt mir keiner, daß ich mit George nur über Topfpflanzen und Spannbettlaken geredet habe. Ach, das war das komische Blitzen, als ich aus seinem Zimmer kam: bestimmt ein Hotelpage. Oder ein Paparazzo mit Fachgebiet George Clooney. Was denkt Stefan jetzt? Wer ist draußen an der Tür? Und was meint Tim mit ›nicht gerade frisch frisiert‹? Wahrscheinlich sehe ich schrecklich aus auf dem Bild ...

»Tim«, beginne ich, »du kennst mich. Du weißt, ich würde mit nichts lieber prahlen als mit einer Nacht im Bett von George Clooney. Und wenn ich jetzt so drüber nachdenke: Das könnte ich sogar, ohne zu lügen. Leider lag Herr Clooney auf dem Sofa im Zimmer nebenan.« Ich grimassiere entschuldigend in Richtung Stefan, der sich auf seine Arme gestützt hat und jetzt die Augenbrauen hochzieht.

»Genau. Und auf der Türschwelle dazwischen lag meine Oma als Anstandsdame. Hör zu, in der *Post* müssen alle möglichen schmutzigen Details stehen. Wie du ihn in der Hotelbar angebaggert hast, mit Whisky abgefüllt und praktisch über deiner Schulter in seine Suite getragen hast.

Die Headline lautet ›Blonde Walküre macht sich Clooney gefügig‹ oder so.«

»Walküre? Das klingt so ... fett!«

»BETTINA!« Tims Stimme schnappt fast über. »Darum geht es jetzt wirklich nicht!«

»Dreh nicht durch, Tim. Es war nichts. Ehrlich. Warum kommst du nicht in einer halben Stunde rüber? Und bring gleich die *Post* mit. Dann gucken wir uns das in Ruhe an.«

Das Hämmern an der Tür ist inzwischen noch lauter geworden. Ich ziehe mir den Hotelbademantel über und öffne die Tür einen Spaltbreit. Gleißendes Licht. Mühsam erkenne ich zwei Kameraleute und eine Handvoll Fotografen. Mikrofone. Brüllende Leute. »Da ist sie! Miss Burghardt! Betty! Miss Burghardt! Tell us about George!«

Panisch knalle ich die Tür zu und lasse mich in einen Sessel fallen.

»Houston«, sage ich, »wir haben ein Problem.«

»Süße«, sagt er, »du hast ein Problem, aber nur, wenn du nicht auf der Stelle zurück zu mir ins Bett kommst.«

76

Tatsächlich. Auf Kanal 11 ist Bettina. Auf Kanal 5, 8, 12 und 33 auch. Überall dasselbe Foto. Ein bißchen unscharf, aber eindeutig Bettina. Derselbe stolze Blick, dieselbe verwegene Nase, dieselbe hohe Stirn. Davor sitzen alarmierte Moderatorinnen mit bleckenden Zähnen und betonharten Frisuren und berichten sensationelle Neuigkeiten: verzweifelte Nervenzusammenbrüche unzähliger Frauen an der Westküste, die begehrteste Trophäe Hollywoods von einer knallharten Hamburger Geschäftsfrau entführt, angeblich in den Vereinigten Staaten, um einen Mega-Deal einzufädeln, der den Ausverkauf der amerikanischen Möbelindustrie besiegelt. Live zugeschaltete Korrespondenten interviewen Hollywood-Agentinnen in stahlgrauen Kostümen über den kühlen Sex der deutschen Frau von Marlene Dietrich bis Elke Sommer. Ein Einspielfilm zeigt eine gewisse Sue Stinke bei ihrem Versuch, ausgerechnet als Nazibraut zum Weltstar zu werden. Man sieht aber nur ein wild herumfuchtelndes Blondchen im Dirndl, das zwei Schäferhunde auf eine Katze hetzt.

Und immer wieder das Foto von Bettina, wie sie über den Hotelflur schleicht. Hatte sie eigentlich ihre Bluse wirklich bis zum Nabel offen, als wir uns gestern in aller Herrgottsfrühe vor unseren Zimmern begegneten? Wie hat sie es bloß geschafft, heimlich ihren Busen schrumpfen zu lassen, nachdem sie mit George fertig war? Die Euter nämlich, an denen sie auf den Kanälen 5, 8, 11, 12 und 33 schleppt, wären mir letzte Nacht sicher nicht entgangen. Und an die roten Fick-mich-Pumps, die sie in der Hand trägt, kann ich mich auch nicht erinnern. Bettina haßt Rot. Das einzige, was an ihr rot ist, sind ihre hektischen Flecken, wenn sie Streß hat. Die allerdings sind gerade sehr rot.

»Schau doch, was sie mit deinen Brüsten gemacht haben«, lache ich.

»Diese Schweine«, faucht Bettina. »Als ob George meine nicht genügt hätten.«

»Findest du nicht, daß du dich allmählich entscheiden solltest, ob du etwas mit ihm gehabt hast oder nicht?«

Volltreffer. Die hektischen Flecken leuchten Amok. »Stefan, nein, wirklich, ich ...«

»Ist doch gut, ich glaube dir ja. Schon weil diese Irren im Fernsehen das Gegenteil behaupten. Wirklich, ich glaube dir. Du hast nichts mit George gehabt. War das eigentlich wirklich der echte George Clooney?«
»Ja. Der leibhaftige höchstpersönlich.«
»Und du hast ihn dir entgehen lassen?«
»Ja.«
»Schwerer Fehler. Ich fände es gar nicht so übel, Nachfolger von George Clooney zu sein.«
»Stefan!«
»War bloß Spaß. Ich liebe dich.«
Jetzt ist es raus.
Bettina lächelt.
Die hektischen Flecken entspannen sich.
»Heute verplappern sich wohl alle«, sagt Bettina.
»Ich nicht«, sage ich.
Sie lächelt. Und sagt nichts. Aber sie lächelt. Ich liebe sie.
»Was sollen wir jetzt tun?« fragt Bettina.
»Wie wäre es denn mit Küssen?«
»Bist du jetzt völlig durchgeknallt? Die rammen doch gleich die Tür ein.«
Stimmt. Für Liebe bräuchte man wirklich einen anderen Soundtrack. Nicht dieses Krachen jedesmal, wenn einer dieser Bluthunde sich mit seinen Schulterpolstern gegen die Tür wirft. Nicht diese Moderatorinnenstimmen, die sich so aufgeregt anhören, als wären irakische Langstreckenbomber über Washington gesichtet worden. Und nicht diese »Betty-please-Miss-Burghardt«-Rufe draußen auf dem Flur.
Ich rufe den Hotelportier an. »Wann wollen Sie endlich

diese Irren vor unserem Zimmer verjagen? Das nervt doch beim Schachspielen. Ach ja, und zweimal Frühstück bitte. Einmal Tee, einmal Kaffee und einen Ananassaft. Und wenn Sie mich bitte mit dem fiesesten Anwalt New Yorks verbinden würden.«

Kaum habe ich aufgelegt, läutet das Telefon. Sehr schön. Man muß nur Anwälte erwähnen, schon spuren die Leute.

»Can I talk to Germany?« fragt eine Männerstimme. Männerstimme ist leicht untertrieben. Es hört sich an wie der Gewinner der letzten siebzehn Oscars in der Kategorie »Beste Stimme, um Frauen flachzulegen«.

»Wer spricht?« frage ich.

»George«, sagt die Stimme, »und Sie müssen Schrotflinte sein.«

»Ich glaube, Sie haben sich verwählt. Ich heiße Ross.«

»Sehr komisch. Wenn ich jetzt Germany haben könnte?«

»Hier ist aber New York«, sage ich.

»Bettina. Börgheart. Die Frau, die uns beiden den Kopf verdreht hat. Ich bin George Clooney.«

»Oh ...«

»Na, ist ja egal. Ich kann es Ihnen ja auch sagen. Reden Sie nicht mit den Reportern. Mein Agent gibt heute mittag ein Statement ab. Bloß keine Panik. In zwei Tagen kräht kein Hahn mehr nach der Geschichte. Und Sie kümmern sich gefälligst um Bettina. Sagen Sie ihr, es war hinreißend mit ihr. Ich habe immer noch Nackenverspannungen von dieser dämlichen Couch. Jetzt müssen Sie übernehmen. Sie ist wirklich ein tolles Mädchen. Viel Glück.«

»Das war George Clooney«, sage ich. »Er sagt, du bist ein tolles Mädchen.«

77 Gegen Mittag tagt die Krisensitzung mit der ganzen Mannschaft.

Eine halbe Stunde habe ich mir den Mund fusselig geredet, bis sogar Jasmin glaubte, daß tatsächlich nichts passiert ist zwischen George und mir. Am Ende hat sie nur geseufzt und gesagt: »Ist ja sowieso egal, ob was war oder nicht. Die Wahrheit interessiert doch nun wirklich keine Sau.«

Tim und Ingolf liegen auf meinem Bett und lesen sich gegenseitig die schönsten Stellen aus der New Yorker Boulevardpresse vor. »Hier: ›Nach dem dritten Whisky ließ sie ihre Hand in seine Hose gleiten. Dem kleinen George schien es zu gefallen, denn der große George stand auf und zahlte.‹«

»Und hier, schöne Überschrift: ›Clooney's Hunny‹. Sehr hübsches Wortspiel aus ›Honey‹ und ›Hun‹, dem Slangausdruck für Deutsche ...«

»Vielen Dank für die Übersetzung«, zicke ich. »Diese Feinheit wäre mir doch glatt entgangen.« Allmählich beginnt mir die Sache wirklich an die Nieren zu gehen. Das alles ist eine Nummer zu groß für mich.

Jasmin schäumt. »Könnt ihr euch vorstellen, was in Deutschland los ist? Die drucken das doch sofort nach! Die anderen Sender machen Hackbraten aus uns! Die wetzen doch schon die Messer, was Schöneres hätten wir ihnen gar nicht in den Schoß schmeißen können! Ich kann mir schon die Anmoderationen in den Klatschsendungen vorstellen: ›Traumpaar durch Sexgott entzweit‹ oder so. ›Riesenflop für PMS‹.«

»Wie wäre es mit ›Ende einer Dienstfahrt‹?« schlägt Ingolf grinsend vor.

»›Nur die Triebe zählen‹«, prustet Tim.
»Schnauze, ihr verdammten Idioten! Ihr habt anscheinend überhaupt noch nicht verstanden, daß die Party vorbei ist! Die Traumpaar-Nummer ist doch nun endgültig gestorben! Die *Tour d'Amour* ist geplatzt! Wir können einpacken! Betrachtet euch als arbeitslos!«
Stefan sagt: »Aber wieso denn? Die Traumpaar-Nummer fängt doch gerade erst richtig an ...« Und er lächelt sein entzückendstes Lächeln, der Süße, ach, ich könnte ihn auf der Stelle ...
»Stefan, das ist kein Spaß mehr. Irgendein Blödmann von Korrespondent hat sogar den Programmdirektor in Köln aus dem Bett geklingelt. Der Mann hat mich vorhin nach Strich und Faden zur Sau gemacht. Wie denn das hat passieren können, und ob ich nicht vielleicht doch lieber den Wetterbericht fürs Regionalfernsehen schreiben möchte, wo mich dieser Job doch offensichtlich überfordert. Ach, und übrigens hat mich vorhin der Hoteldirektor angesprochen. Daß es sich nicht mit dem Ruf des Hauses vertragen würde, wenn auf dem Bürgersteig eine Horde Paparazzi herumlungert. Und daß er uns gern bei der Suche nach einer geeigneteren Unterkunft zur Seite stehen würde.«
Wir schweigen betreten. »Und was«, sage ich, »wenn ich vor der Kamera erzähle, wie es wirklich war? Und wir kriegen doch sicher auch George Clooney für ein Statement, der macht das für mich. Und für sich selbst natürlich«, füge ich hastig an, als sich wieder alle Blicke zweifelnd auf mich richten.
»Vergiß es«, sagt Jasmin. »Dementis bringen nie was. Das heizt die Sache nur weiter an.« Sie schüttelt den Kopf.

»Nein, erst mal müssen wir hier raus. Gras über die Sache wachsen lassen. Ich habe schon mit Köln gesprochen, und die haben Plan B abgenickt.«
»Plan B?«
»Wir fliegen morgen früh nach Santa Fe. Da ist in der Nähe eine superexklusive Ayurvedafarm von einem unserer Kosmetik-Sponsoren. Ganz abgeschieden. Kommt keiner rein. Da werden wir den Sturm vorüberziehen lassen.«
Sie steht auf. »Tim? Ingolf? Wenn wir schon nichts Besseres zu tun haben heute, covern wir zumindest diese Geschichte für unser Politmagazin. Kleiner Filmessay über die Machenschaften der New Yorker Medienszene, wie wär's? Kommt schon. Und ihr zwei«, sagt sie zu Stefan und mir, »verlaßt heute nicht das Zimmer. Bis morgen dürfen wir immerhin noch bleiben. Ich bin sicher«, sagt sie mit süffisantem Lächeln, »daß ihr euch schon zu beschäftigen wißt.«

78

»Bitte, Stefan ... Du kannst doch nicht einfach schlappmachen.«
»Doch, kann ich. Geht nicht mehr. Keine Chance.«
»Ach, bitte.«
»In zehn Minuten vielleicht.«
»Versprochen?«
Unsere zweite Nacht. Die Nacht danach. Die Nacht, in der sich herausstellt, ob die erste nur eine einmalige Hormonattacke war oder der Beginn einer wunderbaren Liebe. Sagen wir so: Das Ende ist nicht abzusehen, die Hormone attackieren noch immer, für zweiunddreißig hat Bettina eine

beängstigende Kondition, und ich bräuchte dringend eine voluminösere Lunge. Peinlich. Und wunderschön. Und noch wunderschöner ist, daß wir ab morgen den ganzen Affenzirkus los sind. Ab morgen gibt es nur noch Ölmassagen tagsüber und nachts Massagen ohne Öl. Und keine Paparazzi mehr.

»Wie nennt ihr eigentlich vögeln in Österreich?«

»Wenn ich dir das sage, vögelst du nie wieder mit mir.«

»Wenn du es mir nicht sofort sagst, vögle ich nie wieder mit dir.«

»Ratte.«

»Ich höre ...«

»In Wien sagt man schnackseln. Und wenn man unfein ist, pudern.«

»Ach ja, dein berühmter erster Satz. Süß. Die zehn Minuten sind übrigens um. Komm, laß uns pudern.«

»Ich kann nicht mehr.«

»Wie sagt ihr zu Titten?«

»Auf gar keinen Fall Titten. Ist ja widerlich. Wir sagen Busen.«

»Busen ist das dazwischen. Zwischen den Titten.«

»Und was, bitte schön, ist dann ein Busenwunder?«

»Eine Frau mit einem tiefen Dazwischen natürlich. Also, wie heißen Titten in den Alpen? Ich will schließlich etwas davon haben, mit einem Ausländer zu pudern.«

»Spaßlaberln.«

»Spaßwas?«

»Spaßlaberln. Von Laib. Ein Brotlaib zum Kneten.«

»Stefan!«

»Du wolltest es wissen.«

»Hörst du nicht, daß da jemand an der Tür ist?«

Mist. Der Abschirmdienst des Mercer ist doch nicht so lückenlos, wie man es uns versprochen hat. Wahrscheinlich ist einer dieser Schmierfinken auf die naheliegende Idee gekommen, sich als Zimmerkellner zu verkleiden. Was macht man eigentlich in solchen Fällen? Die Tür aufreißen und den Typen niederschlagen? Oder, wie man in Österreich sagt, nicht einmal ignorieren?

»Macht schon auf«, zischelt eine vertraute Stimme, »ich bin's.«

Ich öffne. Es ist Ingolf, so geladen, wie man es einem Mann seines Phlegmas nie zugetraut hätte.

»Packt eure Sachen zusammen, ich bringe euch zum Flughafen. Na los, Schluß mit Knutschen, beeilt euch.«

»Was ist los?« fragt Bettina und vergräbt sich verstört unter ihrer Decke.

»Nichts ist los. Die *Tour d'Amour* ist gestorben. Jasmin hat euch gelinkt. Das einzige, was sie noch will, ist das große Exklusivinterview mit der Frau, die eine Affäre mit George Clooney hat. Ehe sie das nicht im Kasten hat, kommt ihr aus dieser angeblichen Ayurvedafarm nicht raus.«

»Und was ist mit mir?« frage ich.

»Du bist tot«, sagt Ingolf. »Du kommst nicht mehr vor. So einfach geht das.«

»Jasmin kann mich mal«, sagt Bettina. »Wie kommt diese blöde Ziege überhaupt auf die Idee, daß ich die George-Geliebte spiele? Ist sie jetzt völlig abgedreht?«

»Sie probiert es eben. Sie bildet sich ein, daß sie groß rauskommt, wenn sie es schafft.«

»Und wenn wir einfach nicht mitspielen?«

»Was wollt ihr lieber haben in den nächsten zehn Tagen? Generve oder junge Liebe? Also packt eure Sachen zusammen, unten wartet schon unser Flughafen-Taxi.«

»Was meinst du, Stefan?«

»Ingolf hat recht. Wir verlieren nichts dabei. Und das Fernsehen brauchen wir auch nicht mehr.«

»Und wenn sie uns verklagen?«

»Tun sie nicht. Das Gerede kann sich PMS gar nicht leisten«, sagt Ingolf. »Außerdem haben die noch genug Material für ein Dutzend Fünfminutenbeiträge über euch. Die zeigen einfach den Abfall von Neuseeland und Tonga und erzählen dem Publikum irgendeine Story über Mallorca oder Florida. Wenn die das geschickt texten, bemerkt das doch keiner.«

Bettina nickt. Die Sache ist entschieden. Der Rest der *Tour d'Amour* findet ohne uns statt. Wir packen. Wir haben sowieso nie richtig ausgepackt.

Eine Viertelstunde später sitzen wir im Taxi und gleiten an Wolkenkratzern vorbei. Drei Tage New York haben gereicht, um mein Leben zu verändern. Ich drücke Bettinas Hand. Bettina drückt zurück. »Wir kommen wieder, Stefan«, flüstert sie in mein Ohr.

»Alles in Ordnung mit euch beiden?« fragt Ingolf.

»Klar«, sagt Bettina. »Warum machst du das eigentlich, Ingolf?«

»Ach, Deern«, sagt Ingolf, »frag nicht soviel. Vielleicht, weil ich die Chefin hasse. Vielleicht, weil ich etwas gutzumachen habe. Vielleicht, weil ich einfach nur zu jemandem aus heiterem Himmel nett sein wollte.«

Bettina lächelt. »Willkommen im Club. Du bist unser erstes Ehrenmitglied.«
»Warum reden Frischverliebte immer nur Schiet?« brummelt Ingolf.
»Du bist ein klasse Kumpel«, sage ich.
Einen Augenblick ist mir, als hätte ich ein feuchtes Glitzern in seinen Augen gesehen.
Dann sind wir ja zwei.

79 Wir stehen am Flugscheinschalter. »Zu dir oder zu mir?« fragt er und lacht.
»Zu dir. Bei mir liegen sie bestimmt schon mit Teleobjektiven auf dem Dach gegenüber.«
»Okay. Zweimal Wien, bitte. Nur Hinflug. Erste Klasse.«
Die Ticketverkäuferin blickt auf und lächelt. »Und was wollen Sie mit dem Plüschhund und dem kleinen Stuhl machen?«
Wir schauen uns an. Stefan sagt: »Handgepäck.«
Ich glaube, ich liebe ihn auch.

80 Liebe Biggi,
ich sitze im Flugzeug nach Wien und versuche Dir zu schreiben und hasse mich für das, was ich Dir sagen muß. Aber ich bin es Dir schuldig, ehrlich zu sein. Ich fliege nicht allein nach Wien. Bettina ist bei mir. Ich hoffe nicht, daß es dazu kommt, aber es kann sein, daß Du uns über den Weg läufst.
Ich habe mich verliebt. Es klingt verrückt, aber ich habe

mich in Bettina verliebt. Irgendwann in den letzten Tagen konnte ich nicht mehr anders, als mir meine Gefühle einzugestehen. Es ist eben passiert, und ich will mich nicht mehr dagegen wehren. Ich mag Dich auch gar nicht quälen damit. Ich bilde mir bloß ein, Dir sagen zu müssen, daß Du Dir besser keine Hoffnungen mehr machst. Du würdest nur noch mehr leiden.
Sei wütend, wirf meine Geschenke weg, schneid mich aus den Fotos von uns beiden raus, sag Dir, ich war der Fehler, den jede Frau einmal begeht. Aber mach Dich nicht fertig meinetwegen. Ich bin es nicht wert.
Vielleicht ist es ja besser so. Du wirst sicher bald jemanden finden, der besser zu Dir paßt als ich. Ich wünsche es Dir, wirklich.
Ich habe nicht die geringste Ahnung, ob aus Bettina und mir etwas werden könnte, aber es ist das, wonach ich mich sehne. Irgendwann in den letzten Wochen ist die Sehnsucht nach Dir verschwunden. Jetzt gibt es eine andere Sehnsucht in meinem Leben. Ich glaube, das solltest Du wissen.
Es war schön mit Dir. Danke für alles. Und sei mir nicht böse für diesen Brief. Dich ins offene Messer laufen zu lassen wäre noch viel grausamer, glaube ich.

Stefan

DREISSIG GRÜNDE, WARUM MAN IN WIEN LEBEN KÖNNTE

81 Im Treppenhaus riecht es nach geschmorten Zwiebeln. Die Stufen knarren. Neben dem Klingelknopf klebt ein Heftpflaster mit einem krakeligen »Ross« in Kugelschreiber.
Warum wird mir plötzlich bloß so klamm?
Vielleicht geht das alles ein bißchen schnell. Vielleicht will ich noch gar nicht so genau wissen, wer Stefan im wahren Leben ist. Ich habe es doch gerade erst geschafft, mich in ihn zu verknallen. In den Mann, der sich für mich mit tonganischen Prinzen prügelt und mir unbezahlbare Kleider schenkt. Da sollte man besser nicht in der Realität herumpfuschen.
Zu spät. Stefan schließt seine Wohnungstür auf. »Willkommen. Ich habe dich gewarnt.« Die Tür fällt hallend hinter uns ins Schloß.
Er hat mich gewarnt. Vor vier Monaten eingezogen, hat er gesagt. Noch nicht richtig ausgepackt. Und daß es sowieso nicht viel auszupacken gäbe. Und jetzt stehe ich in einem Jugendstil-Palast. Zweihundertfünfzig Quadratmeter würde ich schätzen, vier Meter hohe Wände, Mahagoni-Parkett. Fürchterlich heruntergekommen zwar und mit speckigen Schilftapeten zugeklebt, aber gesegnet mit dem, was Makler mit Dollarzeichen in den Augen »Potential« nennen.
»Du hättest mir ruhig sagen können, daß du ein Millionärssohn bist. Oder ist das hier die kleine Stadtresidenz der Habsburger, und du bist ein unehelicher Kaiserenkel?«

»Zweitausend Schilling Miete«, sagt er. »Die Vermieterin ist eine alte Witwe, Frau Ankowitsch. Die Miete ist seit 1952 nur minimal gestiegen. Die Nebenkosten machen es allerdings unverschämt teuer.« Er grinst. »Fünftausend Schilling warm. Siebenhundert Mark.«

»Ich könnte dich erschlagen. Gibt es eigentlich ein kosmisches Gesetz dafür, daß immer die anderen Leute die tollen Wohnungen haben?«

»Aber, Geliebte, ich bin doch nicht ›die anderen Leute‹. Ich bin Stefan, dein ein und alles. Und ich kann dir auf der Stelle einen Untermietvertrag ausstellen, damit du dich mit dem Kosmos versöhnst.«

Ich muß lachen. »Tut mir leid. Nur ein Anfall von Platzneid. Ist eine Berufskrankheit.«

»Eine Schloßführung, Gnädigste?«

Das Schloß ist schnell durchschritten, zumal nur der Westflügel bewohnt ist. Eine Matratze, eine Stereoanlage, zwei haferbreifarbene Sperrmüllsessel, ein dunkelblaues Samtsofa. Ein Couchtisch aus drei Umzugskartons, ein Vorhang aus einem orangegeblümten Bettlaken. Ein Tapeziertisch als Schreibtisch, darauf Fax, Telefon, Anrufbeantworter. In einem Raum steht nichts als ein altes Klavier, vermutlich von der Vermieterin.

Ich habe Männer immer bewundert für ihren konsequenten Minimalismus, wenn es ums Wohnen geht. Wozu Vasen, wenn es doch leere Bierflaschen gibt? Wozu Gläser, wenn man leere Senfbecher hat? Wozu Garderobenhaken, wenn es den Fußboden gibt? Und wozu Kissen, Blumen, Kochtöpfe, Duschvorhänge, Bettüberwürfe, Waschmaschinen, Teppiche, wenn man für das ganze schöne Geld auch eine zweispurige Carrera-Rennbahn mit drei Loopings kaufen kann?

»Ich werd verrückt«, murmelt Stefan. »Siebenundfünfzig Anrufe auf meinem Anrufbeantworter. Dabei kennen höchstens zehn Leute meine neue Nummer. Was wollen die bloß von mir?«

»Wie wär's, wenn du das Ding abhörst, während ich für uns Kaffee kochen gehe? Komm, laß mich Weibchen spielen.«

»Ich glaube nicht, daß ich Kaffee habe. So was trinkt man hierzulande nicht zu Hause, sondern im Café. Aber ums Eck ist ein Billa.«

Okay. Ich liebe einen Ausländer. *Billa? Ums Eck? Kaffee im Café?* Fremde, fremde Welt. »Dann geh ich eben ums Eck ins Billa. Wenn du mir noch schnell erklärst, was ein Billa ist.«

Ein Billa ist ein Supermarkt. Das war ja noch leicht. Aber wie macht man einer Wiener Wurstverkäuferin klar, daß man hundert Gramm Mettwurst haben will?

»Was wollen S'? A Extrawurst?« Sie deutet auf einen Fleischwurstring. Eintragung ins Vokabelheft: Extrawurst = Fleischwurst.

»Mettwurst«, zeige ich.

»Ah, Salami. Und wieviel?« Hundert Gramm. Fragende Blicke. Ich versuche es anders: Ein knappes Viertelpfund. Schulterzucken. Ein Zehntelkilogramm. Verzweiflung bei uns beiden. Schließlich packt sie Wurst auf die Waage, bis ich bei hundert Gramm »stopp« sage. »Ah«, sagt sie und strahlt, »zehn Deka!«

Am Zeitungsstand springt mir die Schlagzeile eines Blattes

namens *täglich Alles* entgegen: »Österreicher in Hollywood – Liebesdreieck«. Darunter ein Bild von George Clooney und ein offenbar vom Fernseher abfotografiertes Bild von Stefan und mir am Strand. Die Eincreme-Szene natürlich. Der dünne Text ist ein wild zusammenphantasiertes Stückchen über »verbotene Sexspiele zu dritt«, bei denen ein gewisser Stefan »Sperminator« R. aus Wien alles gegeben haben soll. Es wird sogar aus einem Telefonat zitiert, in dem George Clooney den Sperminator lobt (»Es war hinreißend mit dir«) und über eine Nackenverspannung klagt – »der Herr weiß, von welchen Perversionen«. Interessant. Also haben die Brüder sogar das Telefon in meinem Hotelzimmer angezapft.

An der Kasse verlange ich eine Tüte. Verständnislosigkeit. Einen Plastikbeutel. Kopfschütteln. Ein Transportbehältnis aus dünnem Kunststoff mit Griffen. »A Sackerl wollen S'?« Ich nicke erschöpft. Das Einkaufen werde ich bis auf weiteres ihm überlassen, wenn wir nicht verhungern wollen.

Stefan kommt mir schon aufgeregt an der Tür entgegen. »Diese Anrufe! Das waren fast alles Aufträge! Für Partys! Ein paar waren von meinen Geburtstagsmüttern, die jetzt plötzlich die große Abendveranstaltung organisiert haben wollen, die meisten von Wildfremden, die meine Nummer von PMS bekommen haben. Da will einer sogar eine original Südseeparty! Glaubst du, daß man Kava durch den Zoll kriegt?«

Ich knülle die Zeitung zusammen und lasse sie in meiner Manteltasche verschwinden. »Du bist eben jetzt berühmt. Klasse, dann hat sich die elende Küsserei ja doch ge-

lohnt ...« Weiter komme ich nicht. Er küßt mir den Mund zu und zieht mich auf das blaue Sofa.
Okay – das Sofa kann gern da bleiben. Hervorragend gefedert.

82

Sie liebt mich ... sie liebt mich nicht ... sie liebt mich ... aber meine Bettwäsche ist wirklich das Letzte. Meine Bettwäsche ist nämlich nicht weißes irisches Leinen, sondern schwarzer Satin, und daß sie sich darin genauso wohl fühlt wie die Tussis vor ihr, soll ich mir besser gleich abschminken. Also bin ich losgezogen und habe weiße Bettwäsche besorgt, kein Problem. Daß ich mich so widerstandslos gefügt habe, hat ihr allerdings auch nicht gepaßt. »Du wirst doch einen eigenen Geschmack haben, Stefan«, hat sie gemeint, und falls ich denken sollte, daß sie mir jetzt ihren Willen aufdrängen will, hätte ich sie gewaltig mißverstanden. »Kannst du aber«, habe ich ihr gesagt, und daß ich für alles offen bin, was die Möbel betrifft. Hauptsache, sie fühlt sich wohl. Ich habe mir eben noch nie meinen Kopf über Tapeten und die richtige Bettwäschefarbe zerbrochen, und auf welchem Stuhl ich sitze, ist mir auch völlig egal, solange er nicht unter meinem Hintern zusammenbricht. »Männer«, hat sie gestöhnt, und ich mußte sie gleich wieder umarmen, weil es so schön ist, von ihr zurechtgewiesen zu werden.
Seit drei Tagen geht das so. Natürlich sagt sie nicht direkt, was sie davon hält, wie ich lebe. Sie sagt es nur mit den Augen. Oder mit den Pausen, die sie mitten im Satz einlegt, wenn ihr wieder etwas auffällt, was sie schrecklich findet.

Meine Teller zum Beispiel, jedenfalls das Blumendekor, das Skateboard im Vorzimmer, meine alte Carrera-Autorennbahn und meinen Schreibtisch. Am liebsten würde sie aufspringen und alles zum Fenster hinauswerfen. Und, abgesehen von der Autorennbahn und meinem Klavier, dürfte sie das von mir aus ruhig machen, weil mir an dem ganzen Kram wirklich nichts liegt, ist doch sowieso nur Strandgut aus meinem Leben vor ihr. Aber sie bleibt tapfer und sagt nichts. Nur mit den Augen.

83 »Was schreibst du eigentlich die ganze Zeit in deinen Filofax?« fragt Stefan. »Ich beobachte dich schon seit unserem ersten Flug dabei.«
»Ich schreibe, um herauszufinden, was ich denke«, sage ich. »Manchmal schreibe ich auch einfach nur Listen. Ich bin nämlich unglaublich vergeßlich.«
»Einkaufslisten?«
»Nein. Eher Listen wie ›50 Dinge, die ich mit 60 getan haben will‹. Oder ›10 Pizzabeläge, die ich niemals essen würde‹. Oder ›Die 17 besten Arten, einen Sonntagnachmittag rumzukriegen‹. Nur so. Nur um den Überblick zu behalten. Das Leben ist doch auf die Dauer ein bißchen unübersichtlich, findest du nicht?«
Findet er auch. Zumindest küßt er mich. »Und welche Liste schreibst du gerade?«
»›30 Gründe, warum ich möglicherweise doch in Wien leben könnte‹. Und, nein, ich werde sie dir auf keinen Fall zeigen.«

30 GRÜNDE, WARUM ICH IN WIEN LEBEN KÖNNTE. PROVISORISCHE LISTE NACH FÜNF TAGEN:

1. Die Ei-Schnittchen im Trzesniewsky. Und der Pfiff (=Sechstelliter) Bier dazu.
2. Weil sie hier Wörter haben wie Pappn, potschat, pudern und püseln. Oder Tschapperl, tschechern, Tschick und Tschoch.
3. Und miachteln.
4. Und Schanigarten.
5. Die Dame, die ins Café Prückel kam, sich in Mantel und Hut ans Klavier setzte, eine Viertelstunde spielte und wieder ging.
6. Weil es hier schwarzhaarige Nachrichtensprecherinnen im Fernsehen gibt.
7. Und Rindfleisch mit Kürbiskernöl bei Oswald & Kalb.
8. Weil Leute hier zu zehnt ins Restaurant gehen und nicht nur zu zweit.
9. Weil jeder Mann, der eine Brille trägt, ein Herr Professor ist, und jede Frau eine Gnä' Frau.
10. Der größte Schlußverkauf von Helmut-Lang-Klamotten weltweit.
11. Das ausgesprochen alberne Pullunderstrickmuster auf dem Dach vom Stephansdom.
12. Der Cartoon von Tex Rubinowitz im *Falter.*
13. Der Filzladen in einem Hinterhof der Mariahilferstraße.
14. Austern im Morgengrauen am Naschmarkt.
15. Die Stühle im Café des Museums für angewandte Kunst.

16. Die Erfindung »Fluchtachterl« – ein letztes Glas Wein vorm Gehen.
17. Die Tretautorennen auf der Galopprennbahn.
18. Die Meteoritensammlung im Naturhistorischen Museum.
19. Das Kasperltheater in der Urania.
20. Weil man hier nachts durch die Straßen geht und warme Tränen darüber vergießt, daß es so schön ist.
21. Topfenpalatschinken
22. Marillenknödel
23. Germknödel
24. Millirahmstrudel
25. Buchteln mit Zwetschgenröster
26. Brandteigkrapfen
27. Kaiserschmarren
28. Powidldatschkerln
29. Gewuzelte Mohnnudeln
30. Weil der Sex mit Österreichern der beste der Welt ist.

84 Wie es ist, will ich wissen.

Wie es ist, Blumen kaufen zu müssen, um sich wohl fühlen zu können. Wie es ist, zuerst drei Topfenpalatschinken wegzuspachteln, um dann der Waage vorzuwerfen, daß sie übertreibt. Wie es ist, bei jeder Berührung den Bauch einzuziehen, obwohl ich längst weiß, wie er sich uneingezogen anfühlt. Wie es ist, von einer Sekunde auf die nächste so verletzt zu sein, weil ich ein falsches Wort erwischt habe, und in der übernächsten laut loszuprusten, weil ich so aufgescheucht bin von deiner Verletztheit.

Wie du bist, will ich wissen. Warum du jeden Tag anders schmeckst und nach dem Aufwachen nach warmer Milch riechst. Warum du unter keinen Umständen zugeben willst, daß du manchmal ganz leise schnarchst, und warum es dich glücklich gemacht hat, daß ich dir gestern eines von meinen alten T-Shirts gegeben habe, als dir kalt war. Warum du fast vergehst, wenn ich dir meine Hand auf den Bauch lege, aber Ohrläppchenknabbern nicht abkannst. Und wie es kommt, daß du manchmal so versaut daherredest, aber so ernst bist im Bett.
Warum du so kratzbürstig warst am Anfang, will ich wissen. Ob du glaubst, daß es gutgehen wird mit uns. Warum es dich so aufgeregt hat, daß ich dir nicht erzählt habe, wie gut ich Klavier spielen kann, und ob du mich in einem Jahr immer noch liebst. Wie dein erster BH war, will ich wissen, und warum du immer nur Schwarz trägst. Warum deine Stimme manchmal so kiekst, wenn du lachst, und ob du es wirklich gemocht hast, als ich dir gestern abend das Chet-Baker-Lied aus dem Roseland vorgeklimpert habe. Und bist du sicher, daß mit dir alles stimmt, wenn du diese Winzdelle auf deiner Pobacke für Cellulite hältst? Und wie kann es sein, daß es so schön ist mit uns?
Ob du auch Spaghetti willst, muß ich jetzt wissen. Ja, ich weiß, daß Mitternacht durch ist, aber mich macht Sex einfach hungrig, wir können sie auch im Bett essen. Und natürlich tauschen wir die Seite, und ich schlafe dort, wo der nasse Fleck ist, du mußt mir unbedingt erzählen, wie dein erster Freund war, aber zuerst mache ich Spaghetti.
Ob du mich liebst, will ich wissen.

85

Wir liegen immer noch im Bett. »Stefan«, sage ich, »macht es dir eigentlich gar nichts aus, daß ich älter bin als du?«
»Älter? Es sind doch nur zwei Jahre.«
»Ja, aber bei Frauen wächst der Altersunterschied im Quadrat. In zehn Jahren bin ich vierzig Jahre älter als du.«
Er ist ein kluger Mann. Und ein kluger Mann lacht nicht bei einer solchen Frage. Zumindest läßt er es sich nicht anmerken. Ernst streicht er über meine Haare. »Dieses Gesicht werde ich noch in fünfzig Jahren lieben.«
»Wirklich? Auch mit grauen Haaren? Und Falten?«
»Aber sicher.«
»Und wenn ich ein Doppelkinn kriege?«
»Ich werde sie beide lieben.«
»Und wenn ich falsche Zähne habe und einen Schnurrbart und eine Warze und wenn ich sabbere?«
Er richtet sich auf und guckt mich prüfend an. »Weißt du etwas, was ich nicht weiß?«
»Na ja, alle sagen, ich würde meiner Oma so ähnlich sehen ...«
Er küßt mich. »Ich weiß nur, daß ich den Rest meines Lebens nackt neben dir aufwachen will.«
»Ich wußte doch, daß mit dir was nicht stimmt.« Ich küsse ihn. *Den Rest meines Lebens.* O Mann.

86

Das Telefon ist abgestellt, das Bier gekühlt, die Wohnung verdunkelt, das Bett entkrümelt. Kann losgehen. In fünf Minuten sind wir auf Sendung, gleich nach den Spots für Slipeinlagen und Megaperls. Daß *Ex-*

quisit den *Tour-d'Amour*-Beitrag schon vor der Werbepause angekündigt hat, kann nur eines bedeuten: Wir bringen Quote. »Heute zum letztenmal«, hatte die Trailer-Stimme gesagt, »das PMS-Liebespaar auf seiner Reise ins Glück. Bleiben Sie dran!« Dazu sah man eine rasend schnelle Montage der Aufnahmen, die Ingolf von uns gemacht hat: Bettina beim Bungeespringen, wir beide händchenhaltend auf Tonga, ich mit meinem Bernhardiner, Bettina lachend in Großaufnahme, unser Doppelschlafsack auf dem Vulkan. Diese Irren haben uns tatsächlich heimlich im Zelt gefilmt, zum Beweis, wie schnell es gefunkt hat. Im Fernsehen sieht es nach seligem, postkoitalem Schlummer aus, und niemand würde uns glauben, was für ein Alptraum diese Nacht war. Bettina kichert in ihre Chipstüte. »Du bist richtig süß mit deinem Plüschhund. Perfektes Schwiegermuttermaterial. Mama wird stolz sein auf mich.« Oh, Gott, das steht mir ja auch noch bevor.

Die *Exquisit*-Fanfare erklingt, und dann ist Frauke Steenhoff im Bild, die Society-Schnepfe von PMS. Vor zwei Jahren war sie noch eine kleine Tippmaus mit einer großen Profilneurose, die sie zielsicher ins Bett des PMS-Programmchefs trieb. Jetzt macht sie entsetzlich peinliche Promi-Specials mit abgetakelten Megamodels und Magiern, denen kein Zaubertrick mehr helfen kann. Mit dem Programmchef vögelt sie schon lange nicht mehr, aber *Exquisit* ist viel zu erfolgreich, als daß er sie feuern könnte. Schlecht für den Programmchef, gut für uns. Vielleicht sind wir ja bald auch Stars.

Doch zuerst kommen noch die *Exquisit-People-News* aus der Welt der Reichen und Schönen. Keine Ahnung, warum sich diese Fernsehsender immer so idiotische Namen für ihren Banalmüll ausdenken. Sue Stinke soll in ihrem zweiten Hollywood-Film, einem Thriller über einen psychopathischen Schönheitschirurgen, die Rolle einer Frau übernommen haben, der während einer Reiterhosen-Absaugung das BSE-Virus injiziert wird. Kate Moss hat Übergewicht. Heintje versucht sein siebtes Comeback mit einem Techno-Remix von »Mama«. Und George Clooney soll ein Verhältnis mit seiner russischen Fitneßtrainerin Olga haben.

»Träumt weiter!« platzt es aus Bettina heraus. »Nie im Leben hat George was mit der! Die sieht doch aus wie eine Gefängniswärterin im Hochsicherheitstrakt!«

»Wieso, die ist doch süß. Ich jedenfalls würde mit ihr auch gern trainieren.«

»Chauvi!«

»Sei doch froh über Olga. Jetzt lassen sie dich endlich in Ruhe.«

»Du verstehst aber auch gar nichts, Schätzelchen. Glaubst du, irgendeine Frau auf diesem Planeten hätte was dagegen, mit George Clooney in Verbindung gebracht zu werden?«

Wieder Werbung. Was sind eigentlich Flexiflügel? Was macht die Drei-Wetter-Taft-Frau eigentlich in Berlin, Rom und Paris? Und wann sind endlich wir dran?

Jetzt geht es los. »Sehen Sie jetzt unseren Bericht von der letzten Etappe unseres PMS-Liebespaars Bettina und Stefan«, sagt Frauke Steenhoff. Und dann grinst sie anzüglich: »Ich kann Ihnen ein paar heiße Bilder versprechen.«

Was wir zu sehen bekommen, ist der helle Wahnsinn. Zuerst sind es noch harmlose Großaufnahmen. Bettinas Gesicht, mein Gesicht, so schnell gegeneinandergeschnitten wie in einem Musikvideo. Sie lächelt, ich lächle, sie lächelt. Die Kamera geht immer näher auf unsere Münder. Bettinas Lippen öffnen sich. Meine Lippen öffnen sich. Bettinas Lippen öffnen sich ein bißchen mehr. So rot kenne ich sie gar nicht. Bettinas Lippen glänzen. Eine Zunge schiebt sich von links nach rechts. Es sieht aus wie einer dieser Softpornos um Mitternacht. Sogar die Musik ist pornomäßig, eine fröhlich vor sich hin glitschende Hammondorgel mit weiblichen Backgroundseufzern.

Schnitt. Ein großer, leerer Raum, gedämpftes Licht, pastellfarbene Wände, der einzige Einrichtungsgegenstand ist eine Liege. Schnitt. Großaufnahme einer Lotosblüte. Schnitt. Auf der Liege liegt eine nackte Frau, die einen Turban trägt, so daß man ihre Haare nicht sehen kann. Das Backgroundgeseufze nähert sich einem Backgroundorgasmus. Schnitt. Von hinten sieht man einen Mann, der nur einen Turban und einen weißen Lendenschurz trägt. Lendenschurz ist übertrieben. Eigentlich handelt es sich nur um ein weißes G-String-Bändchen, das tief zwischen seinen Hinterbacken vergraben ist.

Eine rauchige Frauenstimme beginnt zu reden: »Das Lotos-Institut zwanzig Meilen südöstlich von Santa Fe ist der weltweit exquisiteste Entspannungsort für gestreßte Liebespaare. Hier fachen erschöpfte Powerfrauen und ausgebrannte Börsenbroker das erloschene Feuer der Leidenschaft wieder an. Professor Singh Attayata hat das Lotos-Institut vor fünf Jahren gegründet, um hektischen Yuppies mit Ganzkörperölmassagen und Tantraritualen die fernöstlichen Lehren des Eros nahezubringen. Fünf Jahre, in denen viele Ehen gerettet wurden. Ein einwöchiger Aufenthalt in der Softsexklinik kostet pro Person 45 000 Dollar. Wenn man die richtigen Verbindungen hat, versteht sich. Denn Professor Singhs Institut ist auf Jahre ausgebucht. Genau der richtige Ort für ein junges Paar wie Bettina und Stefan.«

Bettina und Stefan starren sich an, als wären sie gerade dem Mann vom Mars begegnet. Die richtige Bettina und der richtige Stefan selbstverständlich, die beide auf einer ramponierten Matratze in einer Wiener Wohnung liegen und noch nie in ihrem ganzen Leben in Santa Fe waren. Das gibt's doch gar nicht.

»Schweine«, zischt Bettina. Fassungslos sehe ich zu, wie der falsche Stefan Öl auf den Rücken der falschen Bettina gießt, es sorgsam auf ihrem Körper verreibt und es sich nicht nehmen läßt, immer tiefer zu gehen, während Fernsehbettina leicht ihre Beine spreizt und die Hand Fernsehstefans zwischen den Hinterbacken Fernsehbettinas verschwindet. So jedenfalls sieht es aus. Das Ganze ist mit Weichzeichner gefilmt, so daß man nicht wirklich erkennen kann, was die beiden da machen.

Die rauchige Stimme setzt wieder ein: »Zärtliche Augenblicke zweier Frischverliebter. Augenblicke, die man besser wortlos genießt. Augenblicke, in denen man lieber alleine ist, meinen wir. Bettina und Stefan haben sich gefunden. Nicht nur für einen heißen Urlaub, sondern für das ganze Leben. Und wir sind stolz darauf, daß wir Ihnen den exquisiten Beweis liefern können, wie ernst die beiden es meinen. Denn seit einigen Tagen teilen Bettina und Stefan ein süßes Geheimnis.«

Die Kamera zoomt sich durch den Raum, immer näher an die falsche Bettina und an den falschen Stefan heran, der immer noch Öl auf ihrem Körper verteilt, und dann hakt sich die Kamera plötzlich fest auf ihrem Hintern, auf dem seine Hände liegen. Die Orgel wird hektischer, das Geseufze schwillt an, und dann zieht Fernsehstefan seine Hände weg und gibt den Blick frei auf eine Tätowierung. B + S steht da, und darüber öffnet sich rot eine Lotosblüte.

»Na, warte, du Sau«, sagt Bettina so kalt, daß es in ganz Wien schlagartig zu schneien beginnt. »Wenn ich dich zwischen meine Finger bekomme, wirst du dein blaues Wunder erleben. Diese sagenhaft dumme Nuß hat sich für ihre Story tatsächlich ihren Fettarsch tätowieren lassen, das gibt es doch überhaupt nicht, die muß aus dem Verkehr gezogen werden, und zwar sofort. Aber erst mal muß ich in die Loos-Bar und mich besaufen, oh, mein Gott, Stefan, ich muß jetzt in Hamburg allen meinen Hintern zeigen. Das ist doch wirklich das Allerletzte. Ich fürchte, heute Nacht gibt es keinen Sex, ich muß eine Menge Telefonate führen, aber erst brauche ich dringend einen Schnaps.«

87

Nach dem dritten Marillenschnaps beruhige ich mich allmählich wieder. Wir sind wieder mal in die Loos-Bar geflüchtet, Nummer 31 auf meiner Liste, wahrscheinlich aber sogar Nummer 1. Ich bin süchtig nach diesem Ort. Eine winzige Bar, American Bar heißt sie eigentlich, versteckt in einer Seitengasse der Innenstadt, mit grünen, lederbezogenen Sitznischen und durchscheinenden Onyxscheiben an der Wand. Mit Marillenschnaps im Bauch und dem goldenen Licht der Loos-Bar auf dem Scheitel senkt sich sofort der Blutdruck. Ab Schnaps Nummer vier muß ich sogar lachen. Verdammt, diese Jasmin. Nerven hat sie ja.

Wir waren bis jetzt fast jeden Abend in der Bar, immer vor acht, dann ist sie gottverlassen, der Keeper reagiert noch auf einen Blick, und inzwischen weiß er auch, was er uns bringen muß, zumindest an normalen Tagen: staubtrockene Martinis mit einer Extra-Olive.

Es ist unheimlich, wie schnell aus zwei Leuten ein Paar wird. Wie schnell sie sich stumm auf ihre Lieblingsorte einigen, darauf, wer rechts schläft und wer zuerst duscht, wer den Himbeerjoghurt kriegt, wenn nur noch Himbeer und Zitrone übrig sind, wie man Händchen hält (Finger verflochten oder nicht? Wessen Hand ist vorn, wessen Daumen oben?) und wann und wo. Darüber wird nie gesprochen, es wird einfach so gemacht und in dreißig Jahren ist das dann der Scheidungsgrund.

Die Loos-Bar füllt sich langsam mit Leuten und Lautstärke. Vor der Bar steht jetzt dichtgedrängt die Wiener Gesellschaft und redet. Ach ja, Punkt 32: Die Leute reden hier wirklich miteinander. In Hamburg ist das mehr ein Austausch von Geräuschen, als Alibi dafür, daß man überhaupt so unhanseatisch nahe nebeneinandersteht. Hier dagegen wird palavert, gestritten, gebalzt, runtergemacht und wieder aufgebaut. Manchmal höre ich einfach nur zu. Und lerne. Da gibt es Finessen an Bosheit und Hinterfot-

zigkeit, die man sonst nirgendwo auf der Welt zu hören bekommt. Vorbildlich.
Ich wende mich gerade wieder Stefan zu, als seine Augen schmal werden. Er starrt in Richtung Bar. Ich folge seinem Blick. Da stehen drei Jungs mit schwarzen Kassenbrillen, wie er sie auch trägt. Aber die werden ihn wohl kaum so aus der Fassung bringen, denn solche Jungs laufen hier zu Hunderten herum. Vielleicht das Paar daneben, das so heftig knutscht? Gut, der Typ ist ein bißchen alt für die Frau, aber ein Skandal ist das nicht gerade. Es sei denn …
Ich flüstere ihm ins Ohr: »Biggi?«
Er nickt mit zusammengepreßten Lippen.
Ich lehne mich zurück. Dies scheint der Abend der unangenehmen Überraschungen zu werden. Das also ist Biggi. Viel kann ich momentan nicht von ihr sehen, solange der Typ nicht endlich seine Zunge aus ihrem Gesicht nimmt. Von hinten sieht sie aus, als ob sie frisch aus dem Büro käme. Graublaues Kostüm. Mittelhohe Pumps. Halblanges braunes Haar. Eigentlich ganz hübsch, wenn man auf breite Hintern steht. Huch, wer hat denn das gerade gesagt?
Jetzt sind sie endlich fertig mit der Knutscherei, und ich kann sie mir genauer anschauen. Doch, sehr hübsch. Monica Lewinsky in dünn. Sie schmiegt sich an den Mann, sie biegt den Kopf zurück und lacht über eine Bemerkung von ihm, sie tätschelt seinen Hintern. Wenn ich nicht genau wüßte, daß sie uns nicht gesehen hat, würde ich denken: Show. Vielleicht ist es ja eine, aber dann nur für ihren Scheich. Der Mann sieht aus wie der Mitarbeiter des Monats. Ein Schlipsaffe in den besten Jahren mit Dienstwagen

und einer Sekretärin, die ihm jeden Morgen wortlos einen Kaffee mit zwei Stück Zucker bringt. Ich kann nur für Biggi hoffen, daß nicht sie das ist.
Stefan starrt Biggi an und sagt nichts. Ich gucke ihm zu und sage auch nichts. Er versucht aus den Augenwinkeln zu erkennen, wie ich die Sache aufnehme. Ich versuche in seinen Augen zu lesen, wie er den Anblick verkraftet. Wir sagen nichts.
Bevor wir noch eine Entscheidung treffen können, wie dieser Stummfilm weitergehen soll, flüstert der verdiente Mitarbeiter Biggi etwas ins Ohr, worauf sie wieder mit zurückgelegtem Kopf lacht und beide eilig die Bar verlassen.
Auf dem Heimweg frage ich ihn: »Schlimm?«
Er schüttelt den Kopf. »Nein. Nur fremd. Ich wußte plötzlich gar nicht mehr, wer das ist.«

88 Dankbar müßte ich ihm sein. Daß er sie mir abgenommen hat und ich so fein aus der Geschichte raus bin. Wenn sie mich je wieder anruft, werde ich sie kaltblütig an den heutigen Abend erinnern. Wie sie sich vor allen Leuten hat abschlecken lassen. Und wie er seine linke Hand unter ihrem Rock versenkt hat. Samt seinem affigen Siegelring.
Ich bin aber nicht dankbar. Ich bin sauer, weil sie sich so schnell getröstet hat. Ruft mich an in New York und schluchzt mich voll, weil ich ihr angeblich so fehle, und dann knutscht sie mit diesem Vollkoffer herum. Mit mir hat sie die ganzen vier Jahre nicht einmal Händchen halten wollen. Es hätte ja jemand sehen und sie nicht für unab-

hängig halten können. Und dann geht sie mit diesem Arschgesicht in die Loos-Bar und führt sich auf, als hätten sie kein Bett zu Hause.
Sie muß mich doch gesehen haben. So klein, wie die Loos-Bar ist, kann man sich einfach nicht ignorieren. Und ich Idiot habe gleich Bettinas Hand losgelassen, als sie plötzlich aufgetaucht ist, um ihr nicht unnötig weh zu tun. Das hätte ich mir wirklich sparen können.
Was sagt es eigentlich über mich, daß sie sich ausgerechnet diesen Schnösel als Troststecher organisiert hat? Das sieht man doch gleich, daß das ein Blender ist. Biggi muß doch völlig verzweifelt sein, wenn sie denkt, der Typ bringt es mehr als ich. Merkwürdig, wie fremd sie mir plötzlich war. Als würde ich einem schlechten Film zusehen, der mit mir nicht das geringste zu tun hat. Dabei habe ich mit der Hauptdarstellerin vier Jahre lang Tisch und Bett geteilt. Und auf einmal ist sie nur noch eine verblaßte Erinnerung. Vier Jahre. Einfach ausradiert. Rückstandslos entsorgt. Wirklich sehr eindrucksvoll, Biggi. Das nächste Mal, wenn wir uns begegnen, werde ich dich siezen.
Ich glaube, ich sage jetzt lieber nichts. Sonst hält Bettina mich noch für eifersüchtig.
»Alles in Ordnung?« fragt sie. »Ja, klar«, sage ich. »Dann gib mir endlich wieder deine Hand«, sagt sie. Ich bin ihr dankbar dafür.

89

»Schönes Tattoo haben Sie am Hintern«, begrüßt mich Terry Durack, und bevor ich lospoltern kann, fügt er an: »Aber das kann unmöglich Ihrer gewesen sein, oder haben Sie in einer Woche zehn Kilo abgenommen?« Ich kann mir nicht helfen: Nach fünf Sekunden liebe ich den Mann.

Stefan war ein bißchen nervös vor diesem Abend. Terry ist sein ältester Freund, eine echte Instanz in seinem Leben. Ob er den Daumen hebt oder senkt, mich an seine Brust drückt oder absaut, würde erhebliche Auswirkungen auf Stefans Lebensqualität haben. Genau so hat er sich zumindest ausgedrückt, als wir heute nachmittag im Bett lagen. Wenn ihm was ernst ist, wird er immer förmlich.

Aber ich wollte unbedingt den Mann kennenlernen, dessen revolutionäre Methoden sogar New Yorker Kellner erbleichen lassen. »Du kannst mich doch präparieren. Gibt es bestimmte Verhaltensregeln für Terry? Zum Beispiel nicht die Hand durch die Gitterstäbe stecken?«

»Sei ganz du selbst.« Nach einigem Nachdenken: »Andererseits ist das vielleicht doch keine so gute Idee.« Ich habe ihn mit einem Kissen verprügelt. Er hat sich nur kaputtgelacht.

Terry Durack ist ein Walroß. Fett, bärtig, vertrauenerweckend und gemeingefährlich, wenn er in seinem Element ist. Und sein Element ist, ganz unzweifelhaft, das Essen. Er trägt einen maßgeschneiderten Cordanzug, auf dem sich die ältesten Rotweine, stundenlang geköchelte Pastasaucen und Boeuf à la Bourguignon verewigt haben. Natürlich residiert er am besten Tisch. Die Kellner, die durch den Raum schwirren, lassen ihn nicht aus den Augen, schauen ihn aber auch nie wirklich an. Kaum haben wir uns gesetzt, ist jemand geräuschlos zur Stelle, freundlich, aber nicht servil, bringt Wein und ein paar *amuse gueules* und überläßt alles weitere dem Meister.

»Vertrauen Sie mir, meine Liebe. Ich glaube, ich kenne Sie inzwischen gut genug nach drei Wochen Fernsehen, ich werde Ihnen was Kleines bestellen.«

Was er bestellt, ist ein mittelgroßes Büfett für eine königliche Hochzeit in Anwesenheit des gesamten europäischen Hochadels. Kellner fahren ganze Wagen vor mit Frittatensuppe, gekochtem Mageren Meisel, Hirn mit Ei, Beuschel und Sterz, hauchdünnem Wiener Schnitzel und Gurkensalat. »Früher haben mich meine Freunde gefragt, wie ich so viel essen kann und dabei so schlank bleibe. Jetzt fragen sie mich nur noch, wie ich so viel essen kann«, seufzt Terry mit vollen Backen.

Er erklärt mir jedes Gericht und füttert mich mit kleinen Häppchen. Jeder Bissen ist eine Offenbarung. Das Fleisch schmilzt auf der Zunge. Es ist das Paradies. Ich bin ein Engel, und Gott persönlich füttert mich. Zwischendrin parliert Gott über den Trost, den nur eine warme Suppe spenden kann, und verdammt die Ängstlichkeit der Köche. »Es gibt keine Fehler in der Küche! Die besten Rezepte sind aus großen Küchenkatastrophen entstanden!« Es ist wie Burgtheater.

»Und behandelt er Sie gut, der kleine Stefan?« Ich nicke heftig mit vollem Mund.

»He, wieso fragst du sie nicht, wie sie *mich* behandelt?« protestiert Stefan schwach.

»Das sehe ich doch, Schatzi, so rosige Bäckchen hattest du schon lange nicht mehr. Apropos, habe ich euch schon von meinem neuen Projekt erzählt? Ich will ein Liebes-

Kochbuch schreiben. Nein, nicht so einen Scheiß mit angeblich aphrodisiakischen Gerichten, sondern etwas über die Liebe zwischen den Zutaten. Über glückliche Ehen wie die von Tomate und Basilikum, die in kalten und in heißen Zeiten, in Salat und auf der Pizza zusammenhalten. Oder über leidenschaftliche Affären wie die von Erdbeere und grünem Pfeffer. Oder über die unübertreffliche Liaison von Gänseleber und Sauternes – Liebe und Lust und lebenslange Freundschaft in einem.« Wenn der Mann nicht sofort aufhört zu reden, werde ich Stefan auf der Stelle verlassen.

»Und wie ist es mit euch beiden? Wie Brot und Butter oder wie Birne und Parmesan?«

»Labskaus und Leberkäse«, schlage ich vor.

»Austern und Banane«, grinst Stefan anzüglich.

Wir lassen noch eine Flasche Veltliner kommen.

»Wie wäre es denn«, fragt Terry beim Dessert – Topfenknödel mit Ribiselsauce –, »wenn ich für euch beide mal koche?«

»Klar«, nicke ich, »jederzeit.« Stefan ist kreideweiß geworden. »Was hast du denn, Stefan?«

»Das ... das hast du doch noch nie gemacht, Terry«, stottert er. »Ich meine, ich kenne dich jetzt schon seit ungefähr acht Jahren, aber du hast noch niemals für mich gekocht.«

»Ich liebe dich, Stefan, aber diese Frau hier verehre ich. Guck nur, wie sie ißt. So habe ich noch keine Frau essen sehen. Purer Sex. Ich koche für sie, und du darfst mitkommen.«

Terry Durack: Nummer 33, 34 und 35 der Gründe, nach

Wien zu ziehen. Auf dem Heimweg schmiege ich mich an Stefan. »Und? Habe ich den Schwiegertochtertest bestanden?«
»Ein bißchen zu gut«, knurrt er. »Es reicht, wenn ich dir verfallen bin. Das müssen meine Freunde nicht auch noch, zumindest nicht so schnell.«
Ich küsse ihn. Zwei Wiener in drei Wochen. Das soll mir mal eine nachmachen.

90 Morgen fliegt sie. Übermorgen ist alles wie immer. Ich wache auf, und niemand ist da. Ich gehe ins Bad und wasche mich dann doch nicht, weil es sowieso keinen Sinn hat, wach zu sein. Ich lese in der Zeitung jeden einzelnen Buchstaben, damit ich mir einbilden kann, ich hätte etwas zu tun. Ich mache mir eine zweite Kanne Kaffee und melde mich bei meinen Kundinnen zurück. Vielleicht kann ich mich ja mit einer von ihnen verabreden und einen Kindergeburtstag besprechen. Oder ich setze mich ins Prückel und lese noch mehr Zeitungen. Bis mittags müßte es eigentlich genug zu tun geben für mich. Dann gehe ich nach Hause und übe ein wenig Klavier. Vielleicht nehme ich für sie eine Kassette auf mit meinem Geklimper. Oder ich räume meine Wohnung auf. Oder ich lege mich in die Badewanne, bis ich mich auflöse. Ins Bett kann ich ja nicht. Das Bett wird noch nach ihr riechen, und das ertrage ich nicht. Also gehe ich ein wenig spazieren. Auf dem Rückweg kaufe ich mir ein paar CDs und einen Stapel Zeitschriften. Damit setze ich mich aufs Sofa und warte, bis es draußen dunkel wird. Irgendwann schlafe ich sicher

ein. Und dann wache ich wieder auf. Alles ist wie immer, niemand ist da.
Morgen fliegt sie. Heute abend ist sie noch da. Ich weiß wirklich nicht, wie ich das schaffen soll.

91

Morgen fliege ich. Seit zwei Tagen trage ich das Ticket wie einen Stein in meiner Tasche herum. Ich will nicht, aber ich muß. Schrankwände einkaufen, leben, irgendwie weiterfunktionieren, weit weg von Wien und weit weg von Stefan.
»Meinst du, du schaffst es?« fragt er. Wir liegen auf seinem Bett vor dem Fernseher. Gleich beginnt die zweite *Tour-d'Amour*-Show, seit Tagen mit bombastischen Trailern angekündigt.
»Klar, ist doch nur eine blöde Show.«
»Ich meine nicht die Sendung.«
»Ich weiß.«
Stumm starren wir auf den Fernseher. Eröffnungsfanfare, Tanja in langem Abendkleid und kunstvoll verwuschelter Frisur auf einer Showtreppe, jubelnde Zuschauer, so fing alles mal an. Die acht Kandidaten in der Sitzecke, da, wo wir mal saßen. Gespenstisch. Stefan und ich schließen Wetten ab, wer gewinnen wird.
»Die kleine Rothaarige und der Lange«, sage ich. »Ist dir übrigens schon mal aufgefallen, daß die kleinsten Frauen immer die größten Männer abgreifen? Was wollen die bloß mit denen? Können sie sich nicht was in ihrer Größe suchen, statt uns dermaßen die Auswahl zu versauen?«
»Die Rothaarige und der Krauskopf«, sagt er. »Die sehen

aus wie aus einer Kartoffelchips-Werbung. Direkt aus der Sympathie-Maschine. Todsichere Gewinner.«

Die Sendung geht routiniert über die Bühne. Kennenlern-Spielchen, Übereinstimmungs-Spielchen, Playback-Auftritt vom Italo-Schnulzier des Monats, Mut-Spielchen, Wissens-Spielchen und ein Playback-Auftritt von Oli P. Haben wir wirklich mal bei diesem Schwachsinn mitgemacht? Oh, ja, haben wir. Jetzt kündigt Tanja nämlich den Einspielfilm der letzten Gewinner an, der die Zeit bis zum TED-Ergebnis überbrücken soll.

»Meine Damen und Herren, Sie erinnern sich bestimmt noch an unsere ersten Gewinner Bettina und Stefan. Mir sind sie jedenfalls unvergeßlich.« Ich bin sicher, ein Assistent hebt gerade die Papptafel »Jetzt lachen« fürs Publikum hoch. »Wir hätten die beiden heute gern bei uns gehabt, aber bei ihnen hat die *Tour* einfach zu gut funktioniert. Sie sind derzeit auf Hochzeitsreise auf ... Hawaii!« Applaus brandet auf. Wir gucken uns fassungslos an.

»Aloha«, sage ich.

»Dabei wollte ich viel lieber zu den Niagara-Fällen«, sagt Stefan.

Und dann sehen wir noch einmal unsere Reise im Schnelldurchlauf. Der zweite Bungee-Sprung. Das Dinner am Rande des Vulkans. Die Nacht im Zelt. Das Schafscheren. Der Strand von Tonga. Die Sonnenuntergänge. Das Eincremen. Die Party beim König. Die Wolkenkratzer in New York. Der Abend im Balthazar. Ich in Stefans Kleid. Und dazwischen immer wieder unsere lachenden Gesichter.

»Wir sehen glücklich aus«, sagt Stefan. »Damals schon.«

»Wahrscheinlich waren wir das auch«, sage ich, »und haben es nur nicht gemerkt.«
Und dann ist der TED da.
Die kleine Rothaarige und der Krauskopf, Nik und Katja.
Stefan hatte recht.
Es gibt ein neues Paar, das sich auf die Reise machen wird.
Jetzt muß ich doch schlucken. Ich hebe meine Bierflasche und proste den beiden im Fernseher zu. »Viel Glück, Leute. Schreibt uns mal 'ne Karte.«
»Hey, weißt du was?« sagt Stefan. »Wir schicken ihnen morgen früh einen Blumenstrauß. Mit einer kleinen Gebrauchsanleitung für den Umgang mit Jasmin.«
»Und einer kleinen Gebrauchsanleitung, wie man sich verliebt.«
»Und wie?«
»Man hört einfach auf, sich zu wehren.«

92

»Wir sehen uns ja bald wieder«, sage ich. »Bloß drei Wochen.«
»Ich glaub nicht, daß ich das schaffe«, sagt Bettina.
»Bleib doch hier«, sage ich.
Bettina sagt nichts.
»Grüß Karen von mir«, sage ich, »ich bin schon neugierig auf sie.«
»Wir bitten alle Passagiere des Fluges Wien–Hamburg zum Ausgang B 20«, sagt der Lautsprecher.
»Ich kann gar nicht laufen, so wund, wie ich bin.«
»Warum mußt du denn immer nur daran denken?« frage ich.

»Weil ich zweiunddreißig Jahre lang nicht daran gedacht habe«, sagt Bettina. »Das pure Nachholbedürfnis.«

»Ich bin aber nicht gut in Telefonsex.«

»Und ob. Du mußt nur Trzesniewsky sagen in deinem Ösidialekt.«

»Ich hab nicht einmal ein Foto von dir«, sage ich.

»Du bist so kitschig«, sagt sie.

»Da drüben steht ein Paßbildautomat«, sage ich.

»Was willst du haben?«

»Dich«, sage ich. »Dein Gesicht.«

»Die Maschine Wien–Hamburg steht jetzt zum Einsteigen bereit«, sagt der Lautsprecher. »Wir bitten alle Passagiere zum Ausgang B 20.«

»Es ist so eng hier«, sagt Bettina.

»Stört mich nicht im geringsten«, sage ich.

»Was ist mit meinem Busen?« fragt sie. »Brauchst du meinen Busen auch?«

»Busen ist das dazwischen.«

»Eben«, sagt Bettina und schiebt ihr T-Shirt hoch.

»Willst du kein Foto von mir?« frage ich.

»Nein, das würde mich nur noch sehnsüchtiger machen.«

»Frau Burghardt, gebucht auf den Flug nach Hamburg, wird dringend gebeten, zum Ausgang B 20 zu kommen«, sagt der Lautsprecher.

»Hier hast du meine Hand«, sage ich. »Du kannst sie dir auf den Bauch legen, wenn es ganz schlimm wird.«

Bettina sagt nichts.

»Letzter Aufruf für Frau Burghardt, gebucht auf den Flug Wien–Hamburg. Kommen Sie umgehend zum Ausgang B 20«, sagt der Lautsprecher.

»Letzte Sätze sind immer am allerschlimmsten«, sagt Bettina.
»Ich liebe dich«, sage ich.
»Ich dich mehr«, sagt sie.
Und dann ist sie weg.

93

Das Kreischen am anderen Ende ist so laut, daß ich den Hörer in einem halben Meter vom Ohr halten muß.
»Du verdammte Kuh!« brüllt Karen. »Daß du dich auch mal wieder meldest! Ist doch typisch: Kaum wird eine Tussi von einem Hollywood-Hengst besprungen, kennt sie keine Freunde mehr.«
»Jetzt halt die Luft an, Alte«, sage ich müde. »Seit wann glaubst du denn alles, was in der Zeitung steht? War nix mit Bespringen. Alles ein großes Mißverständnis.«
»Dann ist er also doch schwul?«
»Ich glaube, er steht eher auf bärtige Frauen. Hast du nicht Olga, die Masseurin, gesehen?«
»Ich dachte, die sei nur zur Ablenkung von eurer Affäre.«
»Du liest zuviel *Bunte,* Karen.«
Ich habe drei Tage gebraucht, bis ich soweit war, sie anzurufen. Im Büro habe ich mich nur kurz sehen lassen, um die Post zu erledigen. Dann bin ich vor den fragenden Blicken und spöttischen Bemerkungen geflohen. »Atelierbesuche«, habe ich gemurmelt, bei H.O.M.E. die Kurzform für »ich bin weg, und es geht euch nichts an«.
Ich laufe durch Hamburg wie durch ein fremdes Land. Wie unfroh die Leute auf der Straße sind, wie mißgestimmt,

wie beleidigt vom Leben. In meiner Wohnung sitze ich zwischen all meinen Stühlen auf dem Boden und schaue immer nur den kleinen Eames-Kinderstuhl an. Den Nachwuchs in meiner Sammlung. Ich habe beschlossen, ihm seinen orangeroten Farbanzug zu lassen. Keine Restaurierung; er soll so bleiben, wie ein Vater ihn mal angemalt und ein Kind ihn mal geliebt hat. Keine Frage, ich bin kurz vor dem endgültigen Durchknallen.

»Ach, Karen«, sage ich, »ich glaube, ich liebe diesen Mann.«

»So schlimm?« fragt sie.

»Ganz schlimm. Ich habe sogar sein Gefrierfach saubergemacht.«

»Du hast George Clooneys Gefrierfach ... Ist das eine Sextechnik, die ich noch nicht kenne?«

»Stefan! Stefans Gefrierfach.«

»Bebe! Wie konntest du dich so vergessen!«

»Karen, ich bin verknallt in ihn. Mehr. Er ist es. Du weißt schon. *Es.*«

»Hatten wir uns nicht darauf geeinigt, daß es *es* nicht gibt?«

»Ja, aber es nutzt nichts. *Es* ist soweit. *Es* ist Liebe.«

»Dann gehe in Frieden, meine Tochter. Du machst das schon. Wann trinken wir darauf?«

»Wie wär's mit heute abend? Ich könnte ... warte mal, es klingelt gerade an der Tür.«

»Es?« lacht sie.

»Hey, es ist von ihm! Ein Päckchen! Moment, ich mach' schnell auf. Sekunde.«

Ich klemme mir den Hörer zwischen Kopf und Schulter.

Ein Schal. Ein krumpeliger, schiefgestrickter, dickmaschiger, schafswollener Schal. Und ein Brief.
»Karen? Ich rufe dich später an. Ich kann *es* gerade nicht fassen.«

94

Liebste,
gleich nachdem Du weg warst, bin ich zur Frau Ankowitsch aus dem Mezzanin, die Du leider nicht mehr kennengelernt hast. Die Frau Ankowitsch ist siebenundachtzig und eine Bergwerksingenieurswitwe. Früher hat sie in meiner Wohnung gelebt, aber seit sie nicht mehr so gut zu Fuß ist, wohnt sie im Mezzanin. Habe ich Dir erklärt, was ein Mezzanin ist? Vor vielen Jahren ist in Wien ein Gesetz beschlossen worden, daß jedes Haus ab fünf Etagen einen Aufzug haben muß, und daraufhin haben die Hausbesitzer den ersten Stock »Mezzanin« genannt und den zweiten Stock »ersten Stock« und so weiter. Jetzt gibt es in Wien lauter Häuser mit fünf Etagen und immer noch keinen Lift. Alle paar Wochen kommt die Frau Ankowitsch trotz ihrer schlechten Füße zu mir, damit ich ihr Walzer vorspiele, und dann erzählt sie mir vom Bergwerksingenieur. »Ein so ein fescher Mann«, sagt sie dabei immer, und wie ihr Gesicht dabei leuchtet, merkt man ihr an, daß sie ihn immer noch liebt.
Jedenfalls hab ich die Frau Ankowitsch dazu gebracht, daß sie mir das Stricken beibringt, obwohl sie es zuerst für eine meschuggene Idee gehalten hat. »Stürzen S' Ihnen doch nicht kopfüber ins Unglück, junger Herr«, hat sie gemeint, weil sie gelesen hat, daß man als Pianist penibel auf seine

Finger achtgeben muß. Aber dann habe ich ihr erzählt, daß ich in Neuseeland mit Dir um einen selbstgestrickten Schal gewettet habe und ich um das Strickenlernen einfach nicht herumkomme. Das hat sie verstanden, die Frau Ankowitsch. »Mit der Liebe soll man nicht spaßen«, sagt sie, und ich finde, sie hat recht.

Lang ist der Schal nicht geworden in der kurzen Zeit, und ich glaube, ich hab mich mehr als nur einmal bei den Maschen verzählt. Aber die Frau Ankowitsch meint, wenn du mich liebst, wird es schon gehen.

Heute nacht bin ich um 3:37 aus dem Schlaf hochgefahren und habe Dich überall gesucht, sogar unter dem Skateboard. Aber Du warst nicht da. Das hat mich so traurig gemacht, daß ich der Frau Ankowitsch mitten in der Nacht einen Gugelhupf gebacken habe. Jetzt bin ich endlich todmüde und kann nicht ins Bett, weil ich gleich um acht auf die Post muß, um den Schal aufzugeben. Wenn das so weitergeht mit meinen Nächten, werde ich vor lauter Sehnsucht noch ein richtig guter Mensch.

Achtzehn Nächte noch. Und dann wieder Du. Ich küsse Dich, bis Du nicht mehr kannst, und dann extra noch einmal. Und die Frau Ankowitsch läßt Dich schön grüßen.

DREI MONATE SPÄTER ...

JASMIN bekommt demnächst ihre eigene Gameshow namens *Aus und vorbei.* Der Hauptgewinn der Sendung ist die Übernahme sämtlicher Kosten für eine Scheidung

INGOLF hat bei einer Reportage seine Tochter wiedergefunden. Inken ist Schlagzeugerin in der erfolgreichen Newcomerband »Nordisch by Nature«

TIM hat in den Niederlanden geheiratet und bereitet für einen Amsterdamer Sender eine Singleshow für Lesben und Schwule vor

MISS JULI organisiert die Welttournee der Schafscherer. »Der chinesische Nationalzirkus und das Bolschoi-Ballett haben es doch auch geschafft«, sagte sie, bevor sie die Royal Albert Hall für einen Abend mietete. In Deutschland sind die Berliner Waldbühne und das Müngersdorfer Stadion gebucht

DODI DREIER steckt mitten in den Vorbereitungen für die große Silvester-Party. Als Stargäste hat er Cindy & Bert verpflichtet, nachdem ihm die Flippers abgesprungen sind

ERIKA BERGER arbeitet an einer neuen Beziehungsshow mit dem Titel *No Sex, please*

MANDYS Silikontitten platzten auf dem Flug zu den Bahamas, wo das Playboy-Shooting stattfinden sollte. SANDY hat daraufhin kurzentschlossen mit dem Fotografen angebandelt und startete ihre Solokarriere auf der Seite eins der *Bildzeitung*

DER KÖNIG VON TONGA hat sein nationales Abnehmprogramm um einen Aerobic-Kurs zu deutscher Schlagermusik erweitert. Das durchschnittliche Gewicht der Tonganer sank in drei Monaten um fünf Prozent

DER NEW YORKER TAXIFAHRER feierte seinen 50. Hochzeitstag im Roseland und bekam dafür eine Extra-Plakette in der Eingangshalle

GEORGE CLOONEY hatte in den vergangenen vier Wochen nachweislich Verhältnisse mit einer italienischen Espressomaschinen-Mechanikerin namens Rafaella, einer finnischen Skilangläuferin namens Ilkka, einer deutschen Literaturagentin namens Ingeborg und drei Scriptgirls. Derzeit erholt er sich von seinem Liebesleben in der Antarktis

KUNG SHING war das erste Mal in seinem Leben in China und gewann die XII. Internationale Dim-Sum-Meisterschaft in Shanghai in der Disziplin »Schwarze Bohnenfüllung«

BIGGI hat den Mitarbeiter des Monats geheiratet. Zur Hochzeit hat er ihr eine Küchenmaschine mit allen Schikanen geschenkt

TERRY DURACK steht mit seinem Buch »Das Liebesleben der Lebensmittel« seit Wochen auf der österreichischen Bestsellerliste und schreibt gerade an seinem zweiten Buch, »The Survival of the Fattest«

FRAU ANKOWITSCH hat Stefan einen Pullover gestrickt und arbeitet gerade an einem Paar Socken für Bettina: »Sie hat doch immer so kalte Füße.«

KATJA UND NIK, die zweiten Gewinner der *Tour d'Amour,* sind auf Hochzeitsreise in Hawaii. Sagt zumindest die Pressestelle von PMS

STEFAN hat im letzten Monat 9475 Schilling vertelefoniert. Derzeit verhandelt er heimlich mit seiner Bank, um eine Filiale seiner erfolgreichen Partyagentur in Hamburg zu eröffnen

BETTINA hat im letzten Monat 1353 Mark vertelefoniert. Während ihrer Wochenendbesuche in Wien hat sie einen leerstehenden Laden in der Wollzeile gefunden, der sich hervorragend als Geschäft für gebrauchte Designermöbel eignen würde